LA MAISON

D'UN

ARTISTE

IL A ÉTÉ TIRÉ

Cinquante exemplaires numérotés sur papier de Hollande.

Prix : 7 fr.

Et dix exemplaires numérotés sur papier de Chine.

Prix : 12 fr.

LA MAISON

D'UN

ARTISTE

PAR

EDMOND DE GONCOURT

TOME PREMIER

PARIS

G. CHARPENTIER, ÉDITEUR

13, RUE DE GRENELLE-SAINT-GERMAIN, 13

1881

PRÉFACE

En ce temps où les choses, dont le poète latin a signalé la mélancolique vie latente, sont associées si largement par la description littéraire moderne à l'Histoire de l'Humanité, pourquoi n'écrirait-on pas les mémoires des choses, au milieu desquelles s'est écoulée une existence d'homme?

EDMOND DE GONCOURT.

Auteuil, ce 26 juin 1880.

LA

MAISON D'UN ARTISTE

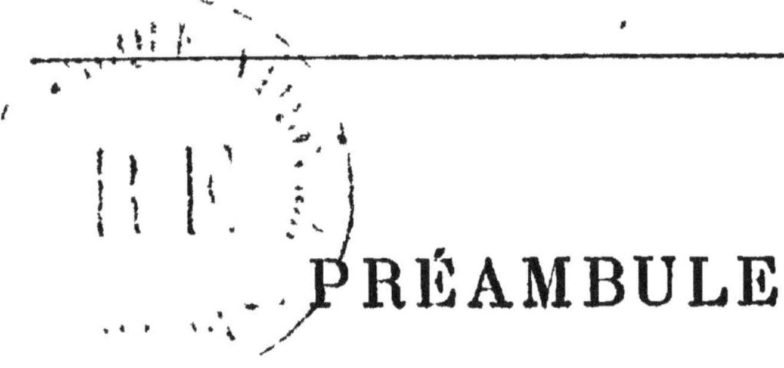

PRÉAMBULE

Sur le boulevard Montmorency, au n° 53, s'élève une maison portant, encastré dans son balcon, un profil lauré de Louis XV, en bronze doré, qui a tout l'air d'être le médaillon, dont était décorée la tribune de musique de la salle à manger de Luciennes, représenté dans l'aquarelle de Moreau que l'on voit au Louvre. Cette tête, que quelques promeneurs regardent d'un œil farouche, n'est point, — ai-je besoin de le dire? — une affiche des opinions politiques du propriétaire, elle est tout bonnement l'enseigne d'un des nids les plus pleins de choses du XVIIIe siècle qui existent à Paris.

La porte noire, que surmonte un élégant dessus de grille de chapelle jésuite en fer forgé, la porte ouverte, du bas de l'escalier, de l'entrée du vestibule, du seuil de la maison, le visiteur est accueilli par des terres cuites, des bronzes, des dessins, des porcelaines du siècle aimable par excellence, mêlés à des objets de l'Extrême-Orient, qui se trouvaient faire si bon ménage dans les collections de Madame de Pompadour et de tous les *curieux* et les *curiolets* du temps.

La vie d'aujourd'hui est une vie de combattivité; elle demande dans toutes les carrières une concentration, un effort, un travail, qui, en son foyer enferment l'homme, dont l'existence n'est plus extérieure comme au XVIIIe siècle, n'est plus papillonnante parmi la société depuis ses dix-sept ans jusqu'à sa mort. De notre temps on va bien encore dans le monde, mais toute la vie ne s'y dépense plus, et le *chez-soi* a cessé d'être l'hôtel garni où l'on ne faisait que coucher. Dans cette vie assise au coin du feu, renfermée, sédentaire, la créature humaine, et la première venue, a été poussée à vouloir les quatre murs de son *home* agréables, plaisants, amusants aux yeux; et cet entour et ce décor de son intérieur, elle l'a cherché et trouvé naturellement dans l'objet d'art pur ou dans l'objet d'art industriel, plus accessible au goût de tous. Du même coup, ces habitudes moins mondaines amenaient un amoindrissement du rôle de la femme dans la pensée masculine; elle n'était plus pour nous l'occupation galante de toute notre existence, cette occupation qui était autrefois la carrière du plus grand nombre, et, à la suite de cette modification dans les mœurs, il arrivait ceci : c'est que l'intérêt de l'homme, s'en allant de l'être charmant, se reportait en grande partie sur les jolis objets inanimés dont la passion revêt un peu de la nature et du caractère de l'amour. Au XVIIIe siècle, il n'y a pas de *bibeloteurs* jeunes : c'est là la différence des deux siècles. Pour notre génération, la *bricabracomanie* n'est qu'un bouche-trou de la femme qui ne possède plus l'imagination de l'homme, et j'ai fait à mon égard cette remarque, que, lorsque par hasard mon cœur s'est trouvé occupé, l'objet d'art ne m'était de rien.

Oui, cette passion devenue générale, ce plaisir solitaire, auquel se livre presque toute une nation, doit son développement au vide, à l'ennui du cœur, et aussi, il faut le reconnaître, à la tristesse des jours actuels, à l'incertitude des lendemains, à l'enfantement, les pieds devant, de la société nouvelle, à des soucis et à des préoccupations qui poussent, comme à la veille d'un déluge, les désirs et les envies à se donner la jouissance immédiate de tout ce qui les charme, les séduit, les tente : l'oubli du moment dans l'assouvissement artistique.

Ce sont ces causes, et incontestablement l'éducation de l'œil des gens du XIXe siècle, et encore un sentiment tout nouveau, la tendresse presque humaine pour les *choses*, qui font, à l'heure qu'il est, de presque tout le monde, des collectionneurs et de moi en particulier le plus passionné de tous les collectionneurs.

VESTIBULE

Un riant pavé en marbre blanc et en marbre rouge du Languedoc, avec, pour revêtement aux murs et au plafond, un cuir moderne peuplé de perroquets fantastiques dorés et peints sur un fond vert d'eau.

Sur ce cuir, dans un désordre cherché, dans un pittoresque d'antichambre et d'atelier, toutes sortes de choses voyantes et claquantes, de brillants cuivres découpés, des poteries dorées, des broderies du Japon et encore des objets bizarres, inattendus, étonnant par leur originalité, leur exotisme, et vis-à-vis d'un certain nombre desquels je me fais un peu l'effet du bon Père Buffier quand il disait : « Voilà des choses que je ne sais pas, il faut que je fasse un livre dessus. »

Ça, une petite jardinière à suspension, fabriquée d'une coloquinte excentrique, dont la tige tournante et recroquevillée est une tige de bronze qui a la flexibilité d'une liane ; cette grande planchette fruste de bois, toute parcourue des tortils d'un feuillage de lierre, exécuté en nacre et en écaille : le porte-éventail qui tient dans l'appartement l'éventail ouvert contre le mur; cette petite boule de porcelaine jaune impérial si délicatement treillagée : la cage au grillon ou à la mouche bourdonnante, que le Chinois aime suspendre au chevet de son lit; et cette plaque de faïence figurant une branche de pêcher en fleur, modelée à jour dans un cadre de bois en forme d'écran, vous représente la décoration de l'angle religieux et mystique d'une chambre de prostituée de maison de thé, l'espèce de tableau d'autel devant lequel elle place une fleur dans un vase.

Des broderies du Japon, ai-je dit plus haut, c'est là, dans leurs cadres de bambous, la riche, la splendide, l'*éclairante* décoration des murs du vestibule et un peu de toute la maison. Ces carrés de soie brodés appelés *fusha* ou *foukousa* font la chatoyante couverture sous laquelle on a l'habitude, dans l'Empire du Lever du Soleil, d'envoyer tout présent quelconque, et le plus minime, fût-il même de deux œufs (1). Les anciens *foukousas* fabriqués à Kioto (2) sont des produits d'un art tout particulier au Japon, et auxquels l'Europe ne peut rien opposer : de la peinture, de vrais tableaux composés et exécutés en soie par un brodeur, où sur les fonds aux adorables nuances, et telles qu'en donne le satin ou le crêpe, un oiseau, un poisson, une fleur se détache dans le haut relief d'une broderie. Et rien là dedans du travail d'un art

(1) Il n'est guère besoin de dire que le carré est toujours rapporté à son maître par le porteur du présent.

(2) Les foukousas modernes seraient aujourd'hui fabriqués à Togané, d'où on les expédierait à Yedo.

mécanique, du dessin bête de vieille fille de nos broderies à nous, mais des silhouettes d'êtres pleins de vie, avec leurs pattes d'oiseau d'un si grand style, avec leurs nageoires de poisson d'un si puissant contournement. Quelquefois des parties peintes, peintes à l'encre de Chine, s'associent de la manière la plus heureuse à la broderie. Je connais, chez Mme Auguste Sichel, une fusée de fleurs brodée dans un vase en sparterie peint ou imprimé, qui est bien la plus harmonieuse chose qu'il soit possible de voir. M. de Nittis a fait un écran, d'un admirable et singulier carré, où deux grues, brodées en noir sur un fond rose saumoné, ont, comme accompagnement et adoucissement de la broderie, des demi-teintes doucement lavées d'encre de Chine sur l'étoffe enchanteresse. Et dans ce vestibule, il y a, sur un fond lilas, des carpes nageant au milieu de branchages de presle brodées en or, et dont le ventre apparaît comme argenté par un reflet de bourbe: un effet obtenu par une réserve au milieu du fond tout teinté et obscuré d'encre de Chine. Il est même un certain nombre de foukousas absolument peints. J'ai coloriée, sur un crêpe gris, dans l'orbe d'un soleil rouge comme du feu, l'échancrure pittoresque d'un passage de sept grues, exécuté avec la science que les Japonais possèdent du vol de l'échassier. J'ai encore, jetées sur un fond maïs, sans aucun détail de terrain, deux grandes grues blanches, à la petite crête rougie de vermillon, au cou, aux pattes, à la queue, teintés d'encre de Chine. Et ne vous étonnez pas de rencontrer si souvent sur les broderies la grue, cet oiseau qui apparaît dans le haut du ciel aux Japonais comme un messager céleste, et qu'ils saluent de l'appellation : *O Tsouri Sama*, Sa Seigneurie la Grue.

Cependant le foukousa proprement dit est brodé, entièrement brodé, et semblable à celui-ci qui représente un coq et une poule avec ses poussins. Voici l'échevèlement du plumage pleureur du coq, le duvetis de la plume naissante d'un poussin monté sur le dos de sa mère, la chair caronculeuse des crêtes, et à toutes les pattes, des ongles faits d'une soie qui joue la corne, de vrais ongles. C'est encore, celui-là, le planement de deux grues parmi des branches de sapin couvertes de neige, avec la blancheur vivante de l'animal, si bien différenciée de la blancheur mate et morte de la neige; ou enfin ce dernier : sur un fond de soie azur, l'argentement vague et tout lointain du Fusi-yama, avec au dessous, tout seul dans l'espace et semblant voler dans l'air célestement bleu des altitudes, un faucon, les ailes déployées.

Et tous les sujets, les Japonais les tentent et les réalisent en broderie. Ils font le tableau de sainteté, le tableau de genre, que j'aime moins que le reste, — l'humanité en étant toujours médiocre, — et le paysage et la caricature. En ce dernier genre, est-il une composition plus drôlatique que cette troupe de rats costumés en Japonais, tirant à elle, au bout d'un câble d'or, une immense rave blanche, au haut de laquelle une rate s'évente voluptueusement?

Une des représentations que les Japonais réussissent le mieux après les animaux, c'est la représentation de la nature morte. Regardez, sur ce fond cendre verte, ces trois éventails ouverts imitant trois éventails en papier doré, avec le relief de leur dessin gaufré, et dans un coin l'attache d'un petit cornet de papier d'où sort un bouquet de fleurettes. L'éventail est un objet familier pour lequel l'artiste de là-bas a une prédilection, et il revient souvent sous l'aiguille des brodeurs. Voyez cet autre foukousa, où sur un fond rose turc sont déployés deux éventails blancs brodés de paysages. Il présente, ce carré, une particularité charmante. Le fond, dont le dessin damassé figure des bambous, montre ses bambous roses dans la marge, blancs dans la réserve des deux éventails. Un autre foukousa étale sous vos yeux, au milieu de pétales de fleurs, des albums avec le fac-similé de la mosaïque de leurs couvertures et le cordonnet extérieur de leur reliure; et dans un coin se trouve un râteau en bambou, et dans l'autre un balai, que tiennent parfois un vieil homme et une vieille femme, l'Adam et l'Ève du Japon, et qui sont, comme la grue et la tortue, des porte-bonheur dans les intérieurs. Sur celui-ci pendent trois *kakemonos* : une branche d'arbuste fleuri, une vue du Fusi-yama, un personnage saint appuyé sur un cerf blanc. Le foukousa le plus remarquable de la série est un carré de soie rouge, sur lequel sont deux coffrets dorés de la plus fine sculpture, d'où se détortillent de grosses cordelières bleues, se perdant parmi des coquilles à l'intérieur laqué, et qui, bâillant demi-ouvertes, laissent entrevoir de minuscules Japonaises dans des jardins roses (1). C'est dans cette broderie la plus étonnante imitation à la fois d'une ciselure d'or et d'un fin ouvrage de laque polychrome; et la soie sous les doigts de ces merveilleux brodeurs pour cette figuration, et la figuration de tout au monde, se prête à des travaux à plat, à des travaux de chaînette, de cordelette, à de petits carrelages, à de petits cloisonnages, à des entremêlements, à des entre-croisements, à des habiletés de métier incroyables, qui arrivent au pelage d'un quadrupède, au plumage d'un oiseau, à l'écaille d'un reptile, au pulpeux, au charnu presque d'une fleur de magnolia s'entr'ouvrant.

Toutefois le plus extraordinaire foukousa que je possède, et le plus beau que je connaisse parmi tous ceux que j'ai vus, représente deux pigeons, l'un entièrement blanc, l'autre mi-roux, mi-blanc, tous deux avec des pattes et des yeux roses. Je ne sais pas comment c'est fait, et par quel artifice des fils de soie arrivent à être de la plume si réelle, mais la lumière joue sur le plumage des deux pigeons comme sur un plumage naturel (2).

(1) Parmi ces foukousas, il s'en trouve un très curieux, mais que je crois d'origine chinoise. Sur un fond de soie grège écrue est représentée une pivoine arborescente au-dessus d'un rocher en lapis. L'envers des parties brodées est absolument l'envers du travail des tapisseries des Gobelins.

(2) Ces merveilleuses broderies, M. Réal, lors de son séjour au Japon en 1867, les payait un dollar pièce.

Un des côtés curieux de cet art industriel dans la reproduction réaliste de la nature, c'est l'introduction d'éléments de pure fantaisie, c'est, par exemple, l'emploi de l'or, de cette chose qui ne se trouve ni dans les végétaux ni dans les animaux, et que les brodeurs savent si bien marier à de vraies couleurs de nature, si bien incorporer dans leur brillant trompe-l'œil. Ainsi voici, sur du blanc, une langouste, dont le fond n'est pas seulement moucheté d'or, mais dont toute la carapace est éclaboussée de parcelles dorées, qui se font très bien accepter et imitent, à s'y tromper, la lumière granuleuse et micacée d'une carapace (1). Voici encore, sur de la pourpre, une jonchée de grosses fleurs jaunes où toutes les nervures du feuillage sont en or, sans que le bouquet perde de sa réalité. Et voilà, — audace encore plus extraordinaire, — voilà, sur un fond cerise, un pêcher au tronc rocailleux, coquillageux, tout brodé d'or, et qui, sans que cette orfèvrerie choque, semble, avec ses petites pousses vertes et ses fleurettes blanches, un arbuste de métal poussant une végétation de feu d'artifice.

Mais au fond la qualité supérieure de ces broderies et leur remarquable originalité, c'est d'être des choses tissées, tenant d'une manière intime au grand art du dessin, et dans lesquelles les brodeurs

(1) Cette langouste est signée : *Matsoutani Kitsoubeï*. Les Japonais seuls ont fait de ces broderies, répétons-le, les Chinois n'en ont pas fait ; et s'il existe quelques carrés chinois, l'imitation de la nature n'y est jamais rigoureuse.

japonais luttent avec les peintres, travaillent à obtenir sur la soie des effets qui sont du domaine exclusif de la peinture, tentent, — le croirait-on? — avec l'aiguille à broder, l'ébauche, l'esquisse, la croquade. Vous trouvez dans des foukousas des parties restées volontairement à l'état de première idée, au milieu du fini du reste, des lointains touchés avec quelque chose de la liberté heureuse et volante d'un pinceau qui pose des tons, sans les assembler, et dans les ciels, des volées d'oisillons pareils à ces accolades faites en courant de deux coups d'une plume écrasée. Dans cet ordre de confection artistique, je possède un carré des plus intéressants. Sur une soie gros bleu, sillonnée de bandes pourpre, imitant les eaux de la mer éclairées des derniers feux du soleil couchant, nage, en se jouant, une bande de cormorans indiqués seulement par des traits brodés, tantôt en soie noire, tantôt en soie blanche, tantôt en or, avec sur les têtes une touche de couleur également brodée : un foukousa qui donne l'illusion d'un croquis d'artiste, où il n'y aurait encore sur le papier que de vagues contours et des taches. La broderie conçue et exécutée ainsi n'est plus de l'industrie, mais bien un peu de l'art.

Les beaux foukousas ne sont presque jamais sur ce bleu dur de soie légère, qui sert de fond aux foukousas modernes : ils s'enlèvent sur des satins épais comme des cuirs, sur des gros grains teints de bleu céleste, de vert poreau (1), de ventre de biche, de

(1) Chez M. Lansyer, qui a une collection de foukousas choisis

feuille morte, de jaune maïs, de rose groseille, etc., Ils ont aussi, en général, au lieu de leur doublure en crêpe de Chine rouge assez commune, des envers de soie damassés d'or et d'argent, où parfois se trouvent dans un coin les armoiries d'un prince. Une remarque curieuse faite par moi sur les vieilles broderies : les yeux des animaux sont faits en soie. C'est un point noir dans un ton brun ou bleu, — quelquefois recouvert d'un morceau de verre dans un petit rond de métal, — mais seulement chez les plus ordinaires. Les yeux en émail indiquent en général une origine moderne. Autre remarque : les foukousas que j'ai rencontrés sur fond noir, soie ou velours, sont toujours d'une qualité exceptionnelle. Les anciens foukousas portent quelquefois, mais très rarement, la signature ou le cachet du brodeur. Les deux pigeons sont signés : *Shiko.*

Parmi ces bibelots orientaux, une merveille française, un bas-relief de Clodion!

Un satyre agenouillé, un seul genou en terre, d'un bras nerveux entourant les deux jambes d'une bacchante nouées autour de son cou, est prêt à soulever la folle et jeune rieuse, qui, glissée au bas de ses reins et mollement renversée en arrière, s'ap-

avec le goût d'un peintre coloriste, et dont les fonds sont faits des clartés les plus tendres, on tombe en admiration devant un foukousa jaune citron, sur lequel le brodeur n'a pas craint de jeter des grues brodées en or, et l'on retrouve le même plaisir des yeux devant un autre vol de grues sur un fond jaune, couleur de la toile non encore blanchie, et toute sillonnée de raies d'or imitant la chute d'une cascade.

puie d'une main sur l'épaule d'un petit faunin, se haussant sur la pointe du pied.

La jeunesse et la gracilité de la fille des bois et des vignes, le modelage de ses petits seins rigides et de son ventre douillet, l'ingénu et voluptueux abandon de son attitude, le rythmique agencement des lignes gracieuses, l'art délicat et spirituel d'esquisse de la sculpture, le parti tiré de la demi-ronde bosse et de ses amincissements gradués, la caresse dans la glaise des détails de la tête, des mains, des mignons petits pieds se raidissant, enfin la science de cette œuvre facile, qui pourra la bien dire?

Cette terre cuite est une de mes bonnes fortunes des ventes publiques. L'expert avait inséré dans son catalogue : « Tout ferait supposer que ce bas-relief est de Clodion s'il n'était pas signé Michel », et encore il ne disait pas avec une faute d'orthographe. L'expert ignorait que le vrai nom du sculpteur est Michel, et qu'il n'a jeté ce surnom de Clodion au bas de ses œuvres qu'à une certaine époque de sa vie.

SALLE A MANGER

Une porte du vestibule ouvre à droite dans la salle à manger : une vraie boîte comme je les aime, et où ne se voient ni murs ni plafond sous les tapisseries.

Une suite de panneaux qui décorait autrefois un pavillon de musique dans un jardin, s'est trouvée, une suite qui recouvre, sans qu'il y manque un pouce, les quatre parois avec leurs angles coupés. Ces tapisseries, exécutées sur les dessins de Leprince et de Huet, mettent contre les murailles un paysage de fantaisie, où se mêle le rustique théâtral de Boucher aux perspectives de terrasses à balustres de Lajoue, aux lointains d'île enchantée de Watteau. Et le paysage de convention est peuplé par une création adorablement mensongère : des gardeuses de moutons enrubannées, des Tircis poudrés à blanc, des fileuses de campagne aux *engageantes* de dentelle, des chasseresses vêtues de l'habit rouge de Vanloo dans sa partie de chasse, et de petits paysans faunins chevauchant des chèvres : tout ce monde détaché d'un *fond blanc*, de ce fond précieux qui est l'enveloppement, l'atmosphère tendre des jolies tapisseries du XVIIIe siècle, et dans l'harmonie crémeuse duquel, sous les jeux du jour, le rose, le bleu, le jaune soufre sont à tout moment sillonnés de l'illumination brillantée de la soie transperçant la laine. Riants tableaux qu'encadrent, courant sur un vert, couleur de vieille mousse, des arabesques enguirlandées de chutes de fleurs et de lambrequins amarante. Au plafond, c'est une tapisserie d'Aubusson représentant la composition de Lancret gravée sous le nom de l'ADOLESCENCE. Malheureusement, cette tapisserie achetée à Munich en 1873, et sans doute prise en quelque château français pendant la guerre, — et qui n'avait guère moins souffert que la France, — fut si malheureusement réparée à deux reprises différentes, qu'il a été nécessaire de prier l'ami Eugène Giraud de la repeindre un peu, — et peut-être l'a-t-il repeinte avec trop de générosité?

Sur ces murs de peinture tissée qui ne souffrent aucune décoration, rien que deux grands bras en bronze doré, mettant sur le panneau du fond leur riche serpentement contourné, et dressant leur feuillage de rocaille, d'où la bobèche sort et s'épanouit comme l'efflorescence vigoureuse jaillissant du resserrement et du nœud d'une branche. Un beau et libre travail de bronze doré, qui n'a dans sa perfection quoi que ce soit du fini sec, du travail *perlé* moderne.

Le merveilleux art industriel que l'art des Meissonier, des Gouthière, et de tant de grands inconnus, pétrisseurs de bronze doré, fabricateurs de ces robustes et élégantes choses qui ont l'air de sculptures tournées dans un or malléable! Quel assouplissement de la matière rebelle, et les habiles caresses des ciselets sur cette fonte qui perd sa rigidité et prend quelque chose de la mollesse de son modèle en cire! Ces bronzes dorés, j'en possède quelques-uns qui sont de remarquables échantillons de la large facture de Meissonier, et de la facture précieuse des bronziers de la fin du siècle. J'ai dans mon antichambre un portoir, un des plus purs spécimens de cette rocaille, au départ semblable au dos bombé et sinueux d'un coquillage, et qui se creuse, et se renfle, et ondule, et serpente, et se branche, et se termine en des tiges ornementales qui ont pour boutons de fleurs ces perles longues qu'on dirait les larmes de la sculpture. Et l'or de ce portoir, si tranquille et si reposé en son éclat sourd, cet or qui a, pour lui, cette patine que le temps apporte aux vieux métaux! Parmi mes porcelaines de Chine est une gourde plate en céladon, montée dans le temps, et dont la monture est une des plus délicates montures du XVIIIe siècle. La gourde, au socle et au goulot à palmettes, est enguirlandée du flottement léger, soulevé par parties, et comme battant contre le vase, de quatre rameaux de branchages étoilés de fleurettes, attachés en haut sur les côtés par des nœuds de rubans, et s'entrecroisant au rentrant des deux panses de la gourde.

Et là-dessus une dorure mate imitant le chagriné de la feuille, et au milieu de laquelle brille seulement le bruni des pétales. Parmi mes bijoux en bronze doré, n'oublions pas une paire de flambeaux en forme de carquois dont les perles, les branches de lauriers, un entrelacement de myrte aux grains brillant dans les intersections des feuilles, les ailettes du carquois, sont de cette ciselure inimitable, poussée au dernier fini, et qui, en son net détachement, n'a rien de coupant.

Mais à la description de ces bronzes dorés, il faut joindre la description des bronzes, où le bronze florentin des corps nus de femmes et d'hommes et d'enfants s'allie avec tant de goût aux accessoires dorés. Voici une paire de candélabres, un premier exemplaire des modèles bien connus de Clodion : le faunin aux pieds de bouc et la petite fille couronnée de pampres, tous deux si joliment à cheval sur la double branche du candélabre et semblant s'y balancer. Le beau gras et le chaud ton obscur du bronze au milieu de l'or du socle, de l'or de ces deux bras pareils à des thyrses tordus d'où pendillent des raisins dans de la vigne! L'intelligente entente de l'ornementation, et le soin et l'amour avec lesquels l'ouvrier du temps a parfait sa tâche, et le riche objet d'art que sont ces deux candélabres, qui ont cependant, — signature de l'époque, — de simples écrous en fer pour le rattachement des pièces! Ces deux candélabres ont pour milieu, sur la cheminée du petit salon, un Cupidon, dont je ne connais pas de double, et que je ne sais à quel sculpteur français du XVIIIe siècle attribuer. Debout, la tête baissée, le corps fléchi en avant, son carquois d'or tombé sur un socle de marbre blanc, il essaye du bout d'un de ses doigts le piquant d'une flèche. Un Amour qui n'a rien des rondeurs de Boucher, mais un Amour élancé à la longueur éphébique de ces génies de l'Hymen, dressés en haut des lettres de faire part de mariage de la fin du siècle, un bronze d'un modelage des plus savants et dont les jambes ont la filée ressentie des jambes d'un bronze italien du XVIe siècle.

Un mobilier des plus simples que le mobilier de la salle à manger : une table et huit chaises sculptées par Mazaros à ses débuts, et encore dans les angles coupés deux meubles de deux civilisations bien différentes.

L'un est une servante en bois de rose, aux angles de bronze doré, à la galerie de cuivre entourant la tablette de marbre blanc : la servante sur laquelle successivement ma grand'mère et ma mère se sont fait apporter leur chocolat. L'autre meuble, c'est un grand écran, derrière lequel les *daïmios* se tiennent dissimulés à la porte de leur habitation : un panneau de trois pieds de hauteur merveilleusement sculpté sur les deux faces, et dont un côté représente un pêcher en fleurs, et le revers un rocher fleuri d'iris d'eau.

Sur la cheminée, entre la rocaille argentée de deux flambeaux à trois branches portant les armes d'un cardinal, luit dans la blancheur polie du Paros un petit marbre de Falconet : une baigneuse à moitié accroupie, à moitié agenouillée, et essuyant, de la torsade de ses cheveux ramenée et épandue sur sa poitrine, une goutte d'eau restée au bout d'un de ses seins, dans un ramassement du torse, où apparaît, délicieusement tortillée, la grâce abattue, fluette, allongée de son petit corps. Une sculpture où il y a du Corrège dans une matière, pour ainsi dire, voluptueuse, et que la lumière pénètre presque comme de la chair vivante.

Cette statuette, ces tapisseries éclairées du doux feu des bougies d'un lustre et de candélabres, alors qu'elles garnissaient notre ancienne salle à manger de la rue Saint-Georges, ont vu de gais dîners, de gais soupers. Janin, Gautier, Murger, de Beauvoir, Gavarni qui arrivait toujours en retard, et à qui on mettait une montre dans son assiette pour lui reprocher son inexactitude, et encore de très spirituels gens, pas du tout célèbres, ont été charmants de verve et de gaieté entre ces tentures. Il y avait en ce temps à la cave un certain Léoville, et un extraordinaire Saint-Péray, achetés à une vraie vente de diplomate, qui mettaient les convives en joie et en aimable folie, et avec ces deux vins nous possédions une cuisinière très forte sur le pudding, la *pasta frolla*, le *kari*, et nombre de plats étrangers vers la confection desquels elle était poussée par une vocation bizarre, une curiosité d'exotisme culinaire. Elle avait, cette espèce d'artiste passionnée pour son art, une cuisine qui parlait à l'imagination de l'estomac : qualité rare! Et vraiment l'on faisait, dans notre petit quatrième, du manger pas ordinaire à Paris. Les Parisiens dînent de l'architecture des plats montés, du damassé du linge, de l'éclat des cristaux, des fleurs qui sont sur la table, de la cravate blanche des domestiques, mais de beurre à 30 sous la livre, mais de vin ordinaire qui vient de chez le marchand de vins d'à côté; mais de poisson aux arêtes imprimées en bistre sur les filets, les malheureux ne se doutent en aucune façon! Il n'y a positivement que les provinciaux ou les hommes d'origine provinciale pour avoir ce qu'on appelle la *gueule fine*, et pour aimer la cuisine délicate, la cuisine que font seulement les femmes. Un gourmand émérite, M. de Montalivet, même en ses ministères, n'eut jamais de chef. Moi donc, qui suis de la province que je regarde comme la province des plats cuisinés, fricotés, mijotés avec le plus d'amour et d'art, j'avais eu l'ambition d'introduire à mes dîners un peu de vraie cuisine lorraine. Et pour cela j'accomplissais presque une œuvre méritoire : je faisais venir à mes frais à Paris, et m'engageais à loger et à nourrir pendant tout le carême, un vieux cordon bleu des Vosges, ancienne cuisinière d'évêque, demeurée très dévote et prise de la tentation de faire un carême dans la capitale, où elle n'était jamais venue. Il s'agissait de la bisque d'écrevisse et du salmis de bécasse! Me comprenez-vous bien? d'une bisque qui ne fût pas cette odieuse panade de crevettes et de blé de Turquie colorée avec quelques gouttes d'une teinture pourpre, mais un vrai beurre d'écrevisse obtenu avec les coquilles pilées et sur lequel sont étalées les plus belles queues; d'un salmis de bécasse qui ne fût pas cette ratatouille avec une liaison rousse, mais un salmis parfumé de baies de genièvre, dans une vraie sauce de coloriste, une sauce chaudement noire, où il y a comme des yeux d'huile.

Dans ce temps, il faut le dire, nous étions deux : c'était presque un ménage qui recevait.... Aujourd'hui la salle à manger d'Auteuil n'est plus que la salle à manger d'un vieil homme seul, qui aime mieux la salle à manger des autres.

PETIT SALON

Pauvre petit salon! Que de tristes et anxieuses journées passées entre ses murs, d'où l'ébranlement du canon faisait tomber les cadres, au milieu des livres ficelés en paquets, et près de ce feu de bois vert, le feu parisien des mois de décembre et de janvier 1870-1871!

Ce salon était à la fois ma chambre à coucher, ma cuisine et tout, et j'y vivais en compagnie d'une poule, la dernière survivante de six volailles : toutes les provisions que j'avais faites, hélas! — moi qui mange avec les yeux, et ne pouvais m'habituer au rose noirâtre de la viande des *tire-fiacres*.

Cette poule ou, pour mieux dire, cette poulette, toute blanche, et joliment cailloutée, et coquettement huppée, était bien la plus impudente petite bête que j'aie jamais rencontrée, sautant sur la table, au moment où on me servait à déjeuner, — quel déjeuner, mon Dieu! — et de deux coups de bec rapides comme deux éclairs, nettoyant la moitié du maigre plat. La petite misérable pondait, mais il n'y eut jamais moyen d'avoir d'elle un œuf; il n'était pas sorti de son corps qu'il était avalé! Et l'amusant spectacle qu'elle me donna, quand nous arrivâmes à ce pain qui ressemblait à un cataplasme lardé de cure-dents. Elle commençait à jongler avec les petits morceaux qu'on lui jetait, à la fois dédaigneuse et colère, puis elle gémissait, puis elle pleurait, demeurait *rognonnante* toute la journée, et ne se décidait à manger le pain du siège que le soir.

Somme toute, je m'y étais attaché, elle avait des allures si gamines, des remuements de la huppe si crânes, des familiarités si *drôlettes,* elle donnait à ses gloussements, à son caquetage un langage si humain; elle grimpait avec tant de gentillesse le long de mon corps, pour de là s'élancer sur la cheminée, et donner force coups de bec furibonds à la glace qui lui montrait une autre elle-même!

Bref, tous les matins, je la peignais au peigne fin... et ne pouvais me résoudre à la manger.

Cependant les moineaux et même les merles, en oiseaux intelligents, avaient disparu de Paris, ne s'offrant plus aux coups de fusil; j'avais dévoré mes poissons rouges; la mairie d'Auteuil venait de nous délivrer pour moi et ma domestique une petite queue de morue salée qui devait faire notre nourriture pendant trois jours; le pain était *inavalable :* il fallut prendre un parti. Je dis à ma domestique de tuer *Blanche.* Elle ne savait pas, elle n'avait jamais tué d'animaux. Moi pas plus, et je voulais faire passer de vie à trépas la bestiole sans la faire souffrir. Longtemps je cherchai le moyen, quand je me rappelai avoir à la maison un sabre japonais, dont la trempe, m'avait-on dit, valait la trempe des cimeterres avec lesquels le sultan Saladin coupait en deux un coussin de plumes.

L'instrument de mort était trouvé, et j'appelais la poulette dans le jardin. En ce moment, il y avait dans le ciel un ouragan d'obus prussiens passant au-dessus de la maison pour aller tomber dans le faubourg Saint-Germain ; et la poulette interrogeait le ciel avec le regard défiant des bêtes du Jardin des Plantes d'alors, — et qui avaient l'air, du fond de leurs cabanes, de demander si l'orage qui tonnait là-haut depuis deux mois n'allait pas finir. Il faisait aussi le terrible froid de ce terrible hiver, et la frileuse hésitait à se risquer dehors. Enfin la gourmandise triompha, j'avais émietté par terre un peu d'une galette de vraie farine, cuite le matin, sur les carreaux de ma cheminée. Je prenais bien mes mesures, et au moment où elle relevait le cou pour la déglutition d'un morceau un peu plus gros que les autres, avec mon sabre japonais, je lui détachai la tête aussi bien qu'aurait pu le faire un bourreau du pays du sabre... mais ne voilà-t-il pas que la poulette décapitée se met à courir en laissant derrière elle un sillon rouge sur la neige de l'allée, et à travers le jardin aux arbustes cristallisés, dans le jour blême de l'heure entre chien et loup, elle allait toujours sur ses pattes titubantes, battant frénétiquement des ailes, — une aigrette de gouttelettes de sang, au-dessus de son col coupé, à la place de tête.

Cet assassinat est un de mes remords, ... d'autant plus que, je dois l'avouer, elle était horriblement dure, *Blanche!*

. . . .

Enfin, un jour, de ce petit salon devenu un poulailler sous le siège, une cible à balles et à obus sous la Commune, il me prit la fantaisie d'en faire une espèce de musée des dessins de l'école française recueillis par mon frère et moi depuis longues années. *Faire* une pièce dans ma maison : voilà presque toujours, après la publication d'un livre et avec l'argent qu'il rapporte, la récréation, la récompense que je me donne. Bien souvent je me suis dit : Si je n'étais pas littérateur, si je n'avais pas mon pain sur la planche, la profession que j'aurais choisie, ça aurait été d'être un inventeur d'intérieurs pour gens riches. J'aurais aimé qu'un banquier, me laissant la bride sur le cou, me donnât plein pouvoir en un palais qui n'aurait eu que les quatre murs pour lui en imaginer la décoration et le mobilier avec ce que je trouverais, rassortirais, commanderais, avec ce que je découvrirais chez les marchands de vieux, les artistes industriels modernes ou dans ma cervelle. Mais cette profession n'étant pas encore la mienne, je travaille pour mon compte dans des conditions plus modestes. J'ai donc cherché mon nouveau petit salon de façon à faire ressortir le mieux possible des dessins, et des dessins montés en bleu, en ces intelligentes montures dont l'honneur de l'invention revient à Mariette. Après avoir longuement médité, et ainsi qu'on médite un chapitre de livre, je suis arrivé à la conviction qu'il n'y avait que le rouge mat et le noir brillant pour faire valoir les dessins anciens. Et j'ai fait peindre les boiseries, les portes, les corniches en noir, toutefois au *poli*, et de cette peinture employée pour les panneaux de voiture, et qui dure trois mois par les ponçages successifs, mais qui a le mérite d'enfermer les choses dans des compartiments d'ébène. Restait la tenture et la qualité de son rouge que je voulais mat : c'était là la difficulté. Je me rappelle un jour, sous le merveilleux plafond de Baudry, Mme de Païva me disant à propos de la tenture de son salon dont j'admirais la pourpre profonde :

« Oui... mais voilà l'histoire de ma tenture. J'ai dit au fabricant de Lyon qui me présentait son plus beau et son plus doux échantillon : Monsieur, il me faut une étoffe six fois plus épaisse que celle-ci, pesant six fois plus, vous m'entendez? — Et me faisant apporter un pèse-lettres, j'ai pesé son échantillon devant lui pour qu'il n'y eût pas d'erreur. »

— « Mais, Madame, jamais cela ne s'est fait. Et l'homme me regardait comme une folle. »

— « Eh bien, cela se fera pour la première fois ! »

« Je pensais, continua-t-elle, que cette épaisseur qui ferait un cuir de l'étoffe, apporterait au tissu une qualité de couleur qu'il n'avait pas, et vous voyez que je ne me suis pas trompée. »

En effet, Mme de Païva avait eu raison, mais la tenture coûta 800,000 francs, et moi je devais trouver quelque chose d'un peu moins cher. La soie, dans les conditions ordinaires, n'était pas mon affaire; les étoffes de laine se mangent, deviennent facilement violettes, vineuses : il n'y a au fond que les étoffes de coton pour garder leur intense nuance de *géranium*. Et tout fut couvert d'andrinople. Je risquai même le plafond rouge, une audace! mais qui m'a réussi, et qui, par l'enveloppement complet des dessins dans une coloration une et chaude, en fait saillir les blancs et toutes les clartés laiteuses que tue un plafond de plâtre. Au fond, posons en principe qu'il n'y a d'appartement harmonieux que ceux où les objets mobiliers se détachent du contraste et de l'opposition de deux tonalités largement dominantes, et le rouge et le noir est encore la plus heureuse combinaison qu'un tapissier ait trouvée comme repoussoir et mise en valeur de ce qui meuble une chambre.

Les boiseries ainsi peintes, les murs ainsi tendus, on a refait avec du vieil or la toilette des cadres de chêne sculpté, trouvés en grande partie chez le vieux Goguet de l'ancienne rue de Childebert, sacristain de Saint-Germain-des-Prés, je crois bien, à certaines heures, et brocanteur amoureux de bois doré, le restant de la journée.

Et ce sont sur la rouge muraille, autour des dessins, ces élégants profils, ces délicats rangs de perles sculptées qui ne sont pas comme dans les cadres modernes un chapelet de boulettes de pâte enfilées dans une ficelle, et ces plates bordures aux jolies feuilles d'eau et surmontées d'un écusson, que surplombe tantôt une coquille au milieu d'une chute de fleurettes, tantôt un cartouche dans un nœud de ruban dont les deux bouts retombent de chaque côté.

Là, dans ce petit salon est la plus grande partie de mes dessins, qui couvrent encore les parois du grand salon, montent et descendent l'escalier, remplissent les cartons dans cette chambre et cette autre, et se répandent ainsi par toute la maison.

Cette collection est ma richesse et mon orgueil. Elle témoigne de ce qu'un pauvre diable avec de la volonté, du temps, et en massant un rien d'argent sur une seule chose, peut faire. Une collection de tableaux et très charmante, — elle m'était possible en ce temps; — mais je sentais qu'avec ma petite fortune, je ne pouvais faire qu'une collection secondaire, tandis qu'une collection de dessins, il m'était donné d'en rassembler une qui n'eut pas d'équivalent, qui fut la première de toutes. Et je puis dire sans fausse modestie que mon frère et moi l'avons réalisée, cette collection de dessins français du XVIIIe siècle! Oui, grâce au dédain de l'époque pour cette école, aux timidités de mes concurrents tous plus riches que moi, et à la résolution bien arrêtée de ne jamais acheter un tableau quelque bon marché qu'on me l'offrît, j'ai pu réunir près de quatre cents dessins montrant l'école française sous toutes ses faces, et presque dans tous ses spécimens, et des dessins qui sont en général les dessins les plus importants de chaque Maître, petit ou grand.

Mais vais-je en passer la revue en courant?... Non, j'aime mieux faire l'honneur de ma collection à mon lecteur, en lui mettant entre les mains le catalogue inédit précédé d'une préface.

PRÉFACE

Qui se rappelle aujourd'hui la vieille place du Carrousel avec tous ces cartons bâillant entr'ouverts à la porte de ses centaines d'échoppes? En 1848, j'y achetais, à seize ans, mon premier dessin, une aquarelle de Boucher: et elles ne sont pas communes, les aquarelles de Boucher. Qui se rappelle les cartons bâillant entr'ouverts sous les arcades de l'Institut, et tout le long des quais, et à l'entrée de cet antre s'ouvrant sous un jardin, là où s'élève aujourd'hui le *Journal officiel*? Je trouvai là un jour dans un carton à vingt sous, et collés sur une même feuille, neuf croquis de Gabriel de Saint-Aubin pour une illustration du *Zadig* de Voltaire qui n'a point été gravée. Qui se rappelle les cartons à la porte des bric-à-brac du boulevard Beaumarchais et dans le renfoncement de tous les vieux murs délités et des édifices religieux abandonnés, ainsi qu'autour de cette chapelle Saint-Nicolas, au haut du faubourg Saint-Honoré, où l'étalagiste fixait avec un clou ses plus beaux dessins dans la pierre pourrie? Là, pour une pièce de trois francs, je devenais possesseur d'un de mes jolis Cochin. Car, en ces années, il y avait des dessins partout, des dessins mêlés à de la ferraille, des dessins exposés entre des tire-bouchons sur des bouts de trottoirs, et l'un de mes Watteau me vient d'un vendeur de flèches de sauvages et de têtes d'Indiens boucanées. Donc on rencontrait alors des dessins, et des dessins de l'école française du XVIIIe siècle chez tous les brocanteurs de vieilleries quelconques. Et j'ai le souvenir lointain d'une regrattière de la rue Jacob à la cornette lorraine, qui, de sa porte quelquefois, me hélait, lorsque je me rendais à l'École de Droit, me disant : « Jeune homme, j'ai pour vous un petit dessin pas cher. » La vieille femme avait flairé un *pays* à qui elle aimait à vendre.

Et le beau temps des ventes, de ces ventes de dessins en l'hôtel Bullion de la place de la Bourse, en l'hôtel de la rue des Jeûneurs, où dans la solitude de la grande salle, il y avait bien en tout douze personnes, et où un dessin, adjugé à 25 francs, faisait pousser des oh ! et des ah ! comme pour une adjudication de fou, et où l'enchère était suivie, pendant quelques minutes, de risées, et comme d'éternuments de mépris, par deux ou trois contempteurs de l'école française aux chapeaux roux. Je vois, je vois encore une des premières et malheureuses ventes que faisait, en qualité d'expert, Thoré : vente dans laquelle une série de préparations de têtes de femmes pastellées par notre grand La Tour, et qui n'étaient pas encadrées, et qui n'étaient pas même montées, mais tout bonnement enveloppées de papier de soie dont on entortille les oranges, atteignaient avec une peine extrême 5 et 6 francs. Pas une ne dépassa ce prix. Et longtemps les ventes durèrent ainsi, et longtemps mon frère ou moi, un La Bruyère dans notre poche, pour tromper l'ennui de la vacation, nous allions tour à tour conquérir à vil prix quelque précieux dessin : un dessin comme « l'Épouse indiscrète » de Baudouin, ou les « Négrillons heiduques » de Portail.

Mais alors même les ventes n'apportaient à une collection que quelques dessins. Ce qui la grossissait soudainement, c'étaient les *coups*, ces acquisitions fortunées d'un marchand arrivant *premier* après un décès tout chaud, et lorsqu'on avait la chance de tomber dans l'emménagement de l'achat. J'ai dans la mémoire une de ces heureuses affaires faites par Danlos père, et où, pour quelques mille francs, il avait eu un régiment de cartons, bondés des plus curieux dessins et des plus rares estampes, — une collection à se vendre maintenant 500,000 francs. Dans la boutique, une montagne, un entassement de vieux portefeuilles éventrés, d'où se répandaient sur le plancher des morceaux de papier montrant des coins de crayonnages adorables ; dans l'arrière-boutique, des amis, des bouteilles, des verres, et la célébration et le joyeux arrosage du marché fêté à la cantonade.

« Eh !... combien ça, monsieur Danlos ? »

Et Danlos, au bout de quelques instants, faisant

sa rentrée dans la boutique, en se grattant la tête de sa casquette violemment remuée sur son occiput, vous prenait la chose de la main, et la regardant d'un œil vague, et de côté, tout au bout de son bras tendu à la hauteur de sa cuisse, vous disait au hasard un prix fort cher... pour le temps, mais bien bon marché pour aujourd'hui.

Ah! l'heureuse époque pour un collectionneur, que ces années où, du lever au coucher du jour, il y avait chez les marchands d'estampes dix jours entiers à regarder des dessins français, et de quoi pour un homme qui aurait eu plus d'argent que je n'en avais alors dans ma poche, de quoi en charger un fiacre.

Et les pittoresques silhouettes de marchands, hélas! tous défunts.

Tout d'abord le père Blaisot, le descendant du libraire établi au XVIIIe siècle sur les marches du grand escalier de Versailles, le doyen des marchands d'estampes, qui avait eu d'abord la petite boutique de la rue Guénégaud, puis le long boyau de la rue Taitbout, où furent exposés tant de beaux et précieux dessins, enfin le grand magasin de la rue de Rivoli : un petit homme maigre, toujours en cravate blanche, avec du jovial et du renarré sur la physionomie, et une seule dent dans la bouche. On le rencontrait trottinant dans tous les quartiers de Paris, une gravure, un dessin, une toile sous le bras, qu'il vous mettait sous le nez en pleine rue. Un homme de goût, un connaisseur, le seul *tenant* dans sa profession pour l'école française, et le seul concurrent redoutable dans les ventes d'alors. Au fond bonhomme sympathique à ses jeunes clients, s'intéressant à leurs collections. Une des dernières fois que je l'ai vu avant sa mort, c'était le 8 septembre 1870, un jour où j'étais allé voir les travaux du fort de Montretout. Des 20,000 ouvriers qui devaient remuer la terre, il y en avait bien en tout deux ou trois cents, mais que regardait, avec une inquiétude suffisante, le père Blaisot, en cravate blanche, d'une petite vigne toute chargée de ceps de raisins noirs : une vigne, sa propriété où était arrêtée la construction de la maison dans laquelle sa vieillesse voulait respirer l'air pur de la colline, après avoir respiré tant d'air putride de salles de vente.

Un autre singulier petit homme, — celui-là tout en boule, — était Mayor, le marchand de dessins anglais, qui, dans sa figure rondelette et blême, avait deux petits yeux noirs, assez semblables à des pépins dans un quartier de poire, et un nez qui était comme une gousse de piment. Perpétuellement à cheval sur Londres et sur Paris, Mayor avait ses dessins dans de grandes boîtes, et vous les montrait au fond d'un appartement aussi sombre que les boutiques des anciens marchands de drap de Paris. Debout devant vous, il tirait de ses boîtes posées sur le parquet des dessins qu'il vous présentait, et cela indéfiniment. Vous aviez beau demander grâce, il allait toujours avec la régularité mécanique d'un automate, un sourire en fer à cheval d'une caricature du *Punch*, et un nez qui, par l'afflux du sang à sa tête à tout moment penchée à terre, passait de la couleur écarlate à la couleur aubergine. Je soupçonne mon ami Mayor d'avoir parachevé bon nombre de Watteau que le Maître avait laissés à l'état de croquis.

Mais parlons un peu du vieux Guichardot, du temps de ma jeunesse, où il habitait la rue Saint-Thomas du Louvre, en un logis qui était le vrai cadre de l'original personnage.

Une rue d'ombre et de silence, où rarement s'aventurait le soleil, où jamais ne passait une voiture. Guichardot avait dans cette rue une boutique, une espèce de resserre rustique, aux volets clos, et contre les murs de laquelle montaient jusqu'au plafond des cartons, des cartons, des cartons comme je n'en ai vu nulle part, et tout remplis de dessins de toutes les écoles et qu'on n'avait jamais songé à débrouiller. Là dedans, c'était une odeur de papier moisi, délectable et prometteuse pour un amateur. Avec une lenteur qui désespérait votre impatience, Guichardot vous apportait une chaise cassée, puis un carton qu'il plaçait dans une filtrée de jour venant de la porte de la rue entre-bâillée, et dénouait longuement, longuement les cordons... Enfin, au milieu de l'effarement de cloportes fuyant dans tous les sens à travers les dessins, commençait la séance. Lui, placé derrière vous, regardait par-dessus votre épaule chaque dessin que vous regardiez, avec un regard énigmatique de son bon œil. Les heures passaient, une nuit rembranesque remplissait la boutique, une pénétrante humidité vous tombait sur les épaules comme une petite pluie invisible, la fatigue de voir commençait à vous venir... et lorsque vous vous retourniez, et que vous retrouviez cet œil narquois, et cet autre bouché par un morceau de taffetas noir, et cette houppelande qui avait des blanchiments imitant le salpêtre sur un vieux mur, il vous venait le sentiment d'avoir dans le dos un être fantastique : le gnome des vieux dessins.

. . . .

Oui, pour terminer, rien n'était plus facile et à meilleur marché, dans ce temps, que de faire une collection de dessins français du XVIIIe siècle : seulement, il y avait dans l'atmosphère un si énorme dédain pour cette école, les gens que vous connaissiez faisant de la peinture, vous plaignaient avec des regards si tristes, vous passiez pour un homme tellement privé de goût par les Dieux, qu'il fallait avoir un grand mépris de l'opinion des autres, pour la faire, cette collection!

COLLECTIONS DE DESSINS DE GONCOURT

PEINTRES, SCULPTEURS, DESSINATEURS, VIGNETTISTES, ORNEMANISTES, ARCHITECTES DU XVIIIe SIÈCLE

ANONYME. — Sur un fond d'architecture, entre deux colonnes torses entourées de guirlandes de fleurs, un voile tendu par deux amours ; en haut, au milieu, un petit cartouche représentant Jésus amené devant Caïphe ; en bas, le lavement des pieds des Apôtres prenant tout le bas de la feuille de papier.

Dessin à la sanguine et à la pierre d'Italie (1).

Encadrement de page d'un livre religieux, dont le texte devait être imprimé sur le blanc et le vide du voile.

Manière de Hallé.

H. 34, L. 22.

— Même entourage ; en haut, cartouche représentant l'Annonciation ; en bas, le prophète Élie avec un aigle à ses pieds.

Dessin à la sanguine et à la pierre d'Italie.

Même destination que le précédent.

Manière de Hallé.

H. 31, L. 22.

ANONYME. — Sous de grands arbres, au bord d'une rivière, une Diane dormant nue au milieu de ses nymphes.

Bistre sur crayonnage.

Manière de Callet.

H. 23, L. 26.

ANONYME. — Une femme, un pied sur un banc, et qu'un jeune homme soulève, l'aidant à atteindre un bouquet de cerises ; un homme couché à terre et regardant sous les jupes de la femme.

Lavis à l'encre de Chine sur trait de plume.

Manière de Queverdo.

H. 21, L. 17.

ANONYME. — Un sultan assis, les jambes croisées sur un

(1) A propos de la pierre noire et de la sanguine, ces deux matières employées par les dessinateurs du XVIIIe siècle, nous avons une lettre de Watteau qui se plaint de la dureté de la sanguine, et nous savons qu'il la faisait venir d'Angleterre. Descamps se plaint également, dans une lettre à Desfriches, de la pierre noire qu'on achète à Paris, et dit se la faire envoyer d'Espagne.

divan, une aigrette de rubis à son turban; derrière lui trois Turcs, dont l'un fume.

Aquarelle sur trait de plume.

Manière mélangée de Liotard et d'Hilaire.

H. 25, L. 31.

Anonyme. — Zéphyr caressant Flore couchée à terre. Faune surprenant une nymphe endormie sur son urne.

Dessins sur papier jaune, à la pierre noire estompée, rehaussée de craie.

Ces deux dessins dont j'ai vu autrefois les tableaux, non signés, chez Évans, marchand de curiosités, sont faits dans la première manière de Vien.

H. 9, L. 25.

Anonyme. — Une vue des nouveaux boulevards, pleine de monde qui regarde un Arlequin, au son d'un violon, balancer un coq sur une corde.

Encre de Chine, très légèrement lavée d'aquarelle.

École de Huet.

H. 27, L. 34.

Adam (*Lambert-Sigismond*). Le sculpteur auquel Mariette reproche « de faire tout en sorte que tout forme trou dans ses ouvrages », le dessinateur facile et tourmenté.

— Fontaine, au pied formé par deux dauphins rejetant l'eau que versent, au sommet, deux amours aux extrémités de poissons. Tout autour du vase, orné de masques, court une frise représentant des jeux d'amours.

Bistre sur trait de plume.

Signé : *Adam*.

H. 40, L. 25.

Amand (*Jacques-François*). Un artiste que l'on ne

connaît guère que par la petite eau-forte insérée dans le « Dictionnaire des graveurs » de Basan, un peintre qui a eu l'ambition de refaire pour son temps, dans une suite de grands dessins, les intérieurs d'artisans de Bosse qu'il peuple d'ouvriers à la tournure d'apôtres, — des ressouvenirs de peintre d'histoire, transportés dans la vie familière du XVIIIe siècle. Deux des dessins de cette suite, le *Menuisier* et le *Doreur*, mentionnés dans le catalogue du graveur Le Bas, se retrouvaient à la vente de M. Laperlier.

— Dans un atelier aux poutres du plafond soutenues par des colonnes de pierre, des ouvriers sont occupés à des travaux de menuiserie. Au premier plan, à gauche, une femme agenouillée remplit un panier de copeaux (1).

Dessin lavé à l'encre de Chine sur trait de plume.

Signé sur un rabot posé à terre : *Amand.*

Gravé par Chenu et Le Bas de la même grandeur sous le titre : *l'Atelier du sieur Jadot établi dans l'emplacement de l'ancienne église de Saint-Nicolas.*

Vente Lebas et Laperlier.

H. 33, L. 44.

AUBRY (*Étienne*). Des dessins dans la manière de Greuze, lavés avec le bistre de Fragonard, mais qui n'ont pas la fougue du dessin du premier, ni la chaleur du procédé du dernier; le bistre en les dessins d'Aubry ne fait que des salissures (2).

(1) La plupart des dessins de ma collection ont été reproduits en fac-similé par la maison Braun.

(2) J'excepte deux études d'un homme en chapeau rond, conservées dans les cartons du Louvre, et qu'on pourrait prendre pour des bistres de Fragonard.

— Dans une chambre de la campagne, une dame faisant embrasser par un garçonnet en matelot un tout petit enfant, que tient sur ses genoux une jeune femme; à gauche est assis un gentilhomme jouant avec une grande canne; à droite, derrière la chaise de la visiteuse, une vieille paysanne et un vieux paysan se tenant debout.

Bistre.

Gravé par De Launay, sous le titre : LES ADIEUX A LA NOURRICE. Le tableau a été exposé au Salon de 1777, et depuis a fait partie de la collection de M. Boitelle.

Vente Valferdin.

H. 39, L. 48.

— Femme tenant contre elle un enfant effrayé à la vue d'une souris, que lui montre, dans une souricière, une autre femme agenouillée.

Bistre.

Portant la marque A G P B, la marque de M. de Bizemont, fondateur du Musée d'Orléans.

H. 28, L. 24.

BARDIN. Un dessinateur du nu, plus anatomiste et moins conventionnel que ses contemporains.

— Au milieu de femmes ivres, aux mains garnies de cymbales, un corybante dansant, en agitant au-dessus de sa tête un tambour de basque.

Camaïeu de gouache sur papier jaune réservé pour les lumières.

Signé : *Bardin*, 1770.

Vente Tondu.

H. 32, L. 16.

BAUDOUIN (*Pierre-Antoine*). Je ne puis que répéter ce que j'ai déjà dit : c'est que la gouache de Baudouin n'a rien du petit art fini et pourléché de Lawreince, mais que ses gouaches sont esquissées dans la pâte à l'eau, ainsi que Fragonard esquissera, plus tard, ses nudités dans la pâte à l'huile. Et j'ajouterai que toute gouache finie, pinochée, qui a perdu le caractère d'esquisse, n'est pas un Baudouin ou n'est plus un Baudouin. Je vais m'expliquer sur cette dernière phrase. Il y a un certain nombre de Baudouin qui ont un dessous vrai, mais qui n'ont que cela, avec une peinturlure bête par dessus, et je citerai la « Soirée des Thuileries » venant du baron de Saint-Vincent, où il n'y a plus guère du peintre, à l'heure qu'il est, qu'un peu de la femme et son gant long; je citerai encore « le Coucher de la mariée » ayant appartenu à Roqueplan, où la touche de l'artiste n'est plus retrouvable que sur la garniture de la cheminée. Les gouaches de Baudouin, ces peintures fragiles, un moment abandonnées à l'humidité des fonds de magasins et même à la pluie des quais, ont généralement beaucoup souffert et ont été restaurées pour le goût de ceux qui les achetèrent bien avant les artistes, pour les vieux *polissons*. Puis au fond il n'a jamais existé de restaurateur capable de faire revivre l'esprit, le faire d'ébauche de ces sortes d'ouvrages. Non, disons-le encore, jamais on ne rencontre chez Baudouin le travail du dessus de tabatière, le joli peiné de la gouache courante; au contraire, il préfère au plaisant du métier, aux agréables et fausses colorations du genre, des couleurs qui visent à la solidité, à l'intensité, à la vérité de la einture à l'huile, et les « Soins tardifs », de ma collection, sont un curieux spécimen du sérieux introduit, ans la gouache, par l'artiste si maltraité par le vertueux Diderot. Mais s'il y a beaucoup de Baudouin epeints, il est encore un plus grand nombre de copies u temps, exécutées dans une coulée sans transparence, sans rupture de tons, à l'apparence mate t plâtreuse de papier peint, et parmi lesquels je lasserai les gouaches jusqu'ici connues du « Conessionnal » et du « Catéchisme ». Parmi tous les audouin que j'ai vus, je ne connais de Baudouin riginaux et sincères, en dehors de ceux catalogués ci, que sa gouache de réception d'une exécution très aible, le croqueton du « Fruit de l'Amour secret » ardé dans un carton du Louvre, un second exemlaire avec différences de « l'Épouse indiscrète » rovenant de la vente du baron Saint-Vincent et ossédé par M. Edmond de Rothschild (1).

— Une femme, cachée par un amas de matelas jetés sur n fauteuil, épiant son mari, qui prend la gorge d'une hambrière, renversée sur le lit qu'elle était en train de aire.

Gouache.

Gravée en réduction par Simonet, sous le titre : l'ÉPOUSE NDISCRÈTE. Elle est gravée avec changement : la femme, agenouillée dans la gravure, est debout dans le dessin.

Provenant de la collection Paignon-Dijonval, dans le ca-

(1) A la vente Pourtalès, était exposée la gouache de la composition gravée sous le titre du CURIEUX, mais elle était exposée au-dessus d'une porte, et il m'a été impossible de la voir, de manière à la juger.

talogue de laquelle cette composition est cataloguée sous le n° 3542.

H. 33, L. 29.

— Un gouverneur pénétrant avec son élève dans une chambre à coucher, où se voit, sur un lit, une femme dormant presque nue.

Aquarelle sur trait de plume.

Gravé par de Ghendt en réduction et avec changements dans la suite des *Quatre parties du Jour*, sous le titre : LE MATIN.

Vente Prault, où cette aquarelle est décrite sous le n° 13, et seconde vente Tondu.

H. 25, L. 20.

— Une jeune villageoise et son amant surpris dans un grenier, au milieu de leurs ébats amoureux, par la mère de la jeune fille, dont la tête apparait dans l'ouverture d'une trappe.

Gouache.

Gravé par De Launay sous le titre : LES SOINS TARDIFS.

Vente Tondu.

H. 29, L. 22.

— Une femme à sa toilette, dont un coiffeur accommode les cheveux, pendant qu'une fille de chambre l'éclaire avec une bougie; un gentilhomme accoudé sur la toilette.

Croquis à la plume, lavé d'aquarelle.

Première idée du sujet gravé par Ponce, sous le titre : LA TOILETTE, mais différente de la composition définitive.

H. 23, L. 18.

BEUGNET. Un de ces ignorés dessinateurs, dont je crois que toute l'existence artistique est révélée par « la Marchande de bouquet et la Marchande de noix à la guinguette », deux estampes mentionnées dans le catalogue de Paignon-Dijonval, et la présence, dans ma collection, de deux grandes et mauvaises gouaches, très curieuses pour l'iconographie de la Révolution. L'une d'elles est incontestablement l'*Ile d'Amour* de Belleville, bal devenu une mairie, et qui avait conservé, dans sa cour, le kiosque de treillage de mon dessin, existant encore il y a une vingtaine d'années. Elles ont encore un intérêt, ces deux gouaches datées de 1793 : elles vous donnent la représentation du bonnet rouge élégant de ces années, du bonnet, pour ainsi dire, des muscadins du temps, une espèce de bonnet à la houssarde, au gland tombant sur le côté, bleu de ciel, bordé d'une large bande rouge.

— Un cabaret de la Courtille sous la Terreur.

La façade est surmontée d'un écusson flanqué de drapeaux tricolores et couronné d'un bonnet rouge. Aux tables du jardin, des femmes, des enfants, des civils, des militaires boivent, mangent, font l'amour. Sous l'ombre de grands arbres, un orchestre composé d'un violon, d'un cor, d'une basse, fait danser une contre-danse à quatre couples. Au premier plan est assis sur une table un militaire, le casque sur la tête, en habit à parements rouges, en gilet et en culotte jaunes, en bas bleus.

Gouache.

Signé : *Beugnet*, 1793.

H. 35, L. 53.

— L'Ile d'Amour.

Sous un pavillon de treillage surmonté d'un bonnet rouge, un couple danse. Les tables sont peuplées de femmes au petit bonnet de linge noué d'un ruban, aux amples fichus croisés sur la poitrine, et d'hommes poudrés en carmagnole de couleur tendre, en élégant bonnet rouge. Un homme, tout habillé de rose, donne le bras à une femme tout habillée de bleu, et qui porte sur la tête une sorte de chapeau de pierrot, entouré d'une guirlande de roses. Une femme qui a une ceinture tricolore, s'évente, un pied posé sur un tabouret, tout en causant avec des gardes nationaux. Au premier plan, à gauche, dans un appentis, un garçon cabaretier verse le vin d'un broc dans un litre d'étain.

Gouache.

Signé : *Beugnet*, 1793.

H. 35, L. 53.

BLARENBERGHE (*Louis-Nicolas*). On connaît le faire microscopique de cet artiste de tabatières et de boîtes. Aurait-il fait parfois des choses plus larges ? Voici un dessin qui a tout l'air d'un Lepaon, et que je n'aurais jamais songé à attribuer à Blarenberghe, si je n'avais trouvé chez M. Edmond de Rothschild la gouache terminée et, je crois, signée. Malgré cela, je n'ai pas une bien entière confiance dans mon attribution.

— Course de chevaux dans la plaine des Sablons. Au premier plan des gentilshommes à cheval et des carrosses, dont l'un est attelé de six chevaux.

Croquis à la plume, lavé à l'encre de Chine, avec les figures de second plan et le paysage seulement indiqués à la pierre noire.

La gouache de M. Edmond de Rothschild porte la date de 1782.

H. 26, L. 64.

Boilly (*Louis-Léopold*). Dessinateur, dont les grandes aquarelles de scènes bourgeoises, aux contours d'une calligraphie facile, aux colorations par larges teintes plates étendues sur des ombres uniformément préparées à l'encre de de Chine, ne manquent pas d'un certain effet dû à la simplicité du procédé, de l'effet qu'obtenait avant lui, dans ses humoristiques lavis en couleur, l'Anglais Rowlandson.

— Dans une rue de Paris, par une pluie battante, un mari, donnant la main à deux enfants, et suivi de sa femme et de sa fille, qui tient un parapluie sur la tête de sa mère en toilette de soirée, traverse une passerelle jetée sur un ruisseau. A gauche, un homme du peuple causant avec une cuisinière.

Dessin sur trait de plume, rehaussé d'aquarelle sur lavis d'encre de Chine.

H. 32, L. 40.

Boissieu (*Jean-Jacques de*). Un Hollandais de Lyon retrouvant parfois, en ses laborieux lavis à l'encre de Chine, les habiles petits coups de lumière des grands maîtres des Pays-Bas.

— Un groupe d'arbres, éclairés sur leurs cimes, par une lumière frisante qui vient de la gauche, et projetant leurs ombres à terre; au fond, un lointain montagneux du Lyonnais.

Lavis à l'encre de Cine.
Signé : *D. B.* 1703.

H. 12, L. 24.

Boquet. C'est le dessinateur officiel des Menus-Plaisirs, l'imaginateur, pendant toute la seconde moitié du XVIIIe siècle, de tous les costumes et travestissements pour les opéras représentés et les bals de la cour. Un trait de plume ou de crayon à la Eison, mais encore plus cursif, balayé de quelques touches à l'aquarelle jetées à la diable, et voilà sur le papier pour le costumier un ingénieux, coquet, lumineux habillement. Et ces croquis ont encore, pour l'histoire du costume au théâtre, de précieuses indications écrites de la main de Boquet au bas de chacun d'eux. On connaît trois recueils de ces précieux dessins : l'un qui faisait partie de la collection d'estampes de M. Devéria, et qui a été acquis avec sa collection par le cabinet des Estampes, un autre qui a été acheté 5,500 fr. par les archives de l'Opéra, à la vente du baron Taylor, le troisième qui est chez moi.

— Sophie Arnould, en costume d'Eucharis dans l'Opéra des « Caractères de la Folie ».

Aquarelle sur plume.

Le dessinateur des Menus a écrit au bas de son croquis : *Mlle Arnould. Eucharis. 2me entrée. Fond de petit satin rose à bandes tamponnées, bandes de gaze d'Italie aussy tamponnées bordées de rézeau d'argent frisé ; la gaze d'Italie traversée de bandes de satin découpées, bouillonnées de nœuds par distance de satin rose ; une frange d'argent avec un rézeau sur la teste ; vêtement de dessous d'argent ; mante de satin rose imprimé.*

H. 24, L. 18.

— Recueil de 100 costumes et travestissements exécutés pour les opéras représentés à la cour et les bals de la Reine.

Opéra. Le chant. — Mlle S. Arnould, 3 costumes pour l'opéra d'Argie. — Mlle Duplant, 1 pour le Prologue des

Amours des Dieux. — Mlle Chevalier, 2 pour Acis et Galatée, etc. — Mlle Dubois, 2. — M. Pillot, 1 pour les Caractères de la Folie. — M. Cassaignade, 2 pour le Fragment de l'acte Turc, etc. — M. Legros, 2 pour Persée, etc. — M. Larrivée, 1 pour les Romans. La danse. — Mlle Guimard, 8 pour les opéras de Persée d'Azolan d'Ismenias, etc. — Mlle Lyonnois, 3 pour la pantomime des Suivantes de la Mode, etc. — Mlle Peslin, 3 pour Tancrède, Orphée, etc. — Mlle Vestris, 4 pour les Talents Lyriques. — Mlle Heinel, 1 pour Anacréon. — Mlle Allard, 3. — Mlle Lany, 1 pour Dardanus. — Mlle Mion, 1. — M. Vestris, 4 pour Cythère assiégée, etc. — M. Dauberval, 4 pour la Provençale, etc. — M. Lany, 2. — M. Laval, 1. — M. Léger, 1. — M. Gardel, 1. — M. Dupré, 1. Et encore des costumes d'acteurs et d'actrices chantant dans les chœurs, de danseuses et de danseurs, de figurants, de comparses, et de personnages intitulés « un Ruisseau », « un Plaisir », « un Monstre né du sang de Méduse »; puis de nombreuses feuilles de groupements d'acteurs et d'actrices, ou d'actrices seules, comme la figuration par Mlles Audinot, Duperré, Dervieux, du groupe des trois Grâces dans l'opéra d'Atalante. Enfin, des croquis préparatoires de la mise en scène, avec des légendes ainsi rédigées : « *Un abbé apprenant à jouer de la flûte avec son maître; le maître est havre sec* (sic), *l'abbé gros, joufflu, avec de gros sourcils noirs.* »

Comédie française, Mlle Doligny, 1 pour la Princesse de Navarre.

Bals de la Reine. La comtesse de Boufflers, 1. — Le duc de Bourbon, 1. — Le duc d'Avray, 1.

Tous ces dessins, sauf deux exécutés à la mine de plomb, sont croqués à la plume, et le plus souvent, enlevés au pinceau trempé d'encre de Chine et lavés d'aquarelle.

Borel (*Antoine.*) Le dessinateur et le vignettiste galant, qui de la volupté spirituelle de ses maîtres, fait la volupté bête et pataude, qui est le caractère et la signature de ses dessins et de ses tristes lavis.

— Un repas dans la campagne, où sur une table dressée sous de grands arbres, au milieu de paysans auxquels on distribue du vin, deux gentilshommes trinquent avec de jeunes villageoises.

Dessin à la plume, lavé d'encre de Chine et par dessus d'aquarelle.

Signé : *Borel.*

H. 22, L. 30.

BOUCHARDON (*Edme*). Le dessinateur que les monteurs de dessins du temps appelaient *Apeliotès*, dans le cartouche de leur encadrement ; le dessinateur dont de simples contre-épreuves dépassaient 700 livres à la vente Mariette ; le dessinateur à la filée savante du contour, à l'éphébisme de la ligne dans le nu académique, à la carrure puissante du trait dans l'habillé de ses *Cris de Paris;* oui, celui-là, si haut placé par le XVIIIe siècle, et si digne d'estime à toutes les époques, aurait-on pu penser qu'il tomberait si bas, que le dessin de ma collection, — et un dessin de cette même vente Mariette, — serait acheté 2 sous par Gavarni, dans sa jeunesse, étalé où? sur le boulevard du Temple, dans la boue!

— Un monstre ailé, sur des nuages, semant des fleurs.

Sanguine.

Au bas du dessin, de l'écriture de Bouchardon : *le Vent d'orient.*

Il porte la marque de Mariette, et était catalogué sous le n° 1121 de sa collection.

H. 39, L. 28.

Boucher (*François*) (1). Le sentiment et le rendu de la chair de la femme, de sa vie frémissante, de sa molle volupté, en dessin aussi bien qu'en peinture, c'est le talent de Boucher et qui n'appartient qu'à lui seul. A ce don joignez la perception du désordre pittoresque, du *fouillis* du paysage, qui fait du peintre de Mme de Pompadour un révolutionnaire dans la nature académisée et le feuillage à cinq doigts du XVIIe siècle. Et ce nu féminin et ce rustique de la campagne de son temps, Boucher le formule sur le papier avec toutes les adresses et toutes les habiletés imaginables, et vous trouverez, dans ma collection, des académies de femmes qui vont au maître des maîtres de la chair, à Rubens, et des paysages matutineux faits d'une caresse d'estompe d'une modernité qui étonne (2). Vous y rencontrerez aussi presque tous ses procédés, même un spécimen de peinture à l'essence sur papier, et, une chose tout à fait rare, une aquarelle à la tonalité d'une vieille tapisserie passée. Ils sont nombreux et de belle qualité, les Boucher, en ma maison d'Auteuil,

(1) Je ne reprendrai pas ici l'étude que j'ai faite sur le dessin de Boucher dans « l'Art du XVIIIe siècle » ; j'y renvoie le lecteur ainsi que pour les procédés du dessin de Watteau, de Chardin, de La Tour, de Greuze, des Saint-Aubin, de Gravelot, de Cochin, d'Eisen, de Moreau, de Debucourt, de Fragonard, de Prud'hon.

(2) Des paysages de Boucher, surtout quelques mines de plomb, dont j'ai vu deux ou trois échantillons chez la baronne de Conantre, semblent des mines de plomb de 1830. J'appelle aussi l'attention sur la ressemblance de certains dessins de Boucher avec quelques dessins de paysage de Jacques l'aquafortiste.

et cependant il m'en manque un, auquel je pense de temps en temps, comme on pense à une femme qu'un rien stupide vous a empêché de posséder. Il y avait en ce temps, dans la dernière boutique du quai Voltaire qui touche à l'École des Beaux-Arts, un marchand de tableaux et de dessins, un vieux Hollandais du nom de Steinhaut, méprisant très fort l'école française, et dans l'escalier noir duquel j'ai trouvé mon Moreau de « Marie-Antoinette se rendant à Notre-Dame ». Un jour cependant je voyais exposé à son étalage un Boucher, une merveille, un tout petit portrait de Mme de Pompadour, miniaturé au pastel, dans un encadrement d'amours et d'attributs d'art de la plus large facture, pardieu! un Boucher, dont je retrouvais plus tard la description dans le catalogue de la collection de M. Sireul, celle que l'expert désignait sous le nom du *Portefeuille de M. Boucher*. Je marchandai le dessin au bonhomme Steinhaut: il me disait qu'il était honteux, qu'il s'était laissé entraîner dans une vente, — je crois, la vente de M. de Cypierre, — qu'il l'avait payé beaucoup trop cher, et m'engageait à ne pas acheter son dessin. La nuit, je ne pouvais dormir et avais tout le temps, dans mes yeux fermés, ledit Boucher. Le lendemain matin, après avoir réuni les 160 francs demandés du dessin, je courais quai Voltaire : le Boucher était vendu à un Anglais, et je sortais de chez mon Hollandais avec l'âpre et l'enragé désir des choses qui vous sont enlevées. A quelques jours de là, passant sur le quai, Steinhaut m'appelait du seuil de sa porte, et me disait que son Anglais était dégoûté du dessin, qu'il me le céderait au prix qu'il l'avait payé, que c'était convenu, que je n'avais qu'à y aller un dimanche matin, jour où j'étais sûr de le trouver. Le dimanche suivant, j'étais de fort bonne heure à l'adresse de l'Anglais. Une affaire imprévue par hasard l'avait forcé de sortir, et je me trouvais en présence d'une longue lady. Elle sonnait, on apportait le Boucher, et je commençais à sortir de mon gilet, avec des doigts tremblants d'émotion, mes huit louis, quand cette Anglaise, qui semblait avoir autant de vinaigre dans le caractère que de couperose sur la figure, s'écria tout à coup : « Mon mari, Monsieur, n'est pas forcé de vendre ce dessin comme vous semblez le croire? » — « Mais non, Madame, rien dans mes paroles... » — « Mais si. » — « Mais non. » Et finalement elle se refusa absolument à me le vendre. Ce n'est pas mon seul *desideratum*, il me revient en ce moment, dans le souvenir, un dessin de Watteau que moi seul à la vente, où il se trouvait, savais être la première idée de LA CONVERSATION, reproduisant le portrait de Watteau et de M. de Julienne, et encore dans une autre vente un vrai bijou, une gouache de Taunay, représentant une chasse à courre en habits rouges, sous la feuillée d'automne d'une forêt, et combien d'autres, hélas !

— Académie de femme nue, vue de dos, hanchant à droite sur ses pieds entre-croisés; une de ses mains est appuyée sur des étoffes, que son autre main soulève.

Dessin sur papier jaune, aux trois crayons, rehaussé de pastel.

H. 30, L. 34.

— Académie de femme nue, vue de dos, le talon du pied de derrière un peu soulevé, et dans le mouvement d'une femme passant une chemise.

Dessin sur papier gris, à la pierre d'Italie, rehaussé de craie.

H. 30, L. 21.

— Académie de femme nue, vue de face, le haut du corps appuyé sur un piédestal sculpté d'amours, les bras relevés au-dessus de la tête et la couronnant.

Dessin sur papier gris, à la pierre d'Italie, rehaussé de craie.

H. 35, L. 19.

— Académie de femme nue, couchée, vue de dos, le haut du corps un peu soulevé, une jambe repliée sous l'autre et dont on voit la plante du pied.

Dessin sur papier jaune relevé de quelques touches de pastel bleu.

H. 28, L. 35.

— L'Adoration des bergers.

Esquisse à l'essence sur papier.

Maquette pour le tableau d'autel de la chapelle du château de Bellevue.

Portant la marque du chevalier Damery et provenant de la vente Villenave.

H. 42, L. 28.

— Une jeune fille encore vêtue de sa chemise, du bout de ses pieds essayant l'eau d'un ruisseau dans lequel elle va se baigner; elle a le bras passé sur les épaules d'une

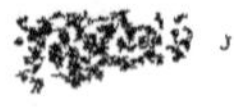

compagne; des amours, à mi-jambes dans l'eau, jouent avec un cygne.

Dessin à la pierre d'Italie.

Gravé à l'eau-forte par Huquier sous le titre : VÉNUS AU BAIN, en tête du *Troisième livre de sujets et pastorales par F. Boucher, peintre du Roy*; gravé également en fac-similé dans l'œuvre de Demarteau, n° 315.

H. 22, L. 18.

— Jeune femme vêtue « à l'espagnole », assise sur une chaise aux pieds contournés; elle a un collier de ruban au cou, et tient, de la main droite levée en l'air, un éventail.

Dessin sur papier jaune aux trois crayons.

Signé : *Boucher*, 1750.

Ce dessin, provenant de la collection Niel, passait en 1781 à la vente Sireul, où il était acheté 123 fr. par M. Dulac.

H. 34, L. 24.

— Jeune femme assise dans un fauteuil de profil, tournée à gauche, la tête vue de trois quarts. Un petit bonnet jeté sur ses cheveux roulés, elle tient un écran à la main.

Dessin à la pierre d'Italie (1).

Vente Villot.

H. 34, L. 23.

— Un berger agenouillé retirant les bas d'une bergère en chemise qui va se mettre à l'eau; derrière, une femme qui commence à se déshabiller.

Dessin sur papier jaune à la pierre d'Italie rehaussé de craie.

H. 26, L. 23.

— Jardinière à mi-corps, un grand chapeau de paille

(1) Ce dessin, qui n'est pas tout à fait dans le faire connu de Boucher, est signé pour moi dans la rondeur du dessin de la main.

sur le haut de la tête, et penchée sur un panier qu'elle tient de ses deux mains.

Dessin sur papier bleu à la pierre d'Italie, rehaussé de pastel.

H. 27, L. 30.

— Bergère assise sous des arbres, et mettant à son chapeau une rose que lui demande un berger; auprès d'elle, une chèvre et des moutons.

Aquarelle.

H. 16, L. 21.

— Un vase à l'anse formée par un masque d'où pend une guirlande de lauriers, sur la panse, un culbutis d'amours, fond de paysage.

Dessin sur papier jaune, à la pierre noire, rehaussé de craie.

Étude pour le vase figurant, dans la composition gravée par Aliamet, sous le titre de LA BERGÈRE PRÉVOYANTE.

H. 26, L. 18.

— Petite passerelle en bois sur laquelle un enfant regarde un autre pêchant à la ligne.

Dessin à la pierre noire, au ciel estompé.

Vente Aussant.

H. 31, L. 23.

— Cour de ferme rustique; sous la treille de la porte ouverte, une mère avec un enfant dans sa jupe, au bas de l'escalier, une femme soulevant une terrine; au premier plan, un homme assis par terre à côté d'un âne.

Dessin à la plume, lavé de bistre, sur un frottis de sanguine.

H. 24, L. 21.

— Près d'une chaumière au toit de chaume, une femme

en train de laver dans une auge, sous l'enchevêtrement de petits arbres s'entre-croisant au-dessus d'un puits.

Dessin sur papier gris, à la pierre noire, rehaussé de craie.

Signé à l'encre sur l'auge : *Boucher*.

H. 24, L. 20.

Caresme (*Philippe*.) Un bistreur, un aquarelliste, un gouacheur, toujours érotique, volontiers obscène, au dessin lourd, à la grâce *mastoc*, à la sensualité toute matérielle, et dont l'éternelle bacchanale ressemble à une suite de dessins copiés d'après de mauvais bas-reliefs de la décadence romaine.

— Des satyres courent dans la campagne, portant à cru sur leurs épaules des nymphes nues, la coupe à la main. Au premier plan une nymphe et un satyre sont tombés aux pieds d'un autel, décoré de têtes de bouc.

Dessin à la plume et au bistre.

Signé : *Ph. Caresme* 1780.

Vente Odiot.

H. 32, L. 53.

Carmontelle (*Louis*). « L'homme aux profils », un dessinateur qui n'est qu'un amateur, un aquarelliste dont les colorations ont quelque chose des petits tableaux de l'époque, fabriqués en paille colorié ; et cependant, malgré tout ce qui lui fait défaut, Carmontelle est intéressant, comme un homme qui a fait poser devant lui la société de son temps, et a recueilli tout ce que donne à un artiste incomplet le *d'après nature* du dessin. Il faut avouer que ses croquis au crayon noir et à la sanguine sont très supérieurs à ses aquarelles.

— Une femme en robe blanche à fleurette rouges, en mantelet noir fermé, travaillant les mains couvertes de mitaines. Elle est enfoncée dans une bergère sur le dossier de laquelle s'appuie un homme, le chapeau sous le bras, et a en face d'elle une femme en robe bleue, assise sur le bout d'une chaise et penchée vers elle.

Aquarelle.

J'ai cru longtemps que ces deux femmes étaient Mmes Hérault et de Séchelles, gravées par Delafosse, mon dessin ayant une certaine ressemblance avec la gravure, mais un examen plus attentif m'a convaincu que je m'étais trompé, et que les deux femmes, représentées ici, n'avaient point été gravées.

H. 26, L. 19.

— Un gentilhomme de profil tourné à gauche, le tricorne sur l'oreille, la main enfoncée dans la poche de sa veste.

Dessin au crayon noir et à la sanguine.

Au dos, d'une écriture du temps : *M. le chevalier de Meniglaise* (1).

H. 20, L. 15.

CASANOVA. Dessinateur qui, en ses dessins, a un peu de la *furia* que mettait le Bourguignon dans sa peinture militaire.

— Charge de cavalerie sur une batterie d'artillerie; au premier plan un artilleur, la tête nue, une mèche à la main.

(1) Le chevalier de Menilglaise est un faiseur de romances, dont plusieurs sont données dans les Chansons de Laborde.

Bistre sur trait de plume.

H. 22, L. 40.

— Près d'un grand arbre, sous lequel est bâti un petit corps de bâtiment, une pyramide surmontée d'une fleur de lys que des gens regardent.

Dessin à la pierre d'Italie, lavé de bistre.

Dans la marge, d'une écriture du temps : *Obélisque élevé à Turenne où il fut tué d'un boulet de canon. Esquisse de Casanova.*

H. 39, L. 31.

Chardin (*Jean-Simon*). « Chardin, dit Mariette, ne voulait s'aider d'aucun croquis, d'aucun dessin sur le papier. » Donc les dessins de Chardin sont de la plus grande rareté, et aucun des dessins très terminés, que les catalogues de ventes modernes lui attribuent, ne lui appartiennent. Tout ce qu'on peut espérer rencontrer de sa main, ce sont de hâtives croquades d'une composition, quelques études dans le genre de ce fusain représentant une femme le panier au bras, mentionné dans la collection des dessins de d'Argenville, des études pareilles à mon « Joueur de boule », à la silhouette flottante et comme estompée par le pouce du peintre, — une sanguine qui, par parenthèse, est la seule étude que je connaisse, signée d'une signature authentique.

— Homme coiffé d'un tricorne, de profil, tourné à gauche, une épaule appuyée à un mur, se disposant à lancer une boule.

Sanguine estompée.

Signé : *J. B. Chardin* 1760.

H. 35, L. 22.

— Un homme montrant la curiosité à deux polissons. Sanguine avec quelques touches de crayon noir et de craie sur papier jaunâtre.

Au bas, d'une écriture du temps : *Chardin;* en haut, à droite, de la main de Chardin : *demain..... Mouffard... chapon p... detin.* C'est sans doute, rognée par le couteau du monteur Glomy, une invitation du peintre à un ami, écrite par lui sur son dessin, pour l'inviter à manger le lendemain un chapon au Plat d'Étain.

Ce dessin passait avec le titre de *la Curiosité* sous le n° 482 à la vente anonyme du 2 mai 1791.

H. 20, L. 22.

— Un *jaquet,* un petit laquais au grand chapeau aux rebords retroussés, à la houppelande qui lui tombe sur les talons; il désigne de son bras droit étendu quelque chose à la cantonade.

Dessin aux trois crayons sur papier jaunâtre.

Ce dessin, dessiné sur le même papier que « la Curiosité » et monté dans la même monture ancienne, était attribué, par une écriture du temps, à Chardin.

H. 19, L. 10.

— Une vieille femme assise de face, représentée à mi-corps et tenant à deux mains un chat sur ses genoux.

Dessin sur papier jaunâtre, à la pierre d'Italie, rehaussé de craie.

Le dessin portait au dos, d'une écriture du temps, le nom de Chardin.

Première idée du portrait peint, possédé par Mme la baronne de Conantre, un des plus beaux portraits du XVIIIe siècle et dans la facture à la fois blonde et bitumineuse des Chardin de Vienne. On le dit signé, mais je n'ai pu vérifier la signature.

H. 26, L. 19.

CHASSELAT. Pauvre illustrateur, dont les dessins d'avant la Révolution sont rares. Ces dessins, qui viennent de chez Masquelier, avaient été attribués à ce petit maître par M. Villot, qui ignorait que Chasselat avait légué, à sa mort, tous ses dessins à Masquelier.

— Jeune femme assise de côté dans un fauteuil, la tête de face tournée à droite, les mains croisées à gauche sur un genou relevé; coiffure bouffante, robe à manches courtes, fichu sur les épaules.

Dessin sur papier jaunâtre, au crayon noir, rehaussé de craie.

Vente Villot.

H. 30, L. 18.

— Femme assise sur un fauteuil de face, un pied dont la pointe est relevée, posé sur un coussin. Coiffure dans laquelle est piquée une rose, ample fichu, rose au corsage à échelle.

Dessin sur papier jaunâtre, au crayon noir rehaussé de craie.

Vente Villot.

H. 30, L. 20.

COCHIN (*Charles-Nicolas*). Le dessinateur issu de ces générations d'artistes, que Marolles appelait les *faciles Cochins*, l'homme qui dessina pendant soixante-sept ans, se reposant le soir des dessins de commande de la journée par des dessins pour les amis, l'historiographe au trait des Mariages et des Deuils royaux, le *profileur* des célébrités de son temps, l'*estampier* de tous les livres illustrés de l'époque, l'alerte crayonneur, dans une silhouette à la Guardi, du petit gentilhomme cambré, de la petite femme à la jupe ballonnante d'alors, et auxquels il fait une physionomie avec quatre points d'encre, le dessinateur à la pierre noire, à la mine de plomb, à la sanguine, au bistre, à l'encre de Chine, à l'aquarelle! Disons, par parenthèse, que Cochin est un assez piètre aquarelliste et dont les grandes aquarelles des Fêtes de cour ne valent pas beaucoup mieux que des enluminures, et Moreau jeune lui-même n'est guère plus aquarelliste que Cochin. De vrais peintres à l'eau, de coloristes tripoteurs du procédé, il n'y a guère parmi tous les artistes français du XVIIIe, que Baudouin et Gabriel de Saint-Aubin, et encore, dans le paysage, Moreau l'aîné, dont je me rappelle une petite vue du Pont-Neuf, qui avait tous les caractères de modernité d'une aquarelle anglaise de 1830.

Dans la série des Cochin qui sont réunis ici, il en est trois, qui sont de précieux documents pour l'histoire de notre ancienne académie, de son enseignement : ils nous font assister à une séance du modèle, ils nous introduisent dans la salle d'un concours.

— Portrait de Fenouillot de Falbaire; il est représenté dans un petit cadre octogone, surmonté d'un rameau de chêne.

Dessin à la pierre noire.

Signé au-dessous de la tablette : *C. N. Cochin delin.* 1787.

Gravé par Augustin de Saint-Aubin.

H. 14, L. 9.

— Portrait de Mme Dessaux, femme du premier méde-

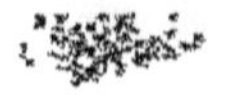

cin de l'Hôtel-Dieu de Paris; elle est représentée les cheveux frisés et hérissés autour de la tête, une large cravate de mousseline blanche au cou, la poitrine dans un corsage aux gros boutons et aux revers d'un habit d'homme.

Dessin à la pierre noire.

Signé dans la marge : *C. N. Cochin f. delin.* 1788.

Le nom de Mme Dessaux, ainsi que celui de son mari sur un dessin qui faisait pendant à celui-ci, était écrit au dos, d'une écriture du temps.

H. 15, L. 11.

— Portrait de femme, de profil, tournée à gauche; elle est représentée dans un médaillon, une fanchon de dentelles dans les cheveux, un collier de fourrure au cou, un mantelet jeté sur son corsage décolleté.

Dessin à la mine de plomb et à la sanguine.

Signé au-dessous de la tablette : *C. N. Cochin filius* 1759.

H. 17, L. 13.

— Petite société de gentilshommes et de dames parées conversant, en se promenant dans un parc; à gauche, une femme, vue de dos, montre en l'air quelque chose du bout de son éventail fermé.

Aquarelle sur trait de plume.

H. 13, L. 20.

— Salle de spectacle de Versailles garnie de ses spectateurs des loges, du parterre et des musiciens de l'orchestre; le roi est le seul homme assis au milieu des femmes qui garnissent la première rangée du balcon.

Lavis à l'encre de Chine.

H. 31, L. 41.

— Dans le décor et la perspective d'un immense palais,

quatre groupes de danseuses et de danseurs, costumés d'une manière différente, exécutent un ballet.

Aquarelle sur trait de plume.

Signé sur le soubassement d'une colonne : *Cochin f.*

Au dos du dessin se trouve écrit de la main du peintre : *Les Amours de Tempé. Ballet héroïque de quatre entrées 1752, à Versailles.*

H. 41, L. 60.

— Deux compositions allégoriques : « L'une figurant le mausolée de la Reine de France (Marie Leckzinska) érigé dans l'église de Saint-Denys le 11 aoust 1768 et représentant la France désolée, couchée auprès d'un cyprès, à côté du tombeau de la Reine ; l'autre figurant le catafalque de la Reine de France dans l'église Notre-Dame de Paris le 6 septembre 1768 et représentant le cercueil de la Reine, entourée des Vertus qui pleurent pendant que l'Immortalité lui présente une couronne d'étoiles. » (Catalogue de Cochin fils par Jombert.)

Sanguines.

Le second de ces dessins est signé : *C. N. Cochin filius delin.* 1768.

Tous deux ont été reproduits en fac-similé par Demarteau.

H. 11, L. 22.

— *La Sûreté, le Péril. — La Simplicité, la Ruse ou la Fourberie. — L'Opinion, l'Entêtement, l'Incertitude.*

Les deux premiers dessins à la pierre noire, le troisième à la sanguine.

Ces trois dessins allégoriques ont été gravés dans l'Iconologie par Ponce, Gaucher, Leveau.

H. 9, L. 6.

— Au-dessous du cadre d'un médaillon vide, au haut duquel des amours attachent des guirlandes de fleurs, un génie assis, une main posée sur un livre; au bas, des amours regardent avec des loupes, les tiroirs d'un médaillier.

Sanguine.

Signé : *C. N. Cochin del.* 1770.

Gravé par Augustin de Saint-Aubin comme frontispice des « Pierres gravées » du duc d'Orléans.

Vente d'Augustin de Saint-Aubin, où il était catalogué sous le n° 20.

H. 22, L. 15.

— Sur une estrade, une jeune femme, dans une jupe falbalassée, un soulier au haut talon appuyé sur un coussin, la tête ceinte d'une couronne de lauriers, pose assise au milieu d'un cercle d'élèves-peintres, dessinant le carton sur les genoux. Derrière la femme, trois professeurs dont le plus rapproché du modèle est Cochin.

Dessin sur papier jaunâtre à la pierre d'Italie, rehaussé de craie (1).

Signé dans la marge : *Dessiné par C. N. Cochin le fils* 1761. On y lit à côté de la signature : *Concours pour le* Prix *de l'Étude des* Têtes *et de* l'Expression *fondé à l'Académie royale de peinture et de sculpture par M. le comte de* Caylus, *honoraire amateur en* 1760.

Gravé en réduction sous le même titre par Flipart en 1763.

Ce dessin exposé au Salon de 1767, après avoir appartenu à M. de Caylus, passait chez Chardin où il était vendu sous le n° 48 du catalogue de sa vente.

H. 30, L. 30.

— Une femme assise, vue de dos, la tête couronnée de roses, le visage un peu retourné, posant devant trois

(1) Il existe une répétition de ce dessin, mais sans inscription.

lignes d'élèves-peintres assis sur des gradins ; au fond un professeur debout, la main dans son gilet.

Dessin sur papier jaunâtre, à la pierre d'Italie, rehaussé de craie.

Le même sujet que le précédent, mais moins heureusement composé et abandonné pour le premier.

H. 31, L. 39.

— Séance du modèle d'homme à l'Académie. Le modèle, allongé sur la table, soulevé sur une main, et vu de dos, pose devant les élèves, dont le premier rang est assis à terre, les jambes croisées à la façon du dessinateur de Chardin.

Croquis à la pierre d'Italie sur papier jaunâtre.

H. 36, L. 53.

COYPEL (*Charles*). Quelque chose de fondu, de nuageux dans ses dessins qui sent le pastelliste qu'était le peintre Coypel.

— Près d'une colonne d'un palais, sous un pan de draperie relevée par un gland, une femme dans un costume oriental à l'antique, une coupe à la main, l'autre tendue vers un plateau qu'apportent deux suivantes.

Dessin sur papier bleu à la pierre noire estompée avec rehauts de craie.

Dans le milieu du dessin il semble qu'on distingue les trois lettres *C O Y*. Est-ce une signature?

H. 36, L. 24.

DANDRÉ-BARDON (*Michel-François*). Un académique, u dessin dégingandé de la décadence italienne, et jui peuple ses ciels, de génies maniant la foudre vec les gestes et les emperruquements de danseurs e son temps.

— Allégorie. Assise sur le fût d'un canon, une femme a les bras levés, dans un mouvement de reconnaissance, vers un héros suspendu dans le ciel, un rameau d'olivier à la main, et derrière lequel s'envolent les génies de la Discorde.

Dessin à la plume, lavé au bistre sur frottis de sanguine, et rehaussé de blanc de gouache, avec un repentir pour la figure de la femme.

Signé : *Dandré Bardon* : On lit de l'écriture du peintre, au bas du dessin : *Louis XV donne la paix à l'Europe en détruisant par son pouvoir tous les projets de la Discorde*; et sur un phylactère déployé par un amour dans le dessin : *La paix de* 1748.

Répétition du dessin possédé par le Louvre et venant de chez Mariette.

H. 20, L. 40.

— Apollon, une main appuyée sur sa lyre et entouré des Muses, dans une salle fermée par une balustrade, et aux colonnes de laquelle des amours suspendent des tentures.

Croquis à la plume, lavé de bistre.

Signé : *Dandré Bardon*; et au dos du dessin, de l'écriture du peintre : *Parnasse pour le fond de la salle du concert de la ville d'Aix en Provence par M. Dandré Bardon.*

H. 20, L. 40.

DAVID (*Louis*). Parfois, mais rarement, il échappe u semblant d'épure qu'il trace d'un corps humain ; ependant dans un portrait, — le portrait est au ond son original et grand talent, — David jette, sur n morceau de papier, modelée dans une encre de hine brutale et cernée par un trait dur, une phyionomie pleine d'une vie intense.

— Portrait de David. Il s'est représenté en buste, de profil, tourné à gauche, les bras croisés. Il a au cou une large cravate blanche, et porte un de ces habits aux amples revers, au haut collet, un habit de l'époque de la Révolution.

Dessin à l'encre de Chine sur trait de plume.

Signé : *L. David.*

H. 18, L. 18 (ovale).

DEBUCOURT (*Louis-Philibert*). L'habile et charmant graveur en couleur, aux dessins d'une telle rareté, — du temps qu'il gravait ses femmes en robe blanche et ses hommes en habit rouge, — que je n'ai jamais pu en rencontrer un. Je n'ai vu passer sous son nom que des broutilles fort contestables. M. Jazet lui-même, le descendant de Debucourt, ne possédait guère qu'une assez ennuyeuse étude de la vieille Annette, faite pour le médaillon d'Annette et de Lubin. Et, sauf la Fête de la Fédération, un dessin qui n'est pas terminé, — découvert chez Blaizot par M. Delbergue-Cormont, — on ne rencontre de Debucourt, que des dessins de l'époque du Directoire et de l'Empire, dans lesquels survit bien peu du talent du graveur et du petit peintre de la fin du XVIIIe siècle.

— Une tabagie, dans laquelle une jeune femme, coiffée d'une calèche ridicule, et qu'un homme cherche à retenir par la taille, se bouche le nez avec la serviette d'un garçon, porteur d'un plat de poisson dont la sauce se répand.

Gouache sur trait de plume.

Ce dessin caricatural a été gravé sans nom de dessinateur, sous le titre : *les Goûts différens.*

H. 18, L. 29.

— Femme en tunique courte, en jupe transparente, rattachant les bandelettes de sa chaussure.

Aquarelle gouachée.

Gravé sous le titre : LE PRÉTEXTE (Modes et Manières du jour, nº 1).

H. 10, L. 10.

DESFRICHES. Négociant, amphitryon de Cochin qui vient *riboter* sous les chênes verts de sa Cartaudière, collectionneur, artiste, amateur, inventeur du *papier-tablette*, aujourd'hui papier Pelée, Desfriches est un agréable paysagiste de la banlieue d'Orléans, avec son branchage rameux, son feuillage étoilé, ses fonds légers, et ses petites lumières égratignées au grattoir.

— Un chemin bordé par deux bouquets d'arbres, sous l'un desquels est une chaumière; au premier plan, un homme soulevant un seau, causant avec une femme.

Dessin à la pierre noire sur papier-tablette.

Gravé en fac-similé de crayon par Demarteau, sous le nº 223 de son Œuvre.

H. 15, L. 20.

DESRAIS (*C.-L.*). Le premier dessinateur, chez lequel meurt la ligne rondissante et verveuse de la vignette du XVIIIᵉ siècle dans la ligne raide et sèche de la vignette de la Révolution et de l'Empire.

— Vue de l'intérieur de la salle du Panthéon de la rue

de Chartres. Huit danseurs et danseuses groupés, deux par deux, dansent l'*Allemande* (1) sous les yeux de nombreux spectateurs, amassés autour d'eux ou garnissant les deux balcons circulaires de la coupole.

Lavis à l'encre de Chine sur trait de plume avec quelques rehauts de blanc de gouache. La partie architecturale du dessin n'est lavé que d'un seul côté.

Gravé par Croisé dans le Journal Polytype *des Sciences et des Arts* du 27 octobre 1786.

Vente Lavalette.

H. 20, L. 14.

Duclos (*Antoine-Jean*). L'habile graveur qui a produit quelques dessins à la facture petite et gentillette.

— Un homme dépouillé de son uniforme militaire, et que des soldats emmènent.

Bistre sur trait de plume.

Signé : *A. J. Duclos invenit* 1772.

En bas, dans la marge, de la main du dessinateur : le Déserteur. *Oui, je déserte!*

H. 15, L. 9.

Dumas. Architecte dont les dessins d'architecture sont animés de petites figures griboullées sans une trop grande maladresse.

— Représentation de la Halle à la marée au moment de la criée.

Aquarelle sur trait de plume.

On lit dans la marge : *Vue en perspective de la Halle à*

(1) Desrais a effrontément pillé, dans ce dessin, l'Allemande du « Bal paré » d'Augustin de Saint-Aubin.

la marée. Cour des Miracles, commencée en 1785 par les ordres de monseigneur de Calonne... de messire Charles-Pierre Lenoir, alors lieutenant-général de police, et finie au mois de juillet 1786, sous les ordres de messire Thiroux de Crosne... par Dumas architecte.

H. 35, L. 51.

— Rentrée d'un régiment de gardes françaises dans une grande caserne, au fronton décoré de fleurs de lys, et au milieu duquel se voit une tête entourée de rayons. Carrosses, chaises à porteur, vinaigrette dans laquelle deux Savoyards traînent une femme.

Aquarelle sur trait de plume.

H. 26, L. 44.

Duplessis-Bertaux (*Jean*). Le dessinateur que l'Empire appelait son Callot, le dessinateur au dessin mouvementé, incisif, selon l'expression de M. Renouvier, qui lui reproche avec justesse le parti pris de ses corps allongés, de ses bras tendus, du théâtral apporté à ses petites figures. Je possède un dessin intéressant pour l'histoire de ses débuts. C'est le n° 368 du cabinet du frère de Mme de Pompadour, un dessin qu'un catalogue postérieur annonce avec cette mention : *fait à l'âge de 13 ans* (1), et qui, entièrement exécuté dans la manière de Callot, dont il copiait alors les estampes, est un des plus curieux dessins historiques pour l'histoire de Paris du XVIIIe siècle : une composition énorme représentant en 1762, avec tous ses détails, la Foire Saint-Ovide,

(1) Les biographes le font naître les uns en 1747, les autres en 1750.

— La Foire Saint-Ovide.

Vue des boutiques établies autour de la place Vendôme et des théâtres forains adossés au piédestal de la statue de Louis XIV. Au milieu du passage des carrosses et de la promenade d'une escouade du guet, nombre de petites figures, parmi lesquelles il y a des marchandes de fruits, des vendeurs d'orviétan, des débitants de moulins à vent pour les enfants. Sur la baraque la plus en vue, on lit ces trois affiches : *Le sieur Nicolet fera l'ouverture de son théâtre lundi. — Aujourd'hui Arlequin Racolleur suivi d'un grand ballet pantomime. — La grande troupe des sauteurs et voltigeurs de corde, la petite Hollandaise commencera.* On distingue encore sur d'autres baraques : *Chassinet joueur du Roy. — Au Caffé royal. — Magasin de toutes sortes de vins de Bourgogne et autres.*

Dessin à la plume.

Signé dans la marge : FOIRE SAINT-OVIDE. *Dédié à M. le marquis de Marigny, conseiller du Roy en ses conseils... Dessiné à la plume par son très humble et très obéissant serviteur Bertaux* 1762.

Vente du marquis de Menars, n° 368.

H. 41, L. 84.

— Vue d'une fête sous la Révolution. Au fond, derrière des statues de chevaux cabrés, trois temples, le premier dédié à la Paix, le second aux Arts, le troisième à l'Industrie. A droite, en avant d'une espèce de figuration de la Bastille, défile de la cavalerie ; au premier plan des hommes du peuple, des enfants, des houssards, des femmes en tunique près d'une vendeuse en plein air.

Dessin à la plume trempé dans le bistre et lavé à l'encre de Chine.

Signé *D. D.* et dans la marge : *Duplessis Bertaux* 1791.

DURAMEAU (*Louis*). Peintre d'histoire qui a souvent cherché dans ses dessins le rembranesque, faisant choix de papier fauve, chauffé de sanguine qu'il lavait de bistre, et dont il éclairait les lumières restreintes, de blanc de gouache. Durameau a fort peu traité de sujets de la vie contemporaine.

— Une partie de cartes, aux bougies, entre deux gentilshommes et une dame.

Dessin sur papier rosâtre, lavé de bistre et rehaussé de blanc de gouache.

Signé : *Du Rameau* 1767.

H. 17, L. 23.

— Scène romaine au lit de mort d'un mourant.

Dessin sur papier brunâtre à la pierre noire, lavé de bistre et rehaussé de blanc de gouache.

H. 20, L. 22.

— Éole ouvrant l'antre des Vents, qui se précipitent dehors, le visage gonflé par des souffles faisant une tempête autour d'un vaisseau : tempête que regarde, flottante dans le ciel, Vénus descendue de son char attelé de paons.

Dessin au crayon noir et à la sanguine, lavé et rehaussé de gouache.

Signé : *Du Rameau* 1775.

H. 33, L. 41.

Durand (*P.-L.*). Dessinateur très peu connu. Sans l'indication, au bas de la gravure de Fessard, de : *P.-L. Durand delineavit,* j'aurais été tenté d'attribuer ce dessin à un Marillier quelconque.

— Un obélisque sur lequel un amour attache un médaillon de Marie-Thérèse; une figure allégorique de chaque côté, au bas une femme pleurant, la tête d'un amour sur son genou, dans le ciel une Renommée mettant en fuite le Temps. Encadrement composé de palmes et d'amours, surmonté des armes de Marie-Antoinette.

Lavis à l'encre de Chine.

Le dessin porte dans une tablette : *Filiæ, uxori, matrique Cæsarum*, et dans la marge : *Galliarum reginæ pietati, Felix Nogaret Massiliensis et Andegavensis Academiæ socius, inv. urnam... anno M DCC LXXXI.*

Dessin commémoratif de la mort de Marie-Thérèse, gravé par Fessard. (Voir la longue description de ce dessin dans Bachaumont, vol. XVII, p. 249 et 250.)

H. 31, L. 22.

EISEN (*Charles*). Vignettiste inférieur à Gravelot, et trop abondant et trop facile, mais un dessinateur au contour fluide et joliment contourné, et qui a fait dans la traduction d'Anacréon et ailleurs, du nu microscopique que lui seul sait faire : de petites académies de femmes qui dans le cadre d'un cul-de-lampe, apparaissent, ainsi que de grandes études de Boucher, vues par le petit bout d'une lorgnette. Il y a une vingtaine d'années, j'ai acheté chez M. Jaquinot, l'heureux déterreur connu de tous les amateurs, un album où les imaginations d'Eisen sont visibles dans leur première conception et leur vague ébauche : le livre des *Pensées* de l'artiste, ainsi qu'on s'exprimait au XVIIIe siècle. Ces croquis, ces pensées étaient les esquisses des compositions, que l'illustrateur soumettait à l'éditeur, et qui, acceptées, étaient reprises par lui, dans des dessins finis très souvent sur peau vélin. Quelques-uns de ces croquis sont curieux, en ce qu'ils portent en marge les changements demandés par l'éditeur et quelquefois les explications et les objections du dessinateur. Outre un certain nombre de croquetons pour les livres illustrés par Eisen, et parmi lesquels il y en a du format d'une pierre gravée, le livre des *Pensées* d'Eisen contenait des projets de décorations pour lambris de château, la première idée de « la Nuit » et encore la première idée du seul tableau historique que le vignettiste ait jamais exécuté.

— Recueil de 68 croquis reliés en un volume.

Pensées des contes de La Fontaine suivants : Joconde, les Oies du frère Philippe, A Femme avare galant Escroc, le Calendrier des vieillards, On ne s'avise jamais de tout, le Contrat, le Tableau, le petit Chien, etc., et encore les variantes du Berceau, de l'Abbesse malade, etc. *Pensées* pour les Métamorphoses d'Ovide, la Henriade, les « État actuel de la musique du Roi », etc., etc.

Tous ces dessins sont à la mine de plomb, sauf un seul à la sanguine.

— Apollon et les Muses dans un vallon, au-dessus duquel piaffe Pégase.

Dessin lavé à l'encre de Chine sur trait de plume.

Signé : *C. Eisen f.*

H. 18, L. 22.

— Vénus entourée de sa cour, descendant sur un nuage, dans les forges de Vulcain, qui la regarde, une main appuyée sur son marteau.

Lavis à l'encre de Chine sur trait de plume.

H. 20, L. 16.

— Dans un bosquet près d'une fontaine, Henri IV aux pieds de Gabriel d'Estrées, entourée de groupes d'amours jouant avec les armes du Roi; Sully apparaissant dans le lointain.

Dessin à la plume, avec des parties seulement indiquées à la mine de plomb.

Croquis du tableau d'Eisen gravé par de Mouchy, sous le titre : HENRI IV ET GABRIELLE.

H. 18, L. 22.

— Deux enfants en buste, dont l'un a la joue appuyée contre ses deux mains, posées sur une cage.

Dessin lavé à l'encre de Chine sur trait de plume.

Gravé par Louise Gaillard.

H. 11, L. 10.

— Amours attachant, au milieu des plis de deux drapeaux croisés, un écusson représentant un coq, la tête levée vers une étoile, et que surmonte une banderole, où est écrit : *Viget audax.*

Mine de plomb.

Projet de décoration pour lambris, dans la marge duquel on lit de la main d'Eisen : *Charles Eisen pour les panaux de derrière.*

H. 32, L. 10.

— Dans une chambre à coucher, où se voit un lit à la couverture faite, une femme assise à sa toilette, et que ses filles de chambre accommodent pour la nuit, cause retournée avec un homme en robe de chambre.

Croquis à la mine de plomb.

Première idée de la composition gravée par Patas, sous le titre de : LA NUIT.

H. 24, L. 10.

— Une femme lisant à sa toilette, qu'un amour derrière son fauteuil montre du doigt à un jeune homme qui entre. La scène a un encadrement à cariatides, et au bas des instruments de musique entourant un médaillon, qui contient ces quatre vers :

Dans ce moment cher à mon cœur
Qui m'offre tout ce que j'adore,
Ma belle a l'éclat d'une fleur
Que l'amour vient de faire éclore.

Lavis à l'encre de Chine sur trait de plume.

L'encadrement seul a été gravé dans le temps, sans nom de dessinateur ni de graveur.

H. 20, L. 26.

FRAGONARD (*Honoré*). Des imaginations de poète prenant corps dans des taches de la plus belle couleur, en des eaux bistrées d'un bistre chaud, roux, couleur d'écaille.

— Une jeune femme assise de côté et tournée à droite, la tête vue de trois quarts. Habillée d'une robe ouverte sur la jupe, elle a la poitrine enveloppée d'un fichu *menteur*, et est coiffée, sur ses cheveux relevés et bouffants, d'un pouf; ses pieds reposent sur un coussin.

Dessin estompé sur crayon noir et rehaussé de craie.

Cette étude est le portrait en pied de Rosalie Fragonard, une fille du peintre morte à ses vingt ans, ainsi que l'atteste l'authentification faite par son petit-neveu T. Fragonard, le peintre de la manufacture de Sèvres.

H. 40, L. 35.

— Femme assise sur une chaise de paille de face, la tête de trois quarts tournée à droite. Elle est vue jusqu'à mi-jambes, les mains l'une dans l'autre posées sur ses genoux, et a sur sa robe un mantelet à capuchon bordé d'une large ruche, se croisant sur sa poitrine.

Sanguine.

Signé : *Frago*. 1785.
Collection Marcille père.

H. 22, L. 17.

— Jeune fille assise par terre, la tête penchée, les bras abandonnés, les jambes croisées sous elle. Coiffée d'un petit bonnet, et habillée d'une robe et d'un mantelet (1), elle se détache d'un drap blanc étendu sur une table à l'effet de faire ressortir le modèle.

Sanguine.
Signé : *Frago*. 1785.
Collection Marcille père.

H. 22, L. 17.

— Une femme allongée sur un banc de jardin, au dossier à balustres, une joue appuyée sur sa main droite, ses souliers au haut talon posés l'un sur l'autre.

Dessin au crayon noir, légèrement lavé d'encre de Chine.

Signé au crayon : *F... g.....*

H. 31, L. 39.

— Dans un hangar, au fond duquel s'élève une presse, et où travaillent des ouvriers imprimeurs, près d'un gentilhomme qui parle à un homme mettant en page une feuille d'impression, est assise une femme, tenant un masque à la main.

Grisaille à l'essence sur papier.

Un catalogue anonyme des premières années de la Révolution donne cette grisaille comme étant la représentation d'une « Imprimerie secrète ».

H. 32, L. 22.

(1) Le mantelet est un des accessoires affectionnés par Fragonard dans la toilette de ses femmes.

— Un grand-papa dans un fauteuil, une main appuyée sur une béquille, sourit à un enfant tenu par sa mère et qui lui tend les bras; le père est penché derrière le vieillard.

Dessin dans la manière de Greuze, à l'encre de Chine, dessiné et lavé au pinceau.

H. 32, L. 24.

— Dans un cellier, entourée d'enfants, une jeune fille est en train de couper du pain dans une grande miche; un petit garçon, à la courte chemisette, se tient debout devant elle, attendant sa tartine.

Bistre.

Dessin gravé en réduction par De Launay, sous le titre : *Dites donc, s'il vous plaît?*

Vente Villot.

H. 32, L. 45.

— Sur le pied d'un lit en désordre, où se voit deux oreillers, une jeune femme en chemise est assise, une jambe repliée sous elle, les mains jointes, la tête appuyée au mur; monté sur un escabeau, son chien la regarde tristement.

Bistre rehaussé de blanc de gouache autour de la tête de la femme.

Première idée du sujet gravé en fac-similé par Saint-Non, et au burin par Dennel, sous le titre : *S'il m'étoit aussi fidél* (sic).

Porte la marque à froid F. R.

H. 27, L. 37.

— Dans une grange, un peintre en train de peindre une jeune villageoise, et dont le chevalet et la personne sont renversés par la brusque irruption d'un amoureux qui a jeté le modèle sur une botte de foin, où il le tient embrassé.

Bistre.

Gravé en fac-similé par Charpentier, sous le titre : LA CULBUTE.

H. 28, L. 40.

— Un vieillard penché sur des sacs d'argent, que ses mains semblent défendre de la convoitise d'une jeune femme, les regardant par-dessus son épaule.

Dessin sur papier jaune, au crayon noir, rehaussé de brutales touches de pastel.

Vente Villot.

H. 20, L. 22 (ovale).

— Un berger et une bergère s'embrassant près d'un abreuvoir; un taureau les contemple.

Bistre.

H. 23, L. 17.

— Une écurie pleine de l'envolée de volailles, où des jeunes filles s'amusent d'un âne tout chargé d'enfants, et que tire par la bride, pour le faire entrer, un jeune garçon.

Aquarelle relevée de plume.

Signé : *Fragonard* 1770.

Gravé deux fois par Saint-Non, en 1762 et en 1770.

H. 18, L. 20.

— Paysage au milieu de rochers au pied d'un arbre tordu par le vent; un berger, couché à plat ventre, garde des bestiaux; à droite, une femme tenant sur les bras un marmot et donnant la main à un autre enfant.

Gouache.

Vente Perignon.

H. 20, L. 42.

— A l'entrée d'une allée de grands arbres, vue d'une fontaine au milieu de laquelle s'élève une colonne sur-

montée d'une statue; à gauche, une charrette au trot.
Bistre.

H. 16, L. 22.

— Près des remparts d'une ville baignés par une rivière, un petit aqueduc où une roue fait monter l'eau; à droite, de grands arbres sous lesquels se promènent des gens; à gauche, une femme chargée de deux cruches.
Bistre.

H. 19, L. 31.

— Sous l'avance d'une roche, dans un site boisé, des bestiaux boivent à un abreuvoir.
Bistre.

H. 25, L. 30.

— Un four public rempli de femmes apportant leurs pains à cuire, et qu'un homme enfourne.
Bistre.

Sur une poutre de la toiture est écrit, de la main de Fragonard : *Four banal de Négrepelisse, octobre* 1773.

Et au dos du dessin se lit d'une écriture du temps : *Dessin d'Honoré Fragonard fait dans son voyage d'Italie avec M. Bergeret. Du cabinet de M. le duc de Chabot.*

Dans le journal manuscrit et inédit, qu'a rédigé Bergeret de ce voyage d'Italie, il fait mention d'un séjour de Fragonard du 12 au 26 octobre 1773, à sa terre de Négrepelisse, près Montauban.

H. 20, L. 37.

— Un escalier de parc italien surmonté de deux statues, et derrière lesquelles s'entrevoit une fontaine monumentale aux eaux jaillissantes. Au premier plan, au milieu de gens couchés à terre, une femme debout tenant une ombrelle.
Sanguine.

H. 22, L. 38.

— Vue de la villa Borghèse, animée de groupes de personnages sous les pins parasols.

Bistre.

Vente Defer.

H. 25, L. 39.

— Des cascatelles, au haut desquelles se voit entre des arbres une rotonde à colonnes; au premier plan, contre le piédestal d'un grand vase où montent des plantes grimpantes, est adossée une femme qui a près d'elle deux enfants.

Bistre.

Le dessin est signé au dos : *Honoré Fragonard fecit* 1788.

H. 51, L. 37.

— Dans une métairie de la campagne romaine, des enfants dont l'un est monté sur le dos d'un âne, font manger le baudet dans un autel antique, devenu une mangeoire, pendant que près d'une marmite qui bout, montée sur un piédestal, une jeune fille immobile se tient drapée dans l'attitude d'une statue.

Bistre.

Vente du duc de Chabot.

H. 34, L. 46.

FREUDEBERG (*Sigismond*). Un singe de Moreau jeune, parfois pas trop maladroit, mais dont la grâce reste en ses meilleures compositions légèrement allemande. Ces deux dessins de l'illustration du « Monument du Costume », en compagnie de cinq ou six autres Moreau de la même suite, étaient passés en Russie : M. Gigoux a eu le bonheur de les y déterrer, et, si je me souviens bien de ses paroles, au prix d'une dizaine de francs chacun, Moreau ou

Freudeberg, — et seul, un Freudeberg de cette suite, s'est vendu 5,500 francs à la vente Mahérault.

— Dans une chambre à coucher, une jeune femme, déjà en bonnet de nuit, se fait enlever des épaules par une chambrière son caraco, pendant qu'une autre fille de chambre bassine son lit.

Bistre sur trait de plume.

Gravé sous ce titre : LE COUCHER par Duclos et terminé par Bosse, dans la « Suite d'Estampes pour servir à l'Histoire des Mœurs et du Costume des Français dans le XVIIIe siècle ».

Vente Gigoux.

H. 28, L. 22.

— Dans un appartement aux lambris délicatement sculptés, une femme couchée sur un sofa, dormant la tête appuyée sur sa main; au dehors, par une porte-fenêtre entr'ouverte, on voit une chambrière lutinée par un gentilhomme, et le repoussant d'une main posée contre sa bouche.

Bistre sur trait de plume.

Gravé sous ce titre : LE BOUDOIR par Maleuvre, dans la « Suite d'Estampes pour servir à l'Histoire des Mœurs ».

Vente Gigoux.

H. 28, L. 22.

GILLOT (*Charles*). Le maître de Watteau, un grand talent original à cheval sur l'antiquité et la comédie italienne, un dessinateur élégant et serpentant, un croqueur à la plume pleine de fantaisie, mais qui n'a jamais pu, dans ses dessins faits, se dépouiller de la sécheresse du graveur. Son crayon a quelque chose de la pointe d'un style qui entrerait dans le papier, et ses sanguines vues à distance apparaissent comme des contre-épreuves de fines impressions tirées en rouge.

— Au dessous d'une niche, où est placé le buste du dieu Pan, trois faunesses attirant à elle une panerée de fleurs apportée par un satyre; à droite, à gauche, des épisodes de bacchanale.

Sanguine.

Gravé par Gillot, sous le titre : FESTE DU DIEU PAN.

H. 15, L. 36.

— Sous un drapeau déployé, marchant en bataillon, une troupe d'amours, dont chacun porte, sur son petit corps nu, un accessoire ou un morceau de costume de la Comédie italienne.

Sanguine.

H. 14, L. 21.

GIRODET DE ROUCY TRIOSON (*Anne-Louis*). L'artiste aux dessins si en faveur sous la Restauration, si dépréciés aujourd'hui.

— Médaillon aux deux têtes accolées, où le peintre s'est représenté avec sa maîtresse, dessinée les cheveux coupés courts et coiffée en garçon.

Dessin au crayon noir, rehaussé de craie et de blanc de gouache qui a noirci.

Au dos du dessin, l'amant a écrit :

Je n'ai pu de tes traits retracer la douceur
Ni cette grâce enchanteresse
Que leur donnent à la fois ton esprit et ton cœur.
Cependant à mon âme ils sont présents sans cesse,
Et ma main seule est coupable d'erreur.
Mais que du sentiment ce faible et léger gage
Où s'est tracé ton plus fidèle ami

Répète encor après nous, d'âge en âge,
Que mon cœur à ton cœur fut constamment uni (1).

A bien des années de là, sur le papier jauni, la maîtresse prenant la plume, écrivait au bas des vers de son amant :

17 *ans après.*
Un amour immortel m'entraînait à sa gloire :
J'appris à l'admirer autant qu'à le chérir.
Et c'est pour m'attacher encore à sa mort,
Que j'ai différé de mourir.

Ces quatre lignes sont signées *Julie*, que suit un nom de famille qui a été gratté.

H. 11, L. 11 (ovale).

BOURGUIGNON *dit* GRAVELOT (*Hubert-François*). Le grand vignettiste du XVIIIe siècle, un des plus savants dessinateurs de son temps (2), et dont le dessin a cette qualité d'être toujours, en les plus petites choses, un contour flottant et roulant de la forme, et cela encore très souvent cherché sur la chaleur du fond, sur un frottis de sanguine, — une des habitudes à laquelle on reconnaît, sur le papier, les coloristes de l'époque. — Gravelot a enfin une grâce, toujours appuyée sur l'étude de nature, que n'a pas Eisen, fabriquant trop souvent sa grâce de *chic*. La vente du général

(1) On a deux pièces de poésie de Girodet imprimées, l'une : « A sa maîtresse »; l'autre : « Portrait de sa maîtresse »; dans toutes les deux, il parle « d'une noire chevelure aux anneaux légers, capricieux ».

(2) Dans ce siècle-ci, je ne vois guère que Meissonier qui dessine aussi bien que Gravelot, et j'avancerai même que certains dessins du maître moderne ont une parenté avec les dessins du vignettiste du XVIIIe siècle.

Andreossy, en livrant aux enchères de grands dessins trouvés par le général pendant son ambassade en Angleterre, a été une révélation de l'énorme travail de préparation des petites vignettes de Gravelot. Il les cherchait d'abord d'après nature, ou d'après des mannequins articulés qu'il avait fait exécuter à Londres, dans de larges dessins au crayon noir rehaussés de blanc, et tout semblables à des études de Lancret. Cela fait, il les mettait au carreau, puis les réduisait en de petits dessins du format des livres, exécutés à la mine de plomb avec le plus grand fini.

En 1809, à la vente Guyot passait le *Portefeuille* de Gravelot, le livre de ses croquis. C'est sans doute cette réunion de dessins retrouvée, par M. Danlos fils, qui a été vendue, il y a deux ou trois ans, à M. Bocher.

— Jeune homme en costume de cour, saluant, le tricorne à la main; derrière lui un piédestal, où il y a une femme-sphinx sur le dos de laquelle est assis un amour.

Dessin à la mine de plomb et à la sanguine.

Vente Andreossy.

H. 24, L. 17.

— Jeune homme en costume de cour, le tricorne sous le bras, une main étendue en avant; dans le fond, une architecture de palais.

Dessin à la mine de plomb et à la sanguine.

Ce dessin et le précédent sont frottés de sanguine au revers pour être gravés.

Vente Andreossy.

H. 24, L. 17.

— Dame debout, jouant de l'éventail, tout en s'entretenant avec un gentilhomme qui a le chapeau sous le bras.

Dessin sur papier jaunâtre, au crayon noir estompé, et rehaussé de craie.

Vente Andreossy.

H. 42, L. 34.

— Femme en petit bonnet, en manteau de lit, assise près d'une table de toilette autour de laquelle sont groupées trois silhouettes de jeunes filles, dont l'une semble tenir à la main une houppe ; à ses pieds est couché à terre un homme, le coude appuyé sur un tabouret.

Dessin sur papier jaunâtre, au crayon noir, rehaussé de craie.

Vente Andreossy.

H. 28, L. 43.

— Femme couchée dans un lit, dont le pied découvert est manié par un chirurgien pour une saignée. Par une porte ouverte, une fille de chambre entre, portant sur un plateau une chocolatière.

Dessin sur papier jaunâtre, au pinceau trempé dans le bistre, sur estompage de crayon rehaussé de craie.

H. 43, L. 54.

— Deux personnages penchés sur une cuve.

Trait de plume lavé de bistre.

Signé : *H. Grav. delin.*

C'est un dessin satirique fait par Gravelot en Angleterre, et tiré, je crois, du poème d'Hudibras, et qui porte, en haut de son encadrement rocaille, cette inscription : *The itinerant Handy-Craftsman or Caleb turn'd Tinker.*

Vente Andreossy.

H. 22, L. 30.

— Une fouille à la porte d'une église d'architecture anglaise, et qui porte, dans une ogive, la date de 1301 ; un homme, la tête découverte, remet une lettre à un vieillard appuyé sur une canne, en train de surveiller les ouvriers. A gauche, sous un pigeonnier, sont assis un jeune homme et une jeune fille près d'un paon qui fait la roue.

Dessin à la plume, lavé d'encre sur papier jaunâtre.

H. 26, L. 22.

— Sur un fond d'architecture gravé, le char de Neptune, précédé de Vénus portée sur un dauphin et entourée d'amours; sur les deux rives des Turcs et des Indiens, auxquels des Néréïdes apportent des produits de l'Océan. Outre la scène principale tout entière dessinée, il y a, dans la voussure du plafond, des cartouches, dans les entre-colonnements du palais de théâtre, des niches, remplis par des écussons et des statues également dessinés.

Lavis à l'encre de Chine.

Dessin pour une Fête de Versailles, qui, après que les figures ont été dessinées sur le commencement de la gravure, a été entièrement gravé sous un titre que je ne retrouve plus.

H. 30, L. 48.

— Le Colin-maillard.

Dessin à la sanguine relevé de plume.

Signé deux fois dans la marge : *H. Gravelot inven.*

Gravé par Martinet dans une série de quatre vignettes avec des vers au bas.

H. 18, L. 12.

— Une jeune femme couchée sur un grabat, dont s'approche, suivi d'un petit garçon, un homme qui fait un geste d'étonnement.

Dessin sur papier jaunâtre, au crayon noir estompé, rehaussé de craie. Il a été mis au carreau pour la réduction du dessin en vignette.

C'est le dessin de la vignette gravée par Pasquier, t. Ier, p. 189 de l'*Histoire de Tom Jones*, traduit par M. de la Place, 1751.

Vente Andreossy.

H. 38, L. 46.

Greuze (*Jean-Baptiste*). A propos du grand dessin, exposé par Greuze au Salon de 1769, Diderot dit : « Il ne faut à Greuze qu'une matinée pour faire un dessin comme celui-là. » Oui, Greuze a le jaillissement du trait comme inspiré et enthousiaste ; son lavis semble avoir la fièvre, et même en ses têtes d'études où il s'astreint à un travail de hachures, il apporte là dedans une fougue qui n'y laisse rien de mécanique. Un dessin, catalogué ici, présente un intérêt : c'est la répétition, pour ainsi dire, du « Coucher » de Vanloo, un dessin désagréable par la masculinité du torse, mais dont le fier et coloré modelage des jambes montre le puissant artiste qu'était Greuze à certaines heures.

— Dans un parc, un jeune homme debout, soutenant de la main gauche son fusil appuyé sur un banc de pierre, où se repose un chien, tandis que son bras droit est entouré des deux mains d'une jeune femme assise, qui appuie amoureusement sa tête contre lui.

Lavis au pinceau à l'encre de Chine.

Étude pour le portrait d'un jeune ménage, peut-être celui des de La Borde.

H. 38, L. 35.

— Jeune femme au seuil d'une porte, la tête baissée, les bras pendants ; sur ses épaules est jeté un fichu à la large pèlerine.

Dessin au crayon noir et à la sanguine fondus et estompés.

Étude de femme d'après Mme Greuze pour la composition gravée par Massard, sous le titre : LA DAME BIENFAISANTE. Une étude semblable, mais à la sanguine seulement, existe au Louvre.

Vente Hope.

H. 49, L. 31.

— Une vieille femme paralytique, qu'un jeune homme approche d'un fauteuil, en la soutenant filialement sous les bras.

Lavis au pinceau à l'encre de Chine.

H. 31, L. 22.

— Académie de femme nue, vue de dos, la tête retournée par derrière. Une main appuyée sur un coin de toilette, elle a la jambe gauche agenouillée sur un fauteuil où est posée sa chemise.

Dessin au crayon noir et à la sanguine fondus et estompés.

Vente de Mlle Caroline Greuze, n° 35.

H. 50, L. 37.

— Trois études d'amours.

Lavis au pinceau à l'encre de Chine sur trait de crayon et balafré de sanguine.

H. 26, L. 22.

GUÉRIN (*François*). Un académicien de la vieille académie bien peu connu, et dont les dessins grouillants et tumultueux, lavés de bistre et sabrés de blanc de gouache, sont un mélange de faire de Boucher, son maître, et de Gabriel de Saint-Aubin. Ils ne sont pas signés, les dessins de ma collection, mais j'ai vu en 1860, chez Mallinet, un dessin du même

Maître, et absolument de la même facture, représentant, dans un atelier plein d'enfants, une femme peignant à un chevalet, dessin signé *F. G.*, les initiales de François Guérin.

— Un marché à la volaille du temps. Allée de boutiques faites de quatre perches, au haut desquelles est noué, servant de toit, un vieux morceau de toile, d'où pendent accrochés toutes sortes de volatiles. Au premier plan du marché, peuplé de vendeuses et d'acheteuses, une vieille femme agenouillée sort d'un panier, appelé *couveuse*, un poulet qu'elle met entre les mains d'une fillette.

Dessin sur papier jaune, au bistre, rehaussé de blanc de gouache.

Portant la marque du chevalier Damery.

H, 23, L. 28.

— Une marchande de marrons en train de renverser le contenu de sa poêle dans un morceau de couverture; à côté un garde française embrassant une grisette; dans le fond, une femme jouant du violon auprès d'un homme qui fait la parade devant les tableaux d'une baraque.

Dessin sur papier jaune, au bistre, rehaussé de blanc de gouache.

Portant la marque du chevalier Damery.

H. 23, L. 28.

HOIN (*Claude*). Un nom d'artiste complètement sombré, et que seulement depuis quelques années vient de réapprendre aux amateurs le passage, dans les ventes d'estampes, de deux ou trois gravures en couleur d'après ses compositions. Les experts avaient une telle défiance de l'inconnu de son nom, et cela encore à la vente Tondu, qu'ils livraient aux enchères ses gouaches, signées en toutes lettres, sous le nom de Fragonard. Un très habile gouacheur que Hoin, et peut-être l'inventeur de ces petits zigzags de blanc, employés si joliment par Hall dans les demi-teintes neutres de ses étoffes, et qui font l'effet de ces sillons brillants qu'un patin laisse sur la glace. Hoin faisait, par parenthèse, annoncer que ces coups de blanc étaient exécutés avec le blanc de zinc, tout nouvellement inventé par le chimiste de Morveau. Hoin, en définitive, est l'un des quatre ou cinq plus remarquables gouacheurs du siècle. On ne peut lui reprocher qu'un goût trop prononcé pour la coloration gorge de pigeon, qui apporte à ses compositions une harmonie un peu ardoisée.

— Mme Dugazon dans le rôle de Nina. Elle est représentée en fichu de gaze, en corsage jaune, en robe de mousseline blanche à dessous rose, courant vers une grille de château, des fleurs dans les cheveux, un bouquet à la main.

Gouache.

Signé sur une pierre de la grille : *Hoin P. de M.* (peintre de Monsieur), 1789.

Composition différente de Nina la folle, gravée en couleur par Janinet en 1787, d'après Hoin.

Vente Tondu.

H. 25, L. 19.

Houel (*Jean-Pierre-Louis*). D'élégants dessins de toutes sortes, parmi lesquels on remarque une série de gouaches représentant des paysages italiens, où l'artiste cherche à échapper aux tons conventionnels de ce genre de peinture, pour se rapprocher de la couleur vraie de la nature.

— Sous les arceaux d'une vieille construction, une écurie où l'on voit un petit cavalier en selle sur un cheval qui caracole; à droite, un escalier où monte un homme portant un sac sur son dos.
Bistre sur trait de plume.
Signé : *Houel f.* 1764.

H. 32, L. 27.

— Une colline boisée, surmontée d'une église à campanile entourée de cyprès; au bas, un lac avec une barque amarrée; à gauche un homme qui brouette une barrique.
Gouache.
Signé : *Houel f. R.* 1772.

H. 30, L. 47.

HUET (*Jean-Baptiste*). Le copiste, le plagiaire des dessins, des motifs, des procédés même de Boucher dont il a pris jusqu'aux petits traits géminés dont le puissant crayonneur accidente, *zèbre*, pour ainsi dire, le plane de son estompage : travaux que l'on sent chez le Maître l'œuvre d'une main et qui ne semblent chez son disciple que la façon d'un outil, d'une mécanique. Déclarons-le bien haut, le joli chez Boucher a parfois du grandiose, il n'est jamais que joli chez Huet.

— Une bergère, en chapeau de paille, au corsage décolleté et enrubanné, à la jupe faisant retroussis, les pieds nus, une rose à la main; derrière elle des moutons couchés à terre.

Pastel.
Signé : *J. B. Hüet*, 1788.

H. 30, L. 28.

— Dans un jardinet fleuri de roses trémières, une jeune femme, assise près d'une caisse d'orangers, pêche à la ligne; à ses côtés un petit garçon joue avec un chien.

Aquarelle.
Signé au crayon : *J. B. Hüet*, 1783.

H. 20, L. 29.

— Dans une chambre où les gens sont aveuglés par la fumée d'un poêle qu'on allume, deux amoureux profitent de l'incident pour s'embrasser sans être vus (1).

Dessin lavé au bistre sur trait de plume.
Signé : *J. B. Hüet*, 1789.
Gravé en couleur par Delacour, sous le titre : L'HEUREUX ACCIDENT.

H. 24, L. 37.

— Marche d'animaux à la Benedetto Castiglione, où, dans la bousculade, un taureau monte sur une vache.

Dessin sur papier jaune, au crayon noir, rehaussé de craie.
Signé à l'encre : *J. B. Hüet*, 1771.

H. 32, L. 43.

— Bâtiments de ferme dans une saulaie, au bord d'un ruisseau où pêche à la ligne un petit garçon.

Signé : *J. B. Hüet*, 1787.

H. 34, L. 44.

(1) Un motif en faveur dans ce temps. On trouve dans le catalogue Paignon-Dijonval une gouache de Debucourt représentant le même sujet, qui a été encore repris par Fragonard dans un charmant bistre possédé par M. du Sommerard.

— Cour de ferme, où sur des bottes de foin est assise ne jeune villageoise, adossée à la porte rustique d'un ver-er, sous laquelle joue un enfant.

Signé : *J. B. Hüet*, 1787.

H. 34, L. 44.

— Canard prenant son vol.

Aquarelle.

Signé : *C. Huet*, 1754 (1).

H. 21, L. 39.

Huez. Un sculpteur qui fait des dessins de sculp-eur.

— La France, appuyée sur un bouclier fleurdelysé, fait e geste de bénir une femme, ayant la main sur un érostat. essin au bistre et à l'encre de Chine sur trait de plume.

Signé : *D'Huez*, qui a écrit dans la marge : *La Physique résentant la machine aérostatique à la France qui la pro-ège*.

H. 31, L. 24.

.Jeaurat (*Edme*). Dessinateur de scènes « du bas euple » à la façon de Chardin, mais qui n'a rien e son ampleur magistrale. Ses dessins sont pres-ue toujours exécutés au crayon noir avec une ierre d'Italie, presque grise, et très légèrement ehaussés de blancs à peine visibles, cela sur un apier bleuâtre, en sorte que ses études, aux con-ours et aux détails arrêtés par un petit trait sec,

(1) Huet est né en 1745, donc il aurait eu 9 ans quand il au-ait fait ce dessin, en outre ses prénoms sont Jean-Baptiste, et ependant le dessin est marqué au caractère de ses études, et e plus la signature est parfaitement de l'écriture du peintre.

apparaissent comme éclairées par un clair de lune. On remarquera que trois de ces dessins de Jeaurat, quoique provenant de ventes différentes, portent gravée à froid une petite ancre : la marque du chevalier Damery. Cet amateur, dont le nom se trouve au bas d'un certain nombre d'estampes, comme le nom du possesseur d'une collection considérable de tableaux et de dessins, fut un homme d'un goût sûr, un *choisisseur* délicat et raffiné. Je signale sa marque aux amateurs : elle n'est jamais sur un dessin médiocre.

— Un homme et une femme du peuple dansant.

Dessin sur papier bleu, à la pierre d'Italie, rehaussé de craie.

Étude des deux figures principales pour le tableau de LA PLACE DES HALLES, gravé par Aliamet.

Portant la marque du chevalier Damery.

H. 22, L. 27.

— Trois femmes des halles faisant les cornes.

Dessin sur papier bleu, à la pierre d'Italie, rehaussé de craie.

Étude pour LE TRANSPORT DES FILLES DE JOIE A L'HÔPITAL, gravé par Levasseur.

Portant la marque du chevalier Damery et du peintre Joyant.

H. 22, L. 28.

— Un homme attelé au brancard d'une charrette ; en bas, à gauche, une répétition de la tête coiffée d'un bonnet au lieu d'un chapeau.

Dessin sur papier gris, à la pierre d'Italie, rehaussé de craie.

Étude pour LE DÉMÉNAGEMENT DU PEINTRE, gravé par Dullos.

II. 22, L. 19.

— Une femme assise dans un fauteuil, un sac au bras.

Dessin sur papier jaunâtre, à la pierre d'Italie, rehaussé de craie.

Étude de la femme pour la composition gravée par Balechou, sous le titre : LE MARI JALOUX.

II. 34, L. 26.

— Un malade assis à une table, comptant les parties de son apothicaire, un laquais appuyé au dos de sa chaise, une fille de chambre une seringue à la main.

Dessin sur papier bleu, à la pierre d'Italie, rehaussé de craie.

Portant la marque du chevalier Damery.

II. 24, L. 30.

LAFITTE (*Louis*). L'illustrateur que les éditeurs du Directoire et de l'Empire acceptèrent pour le continuateur de Moreau, un dessinateur incorrect et niais, dans l'imagerie duquel la recherche de David s'allie à des sentimentalités à la Bartolozzi.

— Intérieur d'atelier, à la muraille garnie de plâtres, du commencement de la Révolution ; des élèves dessinent et peignent, d'autres lisent ; un modèle de femme se repose la main sur un tabouret.

Dessin sur papier jaune, au crayon noir, rehaussé de blanc.

Signé à l'encre : *L. Lafitte*, 1790.

Ce dessin est le n° 98 de la vente Lafitte, 1828, où il est ainsi décrit dans le catalogue : *Représentation de l'atelier de Vincent et portraits de plusieurs de ses élèves pendant une heure d'étude.*

II. 42, L. 54.

LAGRENÉE *dit l'aîné* (*Louis-Jean-François*). Un peintre et dessinateur gracieux, faisant de la grâce dans laquelle commence à apparaître le goût de l'antique et ces profils à la grecque, où le front passe au nez par une ligne droite sans rentrant.

— Une sultane accroupie à terre, une cuiller à la main, près d'une petite table basse où sont posées une théière et une tasse; dans le fond, deux suivantes versant de l'eau dans une bouilloire posée sur un trépied allumé.

Bistre sur trait de plume, rehaussé de blanc de gouache.

Étude pour un dessus de porte.

H. 11, L. 25.

LA JOUE (*Jacques*). Un artiste au dessin verveux et tordu, et qui, dans les personnages, semble le dessin d'un grand orfèvre, associant l'homme à la rocaille de ses créations. Un génie abondant, comme on disait alors, une imagination meublée de paysages aux arbres ornementaux, d'architectures ronflantes, de ruines théâtrales.

— Un encadrement portant en haut l'écusson de la maison d'Orléans, soutenu par deux amours, et descendant des deux côtés par des chutes de verdure et de treillage à des scènes de chasse au milieu desquelles se voit dans un cartouche le portrait de Wouwermans.

Dessin à la plume lavé d'encre de Chine.

Signé : *Lajoue.*

Gravé par Le Parmentier, sous le titre : *Frontispice de l'Œuvre de Wouwermans.*

H. 34, L. 45.

— Dans une bibliothèque, deux amours dont l'un porte

une toque, une fraise, un manteau, et sur son ventre nu, le baudrier de la Comédie italienne. Tous deux sont appuyés sur un globe terrestre.

Un amour couronnant un buste encastré dans un obélisque, dont le soubassement porte les trois fleurs de lys ; un second amour étendant les bras vers le buste.

Lavis à l'encre de Chine.

Tous deux signés : *Lajoue.*

Études pour dessus de portes.

H. 33, L. 32.

— Au pied d'un bouquet d'arbres et d'une fontaine surmontée d'un groupe d'animaux représentant un cerf forcé, des chasseurs se reposent couchés à terre ; dans le lointain, une chasseresse à cheval qui a une amie en croupe.

Dessin à la plume lavé d'aquarelle.

H. 23, L. 27.

Lancret (*Nicolas*). Un dessin descendant de Watteau, mais sans ces appuiements cassés et ce brisement aigu de la ligne, qui sont le charme et la signature du grand Maître. En outre, le dessin est plus lourd, plus rond, plus ramassé, et toujours avec des extrémités balourdes. Lancret ne *voit pas long* comme voyait Watteau. Il serait toutefois injuste de ne pas accorder à Lancret une certaine ampleur décorative de beaux contours rocailleux, des grâces parfois solides, et, dans le procédé, la trituration du crayon noir et de la sanguine d'un vrai coloriste.

— Une femme debout et déclamant, un masque à la main, une autre assise et chantant, les yeux sur un livre de musique, toutes deux en robes et en petits toquets garnis de fourrures.

Dessin sur papier jaunâtre, au crayon noir et à la sanguine, gouaché de blanc.

Ces deux figures se retrouvent dans un tableau de Lancret, conservé dans les apppartements du château de Potsdam.

Vente Villot.

H. 18, L. 30.

— Deux femmes vêtues, comme dans le dessin précédent, de robes et de toquets à la polonaise. Elles sont debout l'une en face de l'autre et semblent jouer une scène de théâtre.

Dessin aux trois crayons sur papier chamois.

H. 18, L. 24.

— Deux hommes dans l'attitude de présenter la main à une femme au bas d'un escalier, trois hommes vus de dos dans l'inclination d'un salut.

Feuille de croquis au crayon noir et à la sanguine sur papier blanc.

L'étude de l'homme présentant la main a été employée par Lancret, avec un changement, dans l'Adolescence, gravée par de Larmessin.

H. 23, L. 32.

— Un homme de profil tourné à droite dans le mouvement d'ajuster. Dans le fond, deux répétitions de sa tête coiffée d'une manière différente.

Dessin sur papier verdâtre rehaussé de blanc.

H. 31, L. 22.

— Un homme couché à terre, vu de dos, la tête de profil tourné à gauche.

Dessin à la pierre d'Italie, rehaussé de blanc sur papier jaune.

Étude.

H. 22, L. 23.

LANTARA (*Simon Mathurin*). Le peintre, le dessinateur amoureux des jeux de la lumière dans les vapeurs, dans les nuages, et qui met toujours un peu des vaporisations d'un clair de lune en ses ciels du jour.

— Un bord de rivière, ayant à droite un bouquet d'arbres, à gauche les toits d'un village, dans le fond une tour en ruine. Au premier plan, un homme dont une bourrasque, qui fait le ciel nébuleux, enlève le chapeau.

Dessin sur papier bleu au crayon noir estompé avec rehaut de craie.

H. 25, L. 39.

LA RUE (dit des *Batailles*). Dessinateur au gros et épaté contour roussâtre, qu'on dirait une cornée faite par la pourriture du papier. Les dessins de La Rue sont très rares.

— Une course de chevaux dans un site italien.

Dessin au bistre tracé à la plume de roseau et lavé d'une teinte bleutée.

Vente Peltier.

H. 19, L. 47.

LA TOUR (*Maurice-Quentin de*). Un grand, un très grand pastelliste, mais avant tout l'homme unique des *préparations*, de ces savantes et vivantes ébauches de la physionomie humaine, qui peuvent tenir à côté de n'importe quel portrait de quelque école que ce soit.

— Une femme vue de face, à mi-corps. Poudrée, en coiffure basse du milieu du siècle, et d'où s'échappe et se déroule, à gauche, sur sa gorge, une boucle de cheveux appelée *repentir*, elle porte au cou un collier de ruban bleu, et sa robe décolletée est une robe de velours bleu garnie de dentelles et de fourrure de cygne. Derrière elle, le dos d'un fauteuil sculpté se détachant d'un fond bleuâtre.

Pastel.

H. 54, L. 48.

— Masque de La Tour.

Préparation pastellée sur papier jaunâtre.

Étude pour le portrait de l'artiste du Louvre.

H. 27, L. 17.

— Tête de femme de trois quarts tournée à gauche.

Préparation sur papier jaune, poussée au fini du pastel dans le visage; les cheveux seulement frottés d'une coloration de poudre, le cou indiqué par un trait de craie, le fond haché de bleu. Préparation mise au carreau.

Étude pour le grand portrait en pied de Mme de Pompadour du Louvre.

H. 36, L. 26 (ovale).

— Tête de femme de trois quarts tournée à gauche.

Préparation sur papier bleu, au crayon noir, rehaussée de craie, avec de la sanguine seulement sur les lèvres.

Le nom de Mlle *Dangeville* était écrit, d'une écriture du temps, sur une bande de papier collé sur le petit cadre noir habituel aux préparations de La Tour. Il est encore au dos du dessin. L'authenticité de l'attribution est confirmée par une seconde étude plus avancée qui figure au Musée de Saint-Quentin sous le n° 64.

H. 30, L. 20.

—

— Tête d'homme vu de trois quarts, tourné à droite, un mazulipatan noué sur la tête.

Préparation sur papier bleu, aux trois crayons, rehaussée de pastel.

Étude pour le portrait de Dumont le Romain, conservé au Louvre.

H. 30, L. 20.

LAVREINCE (*Nicolas*). Un gouacheur qui n'a rien de la large manière de Baudouin, mais non sans mérite dans ses compositions d'une coloration aimable, d'un travail précieux, d'un badinage de pinceau dans les étoffes, léger, volant, zigzagant, et dans les chairs d'un fin aiguillage de petits tons délicats. Lavreince est, à l'heure qu'il est, la coqueluche des amateurs de tabatières, et cette année un riche carrossier, M. Mülbacher, vient d'acheter 25,000 francs les deux gouaches de « l'Assemblée au Salon » et de « l'Assemblée au Concert ». Les deux gouaches, cataloguées ici, ont été achetées par moi moins chèrement chez un coiffeur de la rue de Vaugirard. Le besoin d'amuser, par quelque chose accroché au mur, l'homme auquel on coupe les cheveux, dont on racle le menton, a fait de la boutique des coiffeurs de la banlieue et de la province une des mines où les marchands de Paris et quelquefois les amateurs ont fait les plus heureuses retrouvailles de dessins et de gravures du XVIIIe siècle.

— Dans un parc, un homme assis à terre et lisant une brochure, où se distingue le nom de *Figaro*, à une société parmi laquelle sont deux femmes debout, abritées sous

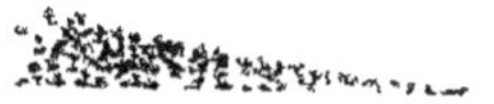

la même ombrelle ; en un coin, une jeune fille chatouille avec une paille la figure d'un petit garçon qui dort.

Gouache sur vélin.

Signé : *Lavreince*, 1782.

Gravé de la même grandeur par Gutenberg, sous le titre : LE MERCURE DE FRANCE. On lit dans l'annonce de la mise en vente de cette gravure publiée dans le Mercure de France du 27 novembre 1784 : « La principale figure est M. de Beaumarchais lisant dans le *Mercure* l'extrait du *Figaro.* »

H. 20, L. 34.

— Sous de grands arbres, un homme couché à terre, un coude appuyé sur un tabouret, jouant de la flûte, un abbé pinçant de la guitare, une femme jouant de la mandoline ; au milieu du groupe, une autre femme tenant ouvert un livre de musique, sur lequel est penchée une jeune fille.

Gouache sur vélin.

Signé : *Lavreince.*

Gravé de la même grandeur par C.-N. Varin, sous le titre : LE CONCERT AGRÉABLE.

Les gouaches du « Mercure de France » et du « Concert agréable » passaient en 1787 sous le n° 378 à la vente Collet.

H. 20, L. 34.

LE BARBIER (*Jean-Jacques-François*). L'artiste qui déshonore les Chansons de La Borde par sa collaboration, l'auteur de grands dessins philosophiques et patriotiques au trait d'un maître d'écriture, lavés sur des ombres à l'encre de Chine, de la froide aquarelle d'un lavis d'architecture.

— La Peinture et l'Histoire immortalisant Voltaire dans le temple de Mémoire, où son portrait est accroché à une colonne par un amour, et peint par une femme en tunique la palette à la main. Encadrement fait d'un rameau de laurier enrubanné.

Aquarelle sur trait de plume.

Signé : *Lebarbier l'aîné*, 1770.

H. 44, L. 31 (ovale).

Le Bas (*Jacques-Philippe*). Des dessins en quête de Lancret, et encore assez souvent de mignards croquetons à la mine de plomb sur peau vélin, où le sérieux graveur s'amuse à faire de la bergerie galante.

— Autour d'une table dressée sous un arbre, deux femmes et deux enfants, au milieu desquels un vieillard, le chapeau à la main, semble dire le *Benedicite*.

Dessin sur papier bleu, à la pierre d'Italie avec rehauts de craie.

Signé dans la marge : *J. P. Le Bas*, 1739.

H. 27, L. 32.

— Jeune villageoise marchant avec un enfant, les pieds dans l'eau d'un ruisseau; au fond, deux femmes chargeant un cheval.

Croquis à la mine de plomb sur peau vélin.

H. 17, L. 23.

Lemoine. Ce pastelliste, ce dessinateur (1), cet auteur du joli profil de la Saint-Huberty, gravé par Janinet dans les « Costumes des grands théâtres de Paris » est aujourd'hui complètement oublié, — et l'homme et l'œuvre, — et ses dessins, qui ne sont presque jamais

(1) Il était aussi peintre et aurait peint le plafond du théâtre de Rouen, dont il était originaire.

signés, donnent lieu aux attributions les plus extravagantes. Cependant le portraitiste a laissé des dessins qui méritent la restitution de son nom au bas de leur nuageuse indication. Ce sont des bustes de femmes, des femmes en pied dessinées avec des ombres et des lumières, sans l'arrêt, pour ainsi dire, d'un contour. Baignées de lueurs diffuses, ces femmes sont flottantes dans le fusinage, seulement fortifié çà et là de quelques accentuations de sauce. Des images troubles délicieusement vagues, qui demandent une grande intelligence de la lumière, et qui se rapprochent, avec un peu moins de légèreté, de l'estompage gris de quelques rares études d'Honoré Fragonard.

— Une femme posée à contre-jour devant une fenêtre, entre une toilette et un pupitre à musique, Elle est assise les jambes croisées, une main tenant un livre dans le creux de sa jupe. Vêtue d'une blanche toilette de linon, elle porte sur la tête un chapeau de paille enrubanné, au rebord abaissé sur les yeux.

Dessin estompé à la sauce.

H. 45, L. 38.

LEMOYNE (*François*). Un grand dessinateur incorrect, le précurseur de Boucher, et qui a gardé dans ses corps de femmes et leurs airs de tête un peu de la grâce du Parmesan et de la manière de Véronèse.

— Une jeune fille en chemise, assise sur un tertre, la jambe droite allongée en avant, dans le mouvement d'une femme qui va se laver les pieds.

Dessin sur papier bleu, à la pierre noire, rehaussé de craie.

Portant les marques des collections Lempereur et Desperret.

H. 38, L. 26.

LEMPEREUR (*Jean-Baptiste-Denis*). Un graveur auquel, sans qu'il soit nommé, l'œuvre gravé de Watelet doit beaucoup, et un agréable paysagiste en ses moments de loisir. De l'aimable banlieue de Paris, il a laissé des sanguines d'un *croquant* particulier, des aquarelles lavées des eaux de la pâle et blonde aquarelle de Boucher, des paysages au crayon noir dont l'estompage, mélangé de craie et d'un rien de sanguine, semble le procédé moderne de Clerget.

— Un escalier, surmonté de deux sphinx à tête et à gorge de femme, posés à l'entrée d'une terrasse à balustres menant à une habitation sous de grands arbres; en bas, un homme qui pousse une brouette.

Sanguine.

Signé : *Lempereur*, 1773.

Au dos du dessin était écrit : *Vue d'un jardin à Fontenay-aux-Roses.*

H. 30, L. 37.

— Une cour de ferme, où sur la droite est un hangar fait de troncs d'arbres et de branchages, au fond un homme assis sur une auge.

Aquarelle sur trait de plume.

Signé : *Lempereur f.*, 1772.

Dans la marge de l'ancienne monture, de l'écriture du paysagiste : *A Aulnay près Sceaux.*

H. 22, L. 29.

— Une chaumière au toit défoncé dans un bouquet d'arbres.

Dessin au crayon noir estompé, mélangé de craie et de sanguine.

Signé : *Lempereur*, 1773.

Dans la marge : *A Aulnay près Sceaux.*

H. 20, L. 31.

Lepaon (*Jean-Baptiste*). De jolis petits soldats, de jolis petits canons, de jolis petits campements, de jolis petits sièges : ce sont là les dessins de cet artiste, qui s'engagea pour voir la guerre de près, et qui n'en a jamais été que l'enjoliveur et le bistreur coquet. Parmi les dessins de Lepaon qui figurent ici, il en est un curieux. C'est une grande aquarelle qui détruit l'assertion de Brunn Neergaard, avançant dans le *Moniteur* du 29 août 1806 (1) que Lepaon n'a jamais fait d'aquarelle. Puis cette aquarelle représente l'équipage de chasse de la maison de Condé, dont Lepaon était le peintre officiel, et où parmi les piqueurs et au milieu des chevaux et des chiens figurent les princes de Conti et de Condé. Du reste, le dessin est assez mauvais, pas assez cependant, pour que le marchand qui le possédait, ait cru devoir me le donner par-dessus le marché pour envelopper une gravure qu'il m'avait vendue.

— Opérations d'un siège avec la vue du camp assiégeant, de ses tranchées, de ses batteries. Au premier plan,

(1) L'article de Brunn-Neergaard était fait sur le livre : *l'Art du dessin en France depuis son rétablissement jusqu'à nos jours*, par le docteur Fiorillo, Gœttingue 1806, un volume allemand qui, je crois bien, n'a jamais été traduit.

une femme se promène, une ombrelle à la main, au bras d'un officier, tandis qu'un peintre, un genou posé à terre, fait un croquis.

Dessin au bistre sur trait de plume.

H. 19, L. 48.

— Halte de cavalerie dans un village; au premier plan, un cavalier, descendu de cheval, prend un sac des mains d'une vieille femme.

Bistre sur trait de plume.

H. 20, L. 30.

— Un hallali à Chantilly. Un piqueur sonnant de la trompe à cheval, valets de chiens se reposant couchés à terre, chiens se désaltérant à une mare. Sur la droite, en habits rouges à collets et à revers de velours noir, le prince de Conti et le prince de Condé causent ensemble.

Aquarelle.

Signé : *Lepan* (sic) *fecit* 1760.

H. 41, L. 50.

Lépicié (*Nicolas-Bernard*). Du petit, du très petit Chardin, dans un dessin cependant serré, détaillé, étudié à la pointe d'une pierre d'Italie très grise, sur du papier jaune, avec des rehauts de craie et de sanguine, qui font des études d'après nature de Lépicié, de tièdes et de blondes préparations pour sa claire peinture.

— Dans un intérieur rustique, Lépicié, assis, prend un verre de vin sur une table, ayant entre ses jambes un enfant qui mange un morceau de pain.

Dessin terminé au crayon noir, rehaussé de craie et de sanguine.

Signé : *Lépicié*.

C'est le dessin du tableau qui figurait dans la galerie Boitelle.

H. 45, L. 38.

Leprince (*Jean-Baptiste*). L'esprit, le ragoût, la couleur de Boucher transportés dans des dessins, dans des lavis, presque tous consacrés à la reproduction de sujets russes. Le dessin des « Joueurs de tonneau » a son histoire : acheté par le marchand de gravures Dauvin, chez le peintre Decamps, il avait fait presque les frais de la composition d'un de ses tableaux.

— Une jeune femme en costume russe, un oiseau posé sur un doigt de sa main.

Sanguine.

Gravé en fac-similé dans l'œuvre de Demarteau, sous le nº 537.

H. 33, L. 22.

— Dans un riche intérieur, une femme en costume russe jouant de la guitare, pendant qu'une petite esclave pose un rafraîchissement sur une table.

Aquarelle.

Gravé en couleur par Marin, sous le titre : The Pleasures of solitud, et publié à Londres.

H. 23, L. 15.

— Dans un paysage russe, un pont élevé sur de hauts piliers menant à la porte d'une ville fortifiée.

Bistre.

Signé : *B. Le Prince.*

H. 24, L. 20.

— A la porte d'une chaumière, cinq paysans jouant au

tonneau; dans le fond, un homme prenant une femme par la taille.

Bistre.

H. 27, L. 35.

— Dans un caback, une guinguette des environs de Moscou, devant une estrade où des gens boivent et fument, un couple de Russes exécute la danse nationale, aux sons d'un orchestre monté sur des tonneaux.

Lavis d'encre de Chine sur frottis de sanguine.

Signé : *Le Prince*, 1778.

Gravé par Leprince, sous le titre : LA DANSE RUSSE.

H. 32, L. 57.

LESUEUR (*Louis*). Dessinateur-paysagiste qui raye et griffonne ses lavis de fins traits de plume, ressemblant à l'égratignure d'une aiguille sur du cuivre.

— Cour de ferme devant la porte de laquelle un âne chargé de paniers se met au pas, suivi de la fermière.

Bistre retouché de plume.

Signé : *L. Lesueur*, 1782.

H. 13, L. 21.

LIOTARD (*Jean-Étienne*). L'artiste excentrique et cosmopolite, le pastelliste de « la Chocolatière » dont les trois crayons ont une certaine ressemblance avec les trois crayons de Portail, et dont, par un hasard inexplicable, on ne connaît guère que des contre-épreuves. Je crois que la femme de ma collection est de la suite de ces costumes de femmes de tous les pays contre-épreuvées, que possède le cabinet des Estampes.

— Femme de profil tournée à droite, la tête vue de trois quarts. Habillée d'une robe semée de pois sur laquelle est jeté un mantelet à capuchon, elle tient ses mains dans un petit manchon de soie au rebord de fourrure.

Contre-épreuve d'un dessin à la pierre d'Italie et à la sanguine.

H. 30, L. 20.

LOUTHERBOURG (*Philippe-Jacques*). Tantôt imitant le faire de Leprince, tantôt le faire des maîtres flamands, et, dans cette dernière imitation, se servant d'un papier rugueux assez semblable au papier préparé pour la peinture à l'huile, et sur lequel, les lavis au bistre prennent le caractère d'esquisses brossées au bitume.

— Réjouissances publiques, où des *pifferari* font danser des marionnettes; sur une fontaine décorative est écrit de la main du peintre : *Il nous est rendu*.

Bistre sur trait de plume.

Signé au pinceau : *Loutherbourg*.

Vente Tondu.

H. 27, L. 30.

— Repos de pâtres italiens sous un grand arbre ; à droite, un homme, monté sur une mule caparaçonnée, boit à une gourde, la tête renversée en arrière.

Bistre avec rehauts de blanc de gouache sur un papier préparé, à la nuance verdâtre.

H. 33, L. 43.

MACHY (*Pierre-Antoine de*). Devant les aquarelles de cet homme, dont la peinture rappelle un peu la peinture de Guardi, un étonnement vous prend à les trouver si sales, et peuplées de personnages qui annoncent les bonshommes de Béricourt.

— La colonnade du Louvre en perspective, au fond le palais Mazarin et l'Hôtel des Monnaies, à droite les maisons qui masquaient la façade de Saint-Germain-l'Auxerrois (1). De nombreux personnages sur la petite place, un arracheur de dents, un marchand de morts aux rats, un porteur d'eau, des marchandes à éventaires, des promeneurs.

Aquarelle.

H. 33, L. 63.

Mallet (*Jean-Baptiste*). Le dernier représentant de la gouache, de cet art tout XVIIIe siècle, et qui ne survécut pas à la monarchie. Aussi les gouaches de Mallet, passé la Révolution, sont aigres, ses chairs de femmes briquées, l'ensemble du travail pénible. Et il arrive un moment où Mallet laisse le faire et le badinage de l'ancienne gouache française, pour une gouache qu'il touche avec les petites lumières carrées de la peinture de Téniers, appliquée à des sujets français qu'il habille à la hollandaise.

— Dans une chambre, décorée à la mode du Directoire, et que des objets de peinture, posés sur un secrétaire, disent la chambre d'un peintre, un jeune homme verse une tasse de thé à son modèle, une femme en chemise assise sur ses genoux, tandis qu'une autre femme, debout devant le groupe, remue une cuiller dans la tasse qu'elle tient à la main.

(1) On rencontre, du même artiste, de nombreux croquis de la démolition de ces maisons.

Gouache.

Signé sur un carton : *Malet f.* (1).

H. 22, L. 29.

— Un antiquaire assis dans une galerie, où se voient des statues, des bustes, des vases, des lampes, une momie; une jeune femme, qu'un jeune homme tient par la taille, regarde avec lui dans le tiroir d'un médaillier.

Aquarelle sur trait de plume, relevée de gouache.

Dessin du tableau exposé au Salon de l'an IX.

H. 22, L. 32.

— Dans l'encadrement d'une fenêtre soutenue au milieu par une statuette d'Amour, et où monte une vigne, une femme, en costume flamand, fait pisser, dans un vase de bronze, un petit enfant à la brassière écourtée.

Gouache.

Signé au pinceau dans la muraille : *Mallet.*

H. 23, L. 17.

Marillier (*Clément-Pierre*). Ce vignettiste, que les bibliophiles sont en train de faire l'égal des premiers dans son genre, commence la série des illustrateurs qui n'ont plus le dessin du peintre, ainsi que l'avaient Gravelot, Moreau, Eisen, et ne peuvent sortir du petit dessin pinoché du graveur. Dans ses compositions les plus réussies, Marillier ne s'élève jamais au delà de la gentillesse.

— Une jeune femme alitée dans sa chambre à coucher

(1) Je n'ai pas besoin de dire que les fautes d'orthographe sont fréquentes dans les signatures parfaitement authentiques des peintres du XVIIIe siècle.

et à laquelle une fille de chambre apporte une tasse de tisane; à son chevet est assis un gentilhomme.

Dessin à la plume lavé de bistre.

Signé dans la marge : *C. P. Marillier inv.* 1775.

Gravé par de Longueil pour les œuvres d'Arnaud de Baculard.

H. 6, L. 9.

— Une jeune femme, qu'une fille de chambre habille devant un miroir tenu par une autre chambrière; un rustaud, le chapeau à la main, est en train de saluer la femme.

Bistre.

Signé dans la marge : *C. P. Marillier inv.* 1775.

Gravé par Delaunay pour le conte de PAULINE ET SUZETTE, *anecdote françoise.*

H. 6, L. 9.

— Dans un cadre, un enfant nu couché aux pieds de deux bornes, au-dessus un miroir entouré de rayons, au-dessous une épée suspendue dans une couronne de laurier.

Lavis à l'encre de Chine.

Signé : *C. P. Marillier inv.* 1779.

Gravé par Texier pour le cul-de-lampe de VALMIERS, *anecdote.*

H. 11, L. 8.

MASSÉ (*Jean-Baptiste*). Un portraitiste faisant revivre dans les petits portraits qu'il fait de ses contemporains, le sourire de l'époque. Il est miniaturiste de son métier, et ses dessins, lumineux et roses sur papier jaune, ont quelque chose de l'ébauche sur l'ivoire d'une miniature.

Buste d'un homme de cour poudré, un large nœud de ruban noir au cou.

Dessin sur papier jaune, au crayon noir estompé avec rehauts de craie et de sanguine, et encore avec un léger lavis d'aquarelle sur la figure.

Signé dans l'encadrement : *J.-B. Massé fecit.*

H. 17, L. 13 (ovale).

Meissonnier (*Juste-Aurèle*). L'ornemaniste au beau dessin turgide, amendé toutefois, en sa correcte exubérance, des extravagances et des écarts de goût du Borromini, — le créateur de la rocaille française.

— Candélabre à cinq lumières, imaginé dans le serpentement et l'entre-croisement de branchages; un aigle dans la niche, formée en bas par les tortils de la rocaille, un amour soutenant la plus haute girandole.

Dessin au crayon noir et à la plume et à l'encre de Chine, lavé d'une teinte jaune. Il a été mis au carreau.

Gravé dans l'Œuvre de Meissonnier sous le titre : *Projet d'un grand Chandelier pour le Roi.*

H. 20, L. 10.

Monnet (*Charles*). Peintre d'histoire et dessinateur possédant le dessin courant du temps.

— Le Dauphin, la Dauphine travaillant à un métier de tapisserie, entourés de leurs enfants (Louis XVI, Louis XVIII, Charles X).

Lavis d'encre de Chine sur trait de plume.

On lit au dos du dessin, d'une écriture du temps : « *M. le Dauphin, Mme la Dauphine, les trois princes, M. le duc de la Vauguyon et le Père Berthier, composition originale de Monnet, peintre du Roi. J'en ai trois autres du même sujet par le même avec différences.* » Un de ces trois autres projets, en hauteur et au bistre, existe au revers du dessin.

Ce dessin du tableau exposé au Salon de 1771, réduit

à la dimension d'une vignette, a été gravé sous le titre : *Quelle école pour les pères!* dans « le Vicomte de Valmont ou les Égarements de la Raison », vol. IV.

Vente Monmerqué.

H. 38, L. 41.

— Télémaque embrassant l'Amour dans les bras d'Eucharis; au fond, danse de nymphes.

Gouache sur vélin.

Dessin original (1) faisant partie de l'illustration de l'exemplaire du « Télémaque » de Didot in-4°, imprimé sur peau vélin que j'ai possédé.

H. 20, L. 14.

Moreau *le jeune* (*Jean-Michel*). L'habile ordonnateur et metteur en scène des assemblées de gentilshommes et de grandes dames parées, des Sacres, des Revues, des Bals de cour, des Feux d'artifices, le dessinateur sans pareil des intérieurs et des élégances de la vie de son temps. J'ai eu la bonne fortune d'acquérir son plus beau dessin et je vais raconter l'histoire de ce dessin. Dans la vie de Le Bas d'après des notes manuscrites de l'expert Joullain, chargé de la vente du graveur, mon frère et moi avons dit qu'il avait été commandé par Le Bas à Moreau : « M. Moreau jeune avait fait prix avec M. Le Bas pour ce dessin à 600 livres payées comptant, et deux douzaines de la planche qui devait être gra-

(1) Les dessins au trait, lavés de bistre, tels qu'ils sont gravés, sont de Monnet; mais je doute que les miniatures finies soient du peintre. Les peintres d'alors, à l'imitation de Boucher, de Fragonard, avaient des femmes artistes, des femmes miniaturistes, qu'ils faisaient souvent travailler sous leur nom.

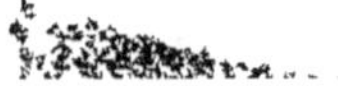

vée d'après ce dessin, dont moitié desdites épreuves avant et moitié après la lettre. Il a exigé de la succession de M. Le Bas pour indemnité de ces épreuves la somme de 480 livres. Il avait reçu 600 livres; total 1,080 livres. » A cette vente Le Bas, en 1783, le dessin payé 1,080 livres se vendait seulement 610, et était acheté par le libraire Lamy qui l'acquérait pour le faire graver (1). Des mains de Lamy où passait le dessin? On ne le savait, et on le croyait perdu, lorsqu'il se retrouvait, en 1859, en la possession d'un petit chemisier du quartier des Halles, dont la femme, de bonne famille, était la fille d'une personne qui, je crois, avait été attachée au service du comte de Bordeaux. Le dessin était offert au Musée, et successivement à tous les riches amateurs de Paris, au prix de 1,000 francs. M. Reiset m'indiquait l'existence du dessin. J'allais le voir et étais très tenté, mais je me trouvais n'avoir devers moi que quelques centaines de francs et ne pouvais en offrir que quatre cents francs. J'étais refusé, et n'y pensais plus, quand, à quelques semaines de là, un soir on sonna chez moi. J'allais ouvrir et me trouvais en face d'une jeune femme, portant sur son bras un enfant, et tenant de sa main libre une grande chose enveloppée dans une serviette. C'était la Revue du Roi. J'avoue que, quand je regarde mon Moreau aujourd'hui, je ressens comme un remords d'avoir eu à offrir si peu d'argent à cette pauvre femme si tou-

(1) Voir plus loin, aux lettres de peintres, le traité pour la gravure de ce dessin entre l'éditeur Lamy et le graveur Malbeste.

chante dans son sacrifice, où l'on sentait la gêne d'affaires embarrassées.

— Petite fille endormie dans son lit. Elle est représentée de profil tournée à gauche, ses deux bras reposant sur le drap que soulève une de ses jambes relevée.

La même petite fille endormie tournée de l'autre côté. Elle a la tête soulevée et enfoncée dans l'oreiller, et les deux bras étendus et croisés devant elle.

Dessins lavés d'encre de Chine sur trait de plume.

— Deux études, très probablement faites par le père, d'après la petite fille, devenue depuis la mère d'Horace Vernet.

H. 10, L. 15.

— Vieille femme assise, les bras croisés, un mantelet de soie noire sur les épaules; à côté d'elle, un chat sur une table. Le mur du fond est décoré de quelques estampes encadrées, parmi lesquelles on remarque LA TÊTE D'EXPRESSION, gravée par Cochin, et une marine d'après Vernet, à laquelle la mère de Cochin a travaillé. Serait-ce le portrait de Madeleine Horthemels?

Dessin lavé au bistre sur trait de plume.

H. 19, L. 16.

— Le roi Louis XV à cheval, son livret en main, passant la revue de sa Maison militaire, qui défile dans le fond; au premier plan nombreux carrosses sur lesquels sont montées des chambrières dont les jupes s'envolent sous un coup de vent.

Dessin lavé à l'encre de Chine sur trait de plume.

Signé : *J. M. Moreau le Jeune* 1769.

Ce dessin, exposé au Salon de 1781, a été gravé de la même grandeur par Malbeste, sous le titre : LA REVUE DU ROI A LA PLAINE DES SABLONS.

Vente Le Bas.

H. 35, L. 74.

— Dans la basilique de Reims, le roi Louis XVI prêtant entre les mains de l'archevêque « le serment du royaume ».

Dessin lavé de bistre sur trait de plume.

Signé : *J. M. Moreau le Jeune*, 1775.

Première idée de la scène gravée avec changement et ampliation à droite, sous le titre : LE SACRE DE LOUIS XVI, *dessiné d'après nature et gravé par J. M. Moreau le Jeune, dessinateur et graveur du cabinet du Roi*, 1779.

H. 37, L. 49.

— La reine Marie-Antoinette allant, le 21 janvier 1782, rendre grâce à Notre-Dame et à Sainte-Geneviève pour la naissance du Dauphin. Partie de la Muette, ayant pris ses voitures au rond du Cours-la-Reine, elle passe sur la place Louis XV, dans un carrosse attelé de huit chevaux blancs, et suivi des cent-gardes du corps du Roi. Le dessin est pris de la terrasse du palais Bourbon, où des curieux pressés contre la balustrade regardent le défilé et la foule immense de l'autre côté de la Seine. Dans le coin, à gauche, le prince de Condé et le duc de Bourbon causent, les mains dans des manchons, avec un groupe de femmes.

Dessin lavé à l'aquarelle sur trait de plume.

Ce dessin, qui faisait partie des dessins commandés à Moreau pour perpétuer le souvenir des journées des 21 et 23 janvier 1782, n'a point été gravé. Est-ce le dessin lavé offrant une vue perspective de la place Louis XV prise de la terrasse du palais Bourbon, que Thierry place dans le boudoir du palais?

H. 45, L. 105.

— Diane, — Iphigénie, — Oreste — Thoas, — Garde de Thoas, — Scythe.

Dessins à l'aquarelle sur trait de plume.

Signés tous les six : *J. M. Moreau le Jeune*, 1781.

Recueil des costumes commandés par l'Académie royale de musique à Moreau, pour monter l'opéra d' « Iphigénie en Tauride », dont la première représentation eut lieu le 23 janvier 1781.

H. 23, L. 16.

— Un pont en bois jeté sur une petite île et reliant les deux rives d'une rivière ombragée d'arbres, où se tiennent des pêcheurs à la ligne.

sin à l'encre de Chine.

H. 26, L. 35.

Moreau *l'aîné* (*Louis*). Un des gouacheurs les plus habiles, les plus légers, les plus pimpants, et le paysagiste qui, pour moi, a seul rendu la gaieté et le riant de la campagne parisienne. Les deux gouaches de ma collection sont de la plus belle qualité du Maître. Le jour où je les vis à l'exposition du boulevard des Italiens en 1860, ce fut chez moi un désir fou de les posséder. Et ce désir était de temps en temps réveillé par une vente que faisait, par-ci par là, leur possesseur, le miniaturiste Carrier : une vente où les gouaches désirées n'apparaissaient jamais. J'en étais venu à des vœux homicides, et étais presque tenté d'imiter ce monsieur, auquel un de mes oncles avait enlevé aux enchères une paire de cornets de Chine d'un rouge très laid, mais introuvable ; pendant plusieurs années, il vint tous les ans s'informer chez le concierge si mon oncle était encore vivant. Enfin M. Carrier mourait en 1875, et les aquarelles étaient vendues ; mais cette fois, au lieu de les acheter 2 ou 300 francs, leur valeur en 1860, j'étais forcé de les payer 1,325 francs.

— Entrée d'un parc auquel mènent cinq marches, à gauche une rangée de caisses et de pots de fleurs. Dame, une ombrelle à la main, dont un serviteur porte la traîne.

Gouache.

Signé : *L. M.* 1780.

Vente Carrier.

H. 20, L. 23 (ovale).

— Intérieur de parc, où, sous un arbre penché, se voit le départ d'une rampe d'escalier, surmontée d'une pomme de pin en pierre. Bergère assise, une houlette en travers des genoux ; un berger lui offre un bouquet de fleurs.

Gouache.

Signé : *L. M.* 1780.

Vente Carrier.

H. 20, L. 22 (ovale).

— Jardin chinois, où s'élève au milieu des arbres une pagode à clochetons ; une gondole à l'ancre dans une pièce d'eau. A droite, au premier plan, un gentilhomme donne des ordres à un jardinier ; à gauche, un homme, une bêche à la main, est assis sur un rouleau à fouler le gazon.

Aquarelle légèrement gouachée.

H. 30, L. 32 (ovale).

Natoire (*Charles*). Le Boucher de la seconde moitié du siècle, mais n'ay[illegible] de son prédécesseur, et de seconde main encore, que la pratique et la convention, et rien de ce que Boucher avait vu de la nature, même avec ses yeux du XVIIIe siècle.

Toutefois il y a, dans l'œuvre de Natoire, des paysages romains, amusants, spirituellement décoratifs, faits d'un rien d'aquarelle et de gouache jeté sur une feuille de papier bleu couverte d'un croquis à la plume : des dessins que le peintre aimait, collectionnait, et dont on vendait une suite de 160 à sa mort.

— Dessin allégorique pour la naissance d'un dauphin de France. Un génie dans une draperie fleurdelysée, présentant un nouveau-né à l'Olympe trônant sur les nuages, sous les yeux d'une femme assise, au manteau doublé d'hermine, et entourée des Muses. Au premier plan, à droite, les nymphes de la Seine offrant des fleurs, à gauche, une caverne où rentrent les génies de la Discorde, au milieu des amours jouant avec des globes terrestres et des télescopes.

Aquarelle sur crayonnage.

H. 43, L. 60.

— Deux figures de femmes couchées sur les nuages et représentant : le Printemps, l'Été.

Lavis au bistre sur papier bleu avec rehauts de blanc de gouache (1).

Ces deux dessins ont été exécutés pour des plafonds.

H. 20, L. 25.

— La Muse de la musique entourée d'amours, une main sur une lyre, l'autre soutenant la bande d'une partition qu'un amour déroule dans le ciel.

(1) Ces deux dessins sont d'une manière un peu différente de la manière de Natoire, d'un faire plus italien, mais je les tiens pour de parfaits Natoire. Reconnaître un dessin écrit avec l'écriture de tous les jours d'un peintre, ce n'est pas absolument difficile pour un amateur qui vit dans les dessins ; mais reconnaître un dessin, où le maître a modifié sa manière, a varié ses procédés : voilà quelle doit être l'ambition du connaisseur !

Dessin sur papier bleu à la pierre d'Italie rehaussé de craie.

Dessin d'un dessus de porte.

H. 21, L. 20.

— Vue de la villa d'Este. Au premier plan une femme agenouillée donnant à boire à des chèvres, et sur le piédestal d'une louve allaitant Rémus et Romulus, un homme jouant de la guitare.

Croquis à la plume lavé d'aquarelle et de gouache sur papier bleu.

Signé : *Villa d'Est. magio* 1766 *C. N.*

H. 30, L. 47.

NATTIER (*Jean-Marc*). Le portraitiste auquel est attribué un certain nombre d'études rapides, enlevées d'une manière similaire, mais dont on n'a pas retrouvé, que je sache encore, la peinture ou la gravure d'aucun de ces jets sur le papier (1). A ces études de portraits se trouve réunie dans ma collection, une grande machine décorative, une de ces compositions avec lesquelles Nattier, qui se levait de fort bonne heure, amusait ses matinées avant l'arrivée de ses modèles du grand monde.

— Une femme à mi-corps, assise de face sur une chaise, le haut du corps un peu penché à droite, en train de faire de la frivolité.

(1) Cependant on parle d'une étude faite dans ces conditions, et où Nattier a écrit sur le dessin, avec son orthographe singulière : *Madame de Pris — filles de M. de Pleneuse — estant jeune, lorsque j'uy — fait toute la famille de — M. de Pleneuse.*

Dessin sur papier bleu, à la pierre d'Italie, rehaussé de craie.

Vente Villot (1).

H. 33, L. 30.

— Un homme à mi-corps, de profil, tourné à droite, la tête retournée et vue de trois quarts, un carton sur les genoux, à la main un compas avec lequel il trace une figure géométrique.

Dessin sur papier bleu à la pierre d'Italie, rehaussé de craie.

Vente Villot.

H. 30, L. 25.

— Triomphe d'Amphitrite; au-dessus de la conque traînée sur les eaux, une grande voile déployée dans le ciel que soulèvent et tendent des amours.

Lavis d'encre de Chine sur trait de plume, avec dans certaines parties des rehauts de blanc de gouache. Le dessin a été mis au carreau.

Signé au dos du dessin : *J. M. Nattier invenit et delineavit* 1758, et, d'une écriture du temps, au crayon : *Peint en* 1759.

Vente Peltier.

H. 29, L. 52.

NORBLIN (*Jean-Pierre de la Gourdaine*). Un faiseur de taches à l'encre de Chine, à l'imitation des taches au bistre faites par Fragonard ; un crayonneur gras et croquant à la mine de plomb, à l'imitation des crayonnages de Fragonard à la sanguine.

— Un cabaret où un homme cherche à embrasser une femme qui se défend.

(1) Catalogué sous le nom de Roslin.

Une course à la bague dans la campagne, où l'on voit au premier plan un homme caracolant, armé d'une lance.
Deux croquetons à la mine de plomb.

H. 10, L. 17.

— La Main-chaude. Sous de grands arbres, au milieu d'une nombreuse compagnie, une jeune fille frappant dans la main posée sur le dos d'un homme, dont la tête est cachée dans les jupes d'une femme.
Lavis à l'encre de Chine sur trait de plume, en forme d'écran.

H. 20, L. 27.

— Le Jeu de bascule. Sous de grands arbres, des jeunes filles et des jeunes gens se balançant sur un tronc d'arbre basculant.
Lavis à l'encre de Chine sur trait de plume, en forme d'écran.

H. 20, L. 27.

Olivier (*Michel-Barthélemy*). Des dessins non signés, que les marchands ont offerts pendant longtemps aux amateurs, sous des attributions absurdes, et que les amateurs n'achetaient pas, les croyant fabriqués par un faussaire ; ces dessins ayant quelque chose d'une modernité suspecte. Enfin, il y a une quinzaine d'années, dans une vente, je crois, d'un descendant d'Olivier, arrivait aux enchères un lot de ses eaux-fortes et de ses dessins, dont quelques-uns étaient la première idée de quelques-unes des eaux-fortes. Ce jour-là on était fixé sur ces dessins inconnus, on avait à faire à Olivier, le peintre officiel du prince de Conti, l'auteur des curieux tableaux du

Thé à l'anglaise dans le salon des Quatre-Glaces au Temple, de la *Fête dans le Bois de Cassan à l'Ile-Adam*. Les dessins d'Olivier sont de petits, petits, petits dessins, à la recherche d'intentions spirituelles, et s'appliquant à rappeler dans le mélange de la sanguine, du crayon noir, de la craie, l'esprit et la couleur des dessins de l'école de Watteau. Quelquefois même des touches de pastel viennent s'ajouter aux trois crayons et agrémenter les études du peintre galant du Temple, d'un coloriage léger et gai. Très souvent aussi, à l'imitation de Watteau, le sujet principal est accompagné du crayonnage d'une tête, d'un bras, d'une main, d'un croqueton qui fait contraste avec l'étude terminée.

— Deux femmes de profil, tournées à gauche, se promenant. Elles sont habillées en grand habit avec des plumes dans les cheveux; l'une d'elles tient à la main un éventail fermé. Sur le fond est jetée une étude de tête.

Dessin aux trois crayons sur papier chamois.

H. 24, L. 17.

— Femme assise à terre, coiffée d'un papillon, elle est entourée d'études de bras et de mains.

Sanguine; trois des études de bras et de mains sont à la pierre d'Italie.

H. 15, L. 20.

— Femme assise, les jambes allongées, une main tendue et montrant quelque chose dans le lointain.

Dessin sur papier gris, à la pierre d'Italie et à la sanguine rehaussé de pastel.

H. 13, L. 21.

— Rose endormie, couchée sur une chaise longue, un livre tombé de ses mains; du dessous de ses jupes remontées, son petit chien *toutou* aboie après un garçonnet penché sur le dossier et regardant les mollets de la belle.

Dessin sur papier bleu, à la pierre d'Italie, frotté de sanguine et rehaussé de blanc.

Ce dessin, en hauteur, a été gravé en largeur avec de nombreux changements et l'introduction d'une fille de chambre, sous le titre : *le Sommeil interrompu.* Il ne porte ni nom de dessinateur ni nom de graveur, dans sa marge qu'emplissent vingt-cinq vers.

H. 32, L. 26.

OUDRY (*Jean-Baptiste*). On disait, de son temps, Oudry encore plus attaché à ses dessins qu'à ses tableaux, et que, de ses dessins, il composait des portefeuilles de cinquante morceaux variés, de manière que celui qui en possédait un seul, avait un échantillon de tous les genres embrassés par le peintre. En effet, l'illustrateur des Fables de la Fontaine est universel, mais plus particulièrement paysagiste et avant tout animalier. Dans ses dessins d'animaux presque toujours exécutés sur papier bleu, à la pierre noire avec rehauts de craie, il apporte une habileté dont le seul défaut est peut-être la constante égalité, le faire uniformément semblable, une perfection qui vous laisse sans surprise. Ses dessins aux beaux écrasements de crayon noir dans l'ombre, aux détails simplifiés dans les clairs, — et tout lumineux des lumières posées par l'homme qui peignait des oiseaux blancs sur fond blanc, — arrivent à une unité d'effet extraordinaire et sous des apparences faciles, à ce résumé concret de l'objet représenté que donne seul un savoir énorme. Et les heureux et magistraux dessins qu'a laissés ce dessinateur toujours occupé à crayonner, ce dessinateur « des perdrix au plumage bizarre, des cerfs à tête singulière » tués par le Roi, ce dessinateur de tous les animaux inconnus et étranges arrivant à la ménagerie de Versailles. Ce sont de pittoresques accumulis de poissons qui lui faisaient faire, au dire des « Mémoires des Académiciens », dix voyages à Dieppe pour les dessiner dans toute leur fraîcheur; ce sont de ces *buffets* ou de ces dispositions de deux pièces de gibier, accrochées à un clou au-dessus d'une tablette garnie de victuailles ou d'accessoires, d'une touche de crayon qu'on supposerait être celle de Chardin; ce sont de savantes études de chiens, de la grosse bête chassée par la vénerie royale, etc. Et même le paysagiste n'est pas à dédaigner: ses dessins de grands parcs avec un bout d'escalier, avec un angle de terrasse à balustres, se font remarquer tout de suite par une connaissance de l'anatomie de l'arbre, une science de ses embranchements, et encore par un éclairage du dessous des grandes futaies qui n'appartiennent qu'à Oudry.

A propos des dessins à la sanguine d'animaux d'Oudry, on doit se défier de certains dessins un peu dans sa manière, mais d'un crayonnage plus maigre, et qui sont du nommé Dugommer; quant à ses paysages à la pierre d'Italie, sur papier bleu, il faut prendre garde à quelques dessins de Pierre, moins libres cependant que ceux d'Oudry, mais qui a travaillé d'après nature à Arcueil, dans l'ancien parc du prince de Guise, et reproduit les mêmes motifs que son confrère. Enfin il ne faut pas craindre d'acheter des paysages d'Oudry dans lesquels se promènent des personnages de l'Empire : un marchand du commencement du siècle qui en possédait un certain nombre, ayant eu, pour les vendre, l'idée de faire peupler leur vide et leur solitude, par un artiste contemporain dont on m'a dit le nom que j'ai oublié.

— Un chien barbet surprenant un cygne sur ses œufs.
Dessin sur papier bleu, lavé à l'encre de Chine, rehaussé de gouache.
Signé : *Oudry fecit pour présent.*
Dessin du tableau exposé au Salon de 1742 et peint pour la salle à manger de M. Bernard l'aîné.

H. 35, L. 40.

— Attaque d'un loup par trois dogues.
Dessin sur papier bleu, à la pierre d'Italie, rehaussé de blanc et de quelques touches de pastel.

H. 44, L. 27.

— Dans l'angle ruineux d'un parapet donnant sur la mer, un amoncellement de poissons surmontés d'un congre et d'une anguille de mer ficelés à un clou ; sur le parapet, un perroquet.
Dessin sur papier bleu, à la pierre d'Italie, rehaussé de craie.
Signé à la plume : *Oudry,* 1740.
Vente Andreossy.

H. 31, L. 43.

— Un baquet débordant de poissons de mer répandus à terre; sur un bout de mât où sèche un filet, un perroquet.

Dessin sur papier bleu, à la pierre d'Italie, rehaussé de craie.

Signé à la plume : *Oudry*, 1740.

Vente Andreossy.

H. 31, L. 40.

— Un canard et un lièvre accrochés à un clou; en bas, des bouteilles, du pain, du fromage.

Dessin sur papier bleu, à la pierre d'Italie, rehaussé de craie.

Dessin du tableau peint pour le dessus de cheminée de M. Jombert, libraire, et exposé au Salon de 1742.

H. 39, L. 22.

— Dans une niche de buffet, un faisan et un lièvre accrochés à un clou; sur la tablette, gigot, volaille piquée, cardons, bouteilles et panier.

Dessin sur papier bleu, à la pierre d'Italie, rehaussé de craie.

Signé : *J. B. Oudry*, 1743.

Dessin du tableau fait pour la salle à manger de M. Roettiers, orfèvre du Roi, et exposé au Salon de 1753. Il y a quelques changements dans les accessoires.

H. 35, L. 26.

— Un chien à côté d'un tabouret de canne où sont posés une musette, des estampes, un livre.

Dessin sur papier bleu, à la pierre d'Italie, rehaussé de craie.

Dessin du tableau pour devant de cheminée exposé au Salon de 1742 et acquis par M. Watelet. Le tableau est aujourd'hui au château de Jeand'heurs appartenant à M. Léon Rattier.

H. 24, L. 33.

— Vue d'un parc terminé par une terrasse à balustres donnant sur une rivière.

Dessin sur papier bleu, à la pierre d'Italie, rehaussé de craie.

Signé : *J. B. Oudry*, 1744.

Vente Guichardot.

H. 32, L. 53.

PAJOU (*Augustin*). Un sculpteur qui dessine avec le pittoresque, le *brio* d'un dessinateur de profession. Ses dessins, qui ne sont pas très communs, sont généralement lavés d'un chaud bistre sur un trait de plume.

— Projet d'une fontaine à têtes de béliers et à godrons, surmontée d'un cygne, et dont la panse, où deux amours s'embrassent, est soutenue par deux satyres. Le socle est formé par trois cariatides à queue de serpent.

Bistre sur trait de plume.

Signé : *Pajou*.

Vente Tondu.

H. 32, L. 18.

— Projet de brûle-parfum, au couronnement formé d'un amour et de deux satyres.

Bistre sur trait de plume avec rehauts de blanc de gouache.

H. 14, L. 18.

— Dans un fronton, accoudées à une écusson vide et couronné de fleurs de lys, les figures de la Prudence et de la Libéralité.

Sanguine.

Ce dessin, très terminé, est le projet définitif, et tel qu'il a été exécuté, du fronton du pavillon de droite du Palais-Royal, sur la place.

H. 22, L. 59.

Parizeau (*Ph.-L.*). Des dessins de paysage où tout est gracieux : les arbres, les bêtes, les paysans.

— Une chaumière, où une femme, assise dans la baie de a porte, est entourée de petits enfants jouant sur le seuil.

Sanguine.

Signé sur le mur de la chaumière : *Ph. L. Parizeau, 1775, près Longjumeau.*

Étude par Parizeau, dans un voyage avec Wille, et dont Wille donne les étapes dans ses « Mémoires », à la date du 3 septembre 1775.

H. 18, L. 43.

Parrocel (*Charles*). Le peintre de l'entrée de l'Ambassadeur turc, le coloriste, dont les yeux semblent avoir toujours gardé la mémoire de ces tableaux de Bourguignon faits sur cuir doré, et où l'or, épargné par la peinture, faisait les cuirasses ; le dessinateur dont la plume et la sanguine ont une sorte de *furia*, le croqueur instantané habitué à saisir le galop d'un cheval, et qui, en ses hâtifs et cursifs et carrés dessins, rencontra quelquefois de petits cavaliers au torse superbe, aux pans d'habits renflés, qui ont quelque chose du crayonnage de Watteau.

— La course de la bague, avec la *tête du pistolet, la tête de l'épée, la tête de lance, la tête de Méduse, etc.*

Sanguine.

Gravé à l'eau-forte par Parrocel, en réduction et avec

quelques petits changements dans « l'École de cavalerie » par M. de la Guerinière, vol. Ier, p. 30 ».

Vente Le Bas, où ce dessin était catalogué sous le n° 37.

H. 26, L. 46.

— Un palefrenier étrillant un cheval. — Une échoppe de regrattier. — Un maréchal-ferrant travaillant la mâchoire d'un cheval.

Lavis d'encre de Chine sur trait de plume.

Ces trois dessins sont gravés dans une suite d'après le Maître.

H. 17, L. 13.

Pater (*Jean-Baptiste*). En dépit de la disproportion des parties d'un corps, d'un dégingandement parfois singulier de ses figures dessinées, Pater est le dessinateur qui approche le plus de son Maître. Il ne vous trompera pas avec un de ses trois crayons, — là Watteau défie tout le monde ; — mais le plus fin connaisseur pourra être pris à un croquis, à un croqueton à la sanguine, tant l'élève s'est assimilé le jet et le ressentiment du contour de Watteau. Disons ici que c'est tout à fait une rareté que de rencontrer un dessin qui soit la première idée presque complète d'un tableau de Pater; on ne connaît guère de lui que des études de figures isolées. Sous le nom de Pater je catalogue, avec une espèce de certitude, un lavis dont pour moi le pointillage du pinceau a la plus grande analogie avec le faire du crayonnage du dessinateur; toutefois, pour affirmer d'une manière positive mon attribution, il aurait fallu voir des lavis de ce maître parfaitement authentiques, et je n'en connais pas.

— Un couple assis sur un tertre et devisant; dans le fond, à gauche, un galant dont la tête n'est indiquée que par un ovale, caressant la gorge d'une femme qui se défend.

Dessin aux trois crayons sur papier chamois.

Première idée du tableau gravé par Filleul, sous le titre : L'Amour et le Badinage.

H. 25, L. 31.

— Près d'une niche, à la sculpture rocaille, et d'où tombe un filet d'eau, un négrillon pose un déjeuner de porcelaine sur un guéridon, placé devant une dame à l'ample robe. A côté de la femme se tient debout, le bras appuyé au piédestal d'un grand vase, un homme en robe de chambre un bonnet de coton à fontange sur la tête; plus loin un gentilhomme, son chapeau sur la cuisse, est assis sur un tabouret.

Dessin à l'encre de Chine, dessiné et lavé au pinceau sur papier bleu.

Vente Thibaudeau, où il était catalogué sous le nom d'Eisen père.

H. 27, L. 38.

Perroneau (*Jean-Baptiste*). Un grand pastelliste injustement sacrifié par Diderot à La Tour, et dont la préparation de Laurent Cars, au Louvre, donne la plus haute idée. Perroneau est plus naturellement coloriste que La Tour; il est, dans sa peinture de poussière colorée, tout plein de tons clairs, frais, presque humides. Certes son heureux rival a une science anatomique et physiognomique d'un visage bien supérieure à la sienne, mais trop souvent ses tons sont fatigués, ne se montrent plus entiers, et jamais, au grand jamais, il ne s'est élevé à ces clartés d'une figure faites de la pose franche de touches de bleu, de vert, balafrés de rose, et qui ont la plus grande parenté avec la couleur à l'huile des portraits de Reynolds, des portraitistes anglais de la fin du XVIIIe siècle.

— Louis Claude, comte de Goyon de Vaudurant, sous-gouverneur de Bretagne, coiffé à l'oiseau royal; il est en habit de velours noir, jabot de dentelle, gilet de soie à fleurettes traversé par le cordon rouge de commandeur de de l'ordre de Saint-Louis.

Pastel sur peau vélin.

Provient de la collection du docteur Aussant de Rennes, où il était attribué à La Tour. Ce pastel, qui a tous les caractères du faire de Perroneau, n'a pu être exécuté par La Tour qui, déjà un peu fou, ne travaillait plus à l'époque, où M. de Goyon était nommé commandeur de l'ordre de Saint-Louis.

H. 71, L. 58.

PIERRE (*Jean-Baptiste Marie*). Le remplaçant et le continuateur de Boucher, un dessinateur dont les dedans sont un peu vides, mais un contourneur élégant et joliment maniéré de l'humanité de son temps. Ses femmes nues sont très désirables avec leur petite gorge drue, leur corps allongé dans la rondeur, leur derrière en poire, et l'élève de Natoire n'est point encore trop maladroit au tortillage d'une toilette d'homme ou de femme de son temps. Ce dessin du « Peintre sicilien » catalogué plus bas, je me vois toujours l'achetant, au temps des ventes fastes et secourables aux désargentés, en cette vieille maison du fond de la rue de Vaugirard, cette maison toute bondée de dessins et de gravures, et où les lots de choses d'art semblaient ne pouvoir s'épuiser : la maison de Villenave. Je le payais, mon Pierre, je crois, quelque chose comme 7 francs, et je l'achetais aux côtés de M. Reiset, qui, encore plus heureux que moi, acquérait là, pour moins de cent francs, deux Watteau qui sont aujourd'hui deux des joyaux de la collection du duc d'Aumale.

— Le gentilhomme Adraste aux genoux de l'esclave grecque dont il vient d'ébaucher le portrait.

Dessin sur papier blanc à l'encre de Chine, rehaussé de blanc de gouache.

Signé dans le dos d'une chaise : *Pierre.*

Dans la marge du dessin est écrit : LE SICILIEN. *Eh bien, allez, oui, j'y consens.*

H. 22, L. 27.

— La Folie faisant fuir la Religion. En bas, un prêtre renversé, un soldat se tordant les mains, un laboureur levant les bras au ciel, un magistrat à genoux regardant la Religion s'envoler. Allégorie satirique contre la philosophie et l'irréligion du ministère Maurepas, Sartine, Miromesnil.

Dessin lavé à l'encre de Chine relevé de plume.

Signé au crayon dans la marge de l'ancienne monture : *Pierre, le merc(redi) 1er février* 1775.

H. 32, L. 27.

— Une jeune femme vue de dos, peignant un paysage posé sur un chevalet.

Sanguine.

Signé à l'encre : *Pierre.*

H. 23, L. 18.

PILLEMENT (*Jean*). Un chinoiseur faisant de la chinoiserie rococo au goût du temps, et de petits paysages proprets avec un crayon taillé menu, menu, menu.

— Un pont à l'arche de pierre rompue et remplacée par une passerelle en bois; au premier plan, un homme monté sur un âne qu'il pousse à coups de bâton.

Dessin à la pierre noire.

Signé : *J. Pillement*, 1769.

H. 16, L. 23.

— Une masure au bord d'une rivière; sur une estacade une femme qui file debout, la quenouille à la main.

Dessin à la pierre noire.

H. 16, L. 23.

PORTAIL (*Jacques-André*). Des deux crayons ayant l'air de dessins de la vieillesse de Watteau — qui n'en eut pas, — des dessins hésitants, tâtonnés, et comme tracés par des doigts un peu tremblants, et jamais, sans cette belle audace même dans la maladresse, qu'ont parfois et Pater et Lancret; des dessins cependant tout pleins, dans une interprétation ingénue et plaisamment maladroite, de la physionomie du XVIIIe siècle. Longtemps ces deux crayons se vendaient sans qualification. Ce n'est qu'en 1851, à la vente du baron de Silvestre, que l'apparition d'une dizaine de ces dessins, sauvés des soixante-neuf ramassés par son grand-père, le Maître à dessiner des enfants de France, réapprenait aux amateurs et aux marchands le nom du *bonhomme* Portail.

On remarquera qu'en général les dessins de Portail sont seulement à la sanguine et à la pierre noire sans mélange de craie. Indépendamment de ces deux crayons, Portail, dont le titre était « peintre de fleurs », a exécuté, à l'aquarelle et à la gouache, de nombreuses et savantes études de fleurs, de plantes même de légumes, dont quelques-unes, indépendamment d'une série de miniatures, passaient à la vente de M. de Menars. Elles sont la plupart, maintenant, je crois, en la possession du marquis de Chennevières.

— Portrait du peintre, en buste, vu de trois quarts et tourné à gauche, la tête un peu soulevée, une joue appuyée sur sa main droite.

Dessin à la pierre noire et à la sanguine avec quelques touches de lavis à l'encre de Chine.

Une inscription d'une écriture du temps porte dans la marge : *Dessiné par M. Portail, de l'Académie royale de peinture et sculpture, premier dessinateur du cabinet du Roi, garde des plans et tableaux de la couronne.*

Vente Aussant.

H. 22, L. 17.

— Deux négrillons en costume de porte-queues de robes, et coiffés du casque à la moresque orné de panaches; ils sont accoudés à une table de toilette, sur laquelle il y a posés un pot à l'eau et une cuvette.

Dessin à la sanguine et à la pierre noire.

H. 27, L. 23.

— Une dame en grands paniers, assise dans une chaise, une canne à la main, causant, la tête retournée, avec un gentilhomme appuyé au dossier.

Dessin à la sanguine et à la pierre noire.

Collection Niel.

H. 30, L. 24.

— Un jeune homme assis, jouant de la flûte, auquel un autre homme, appuyé au dossier de sa chaise, présente la partition.

Dessin à la sanguine et à la pierre noire.

H. 26, L. 22.

— Jeune fille, vue à mi-corps, en déshabillé et regardant dans son corset qu'elle soulève de ses deux mains.

Dessin à la sanguine et à la pierre noire.

Étude pour la miniature portant le n° 320 du marquis de Menars, ainsi décrite : « Une jeune fille assise et en déshabillé. Elle ouvre sa chemise et paraît y regarder attentivement. »

H. 26, L. 19.

PRUD'HON (*Pierre-Paul*). Le dernier dessinateur de la grâce.

— Accroupie sur ses pieds, un ruban lui servant de guides, Psyché est traînée par l'Amour à genoux et dont les mains sont enchaînées derrière le dos.

Dessin à la pierre d'Italie sur papier jaunâtre.

Ce dessin est le modèle du bras de fauteuil pour l'ameublement de l'impératrice Marie-Louise, fondu par Thomire.

Porte la marque de M. His de la Salle qui avait fait un échange avec Blaisot.

H. 21, L. 30.

PUJOS. Le portraitiste de *Belle et Bonne*, dessinateur consciencieux, appliqué, au crayonnage un peu froid, mais adroitement contre-taillé.

— Portrait de Sue, représenté dans une houppelande à collet de fourrure, et tenant de la main gauche une tête de mort.

Dessin à la pierre d'Italie.

Dans la tablette de l'écriture du peintre : SUE, CÉLÈBRE ANATOMISTE, et au-dessous : *Dessiné par son ami Pujos en* 1785.

Vente Capé.

H. 19, L. 13.

— Buste de femme, un pouf jeté sur le haut des cheveux et coiffée avec deux coques derrière l'oreille. Elle est habillée d'un peignoir bordé d'une ruche, et à son cou se voit le cordonnet d'un médaillon.

Dessin sur papier jaunâtre à la pierre d'Italie, relevé de craie.

Signé dans la marge : *L. Pujos... en* 1775.

H. 14, L. 14 (ovale).

QUEVERDO (*François-Marie-Isidore*). Le dessinateur, dont j'ai vu dans ma jeunesse, chez Mayor, deux dessins qui, s'ils n'avaient été signés, auraient été pris, par tout le monde, pour des Eisen, — le dessinateur devenu, dans les dernières années du XVIIIe siècle, l'affreux illustrateur que l'on connaît.

— Le Coucher de la mariée. Une femme entourée de ses chambrières, dont l'une tient une bougie, et qu'un homme agenouillé sollicite d'entrer au lit.

Lavis au bistre mélangé de carmin et rehaussé de blanc de gouache.

Signé dans l'encadrement carré fait à l'ovale du dessin par le dessinateur : *Queverdo* 1762.

H. 20, L. 18.

— Dans un confessionnal fait en treillage et fleuri de plantes grimpantes et couronné de deux pigeons qui se becquètent, un moine confesse une jeune villageoise qui s'essuie les yeux, tandis que de l'autre côté son amoureux attend son tour. A droite et à gauche du dessin, un groupe de berger et de bergère, couchés à terre, qui s'embrassent.

Lavis de bistre sur trait de plume.

Gravé sans nom de dessinateur et de graveur dans les imageries de Basset, sous le titre de : LA BELLE PÉNITENTE, avec des vers au bas qu'on chantait sur l'air du *Confiteor*.

H. 15, L. 28.

RANC (*Jean*). Peintre de portraits, élève de Rigaud. Il a laissé, de ses portraits à l'huile, des études crayonnées aux ombres légères et comme effacées, et dont l'éclairage de craie semble exécuté sur une contre-épreuve.

— Une vieille femme, au triple menton, à la coiffure basse, un pan de draperie jetée sur l'épaule droite. Elle est représentée vue de face dans le cadre d'un œil de bœuf architectural.

Dessin sur papier bleu, à la pierre d'Italie, rehaussé de craie.

H. 23, L. 17.

ROBERT (*Hubert*). L'artiste qui a inventé la ruine *spirituelle*, le crayonneur agréable, l'aquarelliste à l'aquarelle à la fois délicate et décoratoire. En dehors de ses villas italiennes, Hubert Robert a donné, sur notre ancien Paris, quelques dessins inspirés par une démolition, par un incendie, par une catastrophe montrant le monument ruineux et pittoresque, dessins où il apporte son talent prime-sautier dans la représentation de localités qui ne sont guère peintes que par un Raguenet.

— Un portique de villa italienne surmonté d'une terrasse, et dans la niche duquel tombe l'eau d'une fontaine. Un gentilhomme, le chapeau sous le bras, et donnant le bras à une dame en mante noire, s'apprête à monter un escalier s'ouvrant entre deux statues antiques; au premier plan, une femme puise de l'eau dans un chaudron, près d'une mère qui tient son enfant par les lisières.

Aquarelle sur trait de plume.

Signé : *H. Robert* 1763.

H. 34, L. 21.

— Jardin d'une villa italienne, où un escalier, au bas duquel est couché un Fleuve sur son urne, mène à une fontaine monumentale retombant en cascade; en bas, le long d'un mur, aux bas-reliefs encastrés, deux femmes arrangent des arbustes dans de grands pots de terre rouge.

Aquarelle.

Signé : *H. Robert fecit* 1770.

H. 24, L. 22.

— Escalier monumental que gravit une Italienne, son enfant sur le bras; au premier plan près d'un sphinx de bronze vert jetant de l'eau dans une vasque, une femme, accoudée sur une borne, tient un petit chien dans ses bras.

Aquarelle sur trait de plume.

Signé : *H. Robert*.

H. 33, L. 28.

— Vue de l'intérieur d'un cellier romain où un gros chien a pour niche un tonneau; une femme, un marmot sur le bras, monte un escalier, où un enfant, assis sur une marche, mange sa soupe.

Croquis sur un large frottis de sanguine, lavé de bistre et relevé de plume.

H. 36, L. 47.

— Vue, prise sous une arche du Pont-Neuf, du Pont-au-Change tout chargé de maisons; une grande estacade à droite au pied de laquelle sont amarrés des bateaux; au premier plan, un groupe de trois hommes dont l'un tient une ligne.

Croquis à la pierre noire.

Portant la marque FR.

H. 31, L. 46.

— Vue de l'Hôtel-Dieu, après l'incendie de 1772; une échelle est appliquée contre l'arceau du milieu; au premier plan, un groupe de deux femmes et d'un homme.

Sanguine.

H. 28, L. 36.

— Vue de la démolition du cimetière des Innocents. Par la baie d'une arche ogivale, on aperçoit une tour au-dessus du cloître dont la partie supérieure est déjà démolie; au milieu de la cour, amoncellement de poutres et de débris; au premier plan, un homme regardant appuyé sur le mur d'appui.

Sanguine lavée d'encre de Chine, relevée de plume et rehaussée de blanc de gouache.

H. 37, L. 20.

SABLET *le jeune*. Des dessins nobles, des études d'après nature qui rappellent des académies d'atelier.

— Une vieille femme aux pieds nus, en costume de la

campagne romaine, représentée de profil, tournée à gauche et tendant la main.

Lavis à l'encre de Chine.

H. 35, L. 27.

SAINT-AUBIN (*Gabriel*). Un gribouilleur de génie, dans les croquis, les croquetons duquel il serait possible, en les gravant, de reconstruire une *Illustration* du XVIIIe siècle, qui aurait ses légendes toutes faites avec le bavardage écrit de la main de l'artiste-croqueur, en marge, au dos, au revers, et même à travers le crayonnage et la peinturlure de ses dessins d'après nature.

— Portrait d'Augustin de Saint-Aubin enfant, dormant tout habillé sur un tabouret; dans le coin, à gauche, une répétition plus étudiée de la tête du dormeur.

Dessin à la pierre noire.

Au dos, de la fine écriture d'Augustin : *Étude faite d'après nature par Gabriel de Saint-Aubin en 1747 d'après son frère Augustin qui lui servait de modèle* (1).

H. 21, L. 10.

— Portrait de Louis XVI dans un cadre, au bas duquel jouent deux amours, au milieu d'attributs et de médaillons représentant des épisodes de la vie du monarque.

Dessin sur papier jaunâtre, au crayon noir et frotté de blanc, signé : *Gabriel de Saint-Aubin f.* 1770. Il a écrit en bas : LOUIS-AUGUSTE, DAUPHIN DE FRANCE. *Marié le* 10 *may* 1770, et ajouté plus tard : Roi *le*... 1774.

H. 33, L. 22.

(1) Le couteau maladroit du monteur de dessins a rogné la première ligne de cette note.

— Deux études du portrait de Young.

L'une représente l'écrivain dans un médaillon, au bas duquel est une lampe, un sablier et une tête de mort servant d'encrier; l'autre le montre dans un médaillon soutenu par un Génie, avec au bas une Muse la tête voilée de noir, une plume à la main.

Le premier dessin est à la pierre d'Italie et à la sanguine relevé d'encre; le second est à la pierre d'Italie.

Tous les deux sont signés. Le second porte au bas trois lignes au crayon, qui commencent ainsi : *Gabriel de Saint-Aubin l'ami de Young...*

Le premier a été gravé par Augustin de Saint-Aubin, en tête de la traduction des Nuits de Young, par Letourneur, 1770.

H. 14, L. 8.

— La Vierge exposant l'Enfant Jésus à l'adoration d'un moine et d'une sœur. Le sujet principal est entouré de quinze petits médaillons à la plume, représentant quinze épisodes de la vie du Sauveur.

Dessin lavé sur crayon noir à l'encre de Chine.

Signé : *G. d. S. A.*

Vente Pérignon.

H. 20, L. 18.

— Matathias renversant les idoles et massacrant les prêtres.

Dessin à la plume, lavé d'aquarelle avec rehauts de gouache.

Vente Pérignon.

H. 17, L. 23.

— La mort de Germanicus.

Dessin à la plume, lavé sur frottis de sanguine, et rehaussé de gouache.

Gravé sous le n° 44 de l'illustration faite par Gabriel Saint-Aubin de « l'Abrégé d'histoire romaine », publié chez Nyon.

H. 21, L. 16.

— Une châsse promenée à la porte d'une église par le clergé.

Dessin à la pierre noire, relevé de plume.

Projet de tableau, ainsi que l'indique la mention de *11 pieds*, écrite en bas, au crayon, par Gabriel de Saint-Aubin.

H. 5, L. 10.

— Les Dimanches de Saint-Cloud.

Dans une allée de boutiques, au milieu du cercle fait par la foule, un homme et une femme dansent aux accords d'un joueur de violon et d'un harpiste.

Bistre relevé de plume.

Signé au bas, à gauche : *Gabriel de Saint-Aubin del.*, et sur le toit d'une boutique : *Vu à Saint-Cloud le* 12 *septembre* 1762. *G. de S. A.*

H. 20, L. 28.

— Vue du Pont-Neuf et de la Samaritaine prise au quai de la Mégisserie à l'époque où se construisaient, sur les demi-lunes du pont, les *guérites* dont la location fut affermée par le Roi, au profit des veuves de l'Académie de Saint-Luc. Sur le premier plan un marché aux fleurs, une rixe de femmes, un groupe de racoleurs.

Dessin à la sanguine et à la pierre noire, accentué de plume.

Signé : *G. de Saint-Aubin* 1775.

Ventes Brunn-Neergaard, Sylvestre (1).

H. 23, L. 38.

— Pitres de parade se fendant pour un assaut, gros abbé le nez en l'air, vieillard vu de dos dans un grand manteau, savoyard sautillant sur un pied, femme assise sur un banc soulevant son enfant pour voir.

(1) Il existe un faux dessin de ce sujet, ou du moins un dessin qui a été poussé au fini, sur un léger croquis de Gabriel.

Feuille de croquis sur papier grisâtre, à la pierre noire, rehaussés de blanc.

Étude pour la « Vue des Boulevards » de Gabriel de Saint-Aubin, gravée sans titre par Duclos.

H. 43, L. 20.

— Deux vues du Wauxhall.

Dessin à la plume sur un dessous de crayon lavé.

Sur l'un de ces dessins on lit, de l'écriture de Saint-Aubin : *Vue du salon des Muses faite au Wauxhal par Gabriel de Saint-Aubin,* 1769, *avec indication de café turc et de restaurateur.*

H. 5, L. 10.

— Vue des tables d'un café des boulevards, devant lequel défilent des carrosses.

Croquis au crayon noir rehaussé de blanc.

Vente Pérignon.

H. 14, L. 19.

— Dans le fond l'École-Militaire, au premier plan une foule immense regardant, du quai, un bateau au milieu de la Seine.

Dessin à l'aquarelle repris de plume.

En bas, de l'écriture du dessinateur : *Bateau insubmersible de M. de Bernière éprouvé le 1er août. Gabriel de Saint-Aubin,* 1776. *Le véritable honneur est d'être utile aux hommes. Pour la société établie à cette fin,* 1776. (Voir sur cette expérience les « Mémoires de la République des lettres » à la date du 4 août 1776.)

H. 19, L. 14.

— Un laboratoire de chimie, au manteau du fourneau décoré d'une figure allégorique présentant un miroir à Vulcain. Au-dessous sont groupés, autour d'une table, des savants, des femmes, des abbés, au milieu des-

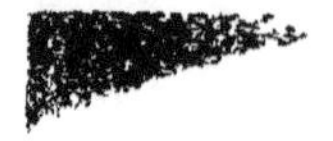

quels on remarque un seigneur au grand cordon en sautoir. Un homme tient une cornue entre ses mains. C'est sans doute la chambre d'expérimentation du chimiste-amateur, le duc de Luynes, où se lit sur une porte sculptée : *Au Sage*.

Dessin à la pierre noire, relevé de quelques coups de plume.

Signé : *G. S. A.* 1770.

Vente Pérignon.

H. 18, L. 12.

— Sous un ciel, où les Naïades versent la pluie avec des arrosoirs, et où les Vents soufflent la tempête, des jouteurs de régates de la Seine s'avancent, leurs lances de bois appuyées sur la cuisse. Au premier plan, un cabriolet stationnant à côté d'une ancre.

Dessin à la pierre noire, relevé de plume, lavé d'aquarelle et de gouache dans le ciel.

Signé : *G. de S. A.*

Vente Pérignon.

H. 22, L. 18.

— Danse d'hommes et de femmes dans des arbres, au pied de statues, avec un fond de ciel qui semble éclairé d'illuminations et de lueurs de feux d'artifice.

Dessin sur papier gris à la pierre noire, rehaussé de craie et de quelques touches de pastel dans le fond.

On lit dans le ciel de ce dessin représentant sans doute quelque réjouissance publique : *le Retour désiré*.

Vente Pérignon.

H. 22, L. 28.

— Le Salon de 1757. Plusieurs personnes, parmi lesquelles se trouve un Turc, sont arrêtées devant une statue de Vénus.

Dessin à l'encre de Chine sur trait de plume.

En bas, au crayon de la main de Gabriel : *Salon de 1757, figure de M. Mignot.* C'est la figure ainsi mentionnée au livret de l'exposition : « Vénus qui dort. Cette figure est de la même proportion que l'Hermaphrodite antique et doit faire son pendant, par M. Mignot, agréé. »

H. 14, L. 10.

— Une jeune femme dessinant dans un atelier une statuette de Vénus, posée sur un guéridon. Un peintre, la main qui tient sa palette, posée sur l'épaule de la femme, lui indique, de son autre main, une correction.

Dessin sur papier jaunâtre à la pierre noire, éclairé d'un frottis de craie.

H. 21, L. 15.

— Trois jeunes filles dessinant sur un coin de table.

Dessin à la pierre noire, relevé de plume.

On déchiffre à peu près, sur ce dessin, de la main de Gabriel : ... *Pour Mme J. G. Colignon de Freneuse*; et en bas, sous la jeune fille de premier plan : *pied en l'air.*

H. 17, L. 11.

— Dans un appartement aux lambris sculptés, au mobilier somptueux, un commissaire verbalisant avec son clerc à une table, tandis qu'un soldat aux gardes saisit dans un secrétaire une boîte, en présence d'un homme en robe de chambre et en bonnet de coton.

Lavis à l'encre de Chine sur un frottis de sanguine.

Portant la marque du chevalier Damery.

H. 24, L. 19.

— Une femme donnant de la bouillie à un enfant, renversé sur ses genoux.

Dessin sur papier bleu à la pierre noire, rehaussé de craie.

Signé : *G. de S. A.* 1773.

H. 28, L. 20.

— Une femme assise, un pied sur un tabouret, lisant dans un livre.

Contre-épreuve d'un dessin à la pierre noire, avec, en marge de la femme, des croquetons à la plume et au crayon.

H. 23, L. 18.

— Deux hommes assis sur des chaises, à l'entrée d'une grande allée d'arbres; à côté d'eux deux femmes couchées à terre.

Dessin à la pierre noire, lavé d'encre de Chine et d'une coloration bleuâtre. Au dos du dessin, croquis de statue à la plume et tête d'homme baissé et paysage au crayon.

H. 18, L. 11.

— L'Étude et les Amours cherchant à arrêter le Temps, un pied posé sur les constitutions des Jésuites.

Dessin estompé au crayon noir.

Signé : *G. de S. A.*

Ce grand dessin académique, dont le dessinateur semble avoir eu une sorte d'orgueil, porte en bas, de la main de Gabriel : *Bon à coler derrière mon portrait.*

H. 54, L. 43.

— Un Génie ailé, à la main une trompette de Renommée, montrant un portrait lauré, et repoussant du pied l'Envie et la Haine.

Dessin lavé de bistre sur papier bleu, rehaussé d'aquarelle et de gouache.

Signé : *Gabriel de Saint-Aubin f.* avec la mention : POUR LE PRINCE DE LA PAIX.

Vente Peltier.

H. 24, L. 21.

— La Ville de Paris, figurée par une déesse tenant une rame, et montrant à une femme qui serre deux enfants sur sa poitrine, la colonne de l'hôtel de Soissons, encastrée dans les nouvelles Halles aux grains et aux farines. En haut, un petit dessin architectural de l'encastrement.

Dessin au crayon et à la plume, lavé de bistre et d'encre. Au revers, sur un fond aquarellé de bleu, le crayonnage d'un homme assurant un lorgnon dans son œil, à côté d'un autre homme couché sur un banc; autour d'eux, plusieurs objets d'art.

Nombreuses écritures sur le dessin du recto, et au verso, à côté d'une petite statuette religieuse, deux fois dessinée : *Bronze à Saint-Jean par..... le 1er octobre 1769.*

Allégorie relative à l'érection de la colonne donnée par Bachaumont à la ville de Paris, et dont le dessin destiné aux « Étrennes françoises » dont Gabriel Saint-Aubin a fait presque toute l'illustration, a été remplacé par un Gravelot.

H. 18, L. 12.

— Études d'amours pour un plafond, avec la composition du milieu cherchée deux fois, d'une manière différente.

Dessin moitié à la sanguine relevé de plume, moitié au lavis d'encre de Chine sur crayonnage à la pierre noire.

Signé : *G. de Saint-Aubin*, 1770.

Ce dessin porte en bas de la main de Gabriel : *pour le plafond de.....* Serait-ce un plafond pour l'hôtel de M. d'Angiviller, dont le nom se trouve dans un cartouche sur lequel est assis un amour?

H. 18, L. 14.

— Près d'une femme, un personnage grotesque et coiffé d'une calotte, tenant renversée une marotte à laquelle se suspend un amour.

Dessin à la pierre noire.

Signé : *G. de S. A.* et griffonné, en marge, de chiffres, d'écritures, d'adresses, de recettes de peinture.

Vente Pérignon.

H. 18, L. 13.

— Dans un appartement à colonnes et où la porte est surmontée d'un groupe de deux amours, deux hommes causant debout, une main de l'un posée sur la main de l'autre.

Dessin à la pierre d'Italie, relevé de quelques traits de plume.

Signé : *G. de Saint-Aubin del.*

Gravé par Augustin de Saint-Aubin pour L'INTÉRÊT PERSONNEL, *acte II, scène II.*

H. 12, L. 7.

— Neuf compositions pour l'illustration de *Zadig* de Voltaire.

Gribouillis à la plume, dont un seul est légèrement lavé d'encre de Chine.

H. 10, L. 8 (forme ovale).

— Trois dessins d'armoiries : deux différents pour les armes de Madame de Pompadour, un pour les armes de son frère, M. de Marigny.

Trois dessins au crayon, à la plume, lavés d'encre de Chine, sur papier et sur peau vélin.

Signé au bas des deux poissons de Marigny : *G. S. A.*

H. 6, L. 12.

SAINT-AUBIN (*Augustin de*). Un cadet moins peintre, moins savant dessinateur, moins artiste que son aîné, mais doué d'un contour de grâce, d'une suavité de dessin, d'une naïve *galantiste* d'art, qui en fait le peintre de la volupté de la femme de son temps. Pour le juger complètement, il faudrait qu'un habile fureteur déterrât les originaux de son « Bal paré » et de son « Concert bourgeois », ces deux représentations typiques du monde du XVIIIe siècle, exposées au Salon de 1773, et faites avec ce joli procédé qui lui réussit si bien : un doux crayonnage balayé d'un nuage d'aquarelle. Dans l'ordre de ces dessins de vapeurs, et parmi lesquels je citerai la première idée de « Au moins soyez discret », c'est dans un certain vague à peine coloré d'aquarelle ou de pastel, comme la pâle vision d'une femme rose, entrevue dans un rêve amoureux.

— Portrait à mi-corps et de profil, du dessinateur à l'âge de vingt-huit ans. Il a les cheveux en accommodage du matin, un carton sur les genoux, un porte-crayon au bout de sa main droite, levée et tendue. Au fond, sur un chevalet, une toile représentant une nudité mythologique.

Bistre sur trait de plume.

Signé : *Aug. de Saint-Aubin del.* 1764.

Vente Renouard.

H. 10, L. 14.

— Portrait d'une jeune femme de profil, tournée à gauche, aux cheveux bouffants et retombants, serrés par un ruban au sommet de la tête, un collier de perles au cou, un fichu lâchement noué sur le décolletage de sa poitrine.

L'encre de Chine, relevée de quelques petits traits de plume, est légèrement lavée d'aquarelle.

Signé au crayon dans le cercle blanc de l'ovale : *A. de Saint-Aubin,* 1780.

Au dos, d'une écriture du temps : *Aimée Louise Chevrau de Moussy* (1).

H. 12, L. 10 (ovale).

— Portrait d'une jeune femme de profil, tournée à droite,

(1) Les « Mémoires de Maurepas » donnent cette madame de Moussy comme maîtresse à d'Argenson, le ministre de la guerre.

coiffée en chien couchant. Elle a une perle longue à l'oreille, et ses épaules décolletées sortent d'une robe jaune.

Dessin à la mine de plomb, légèrement lavé d'aquarelle et relevé de pastel.

H. 17, L. 14 (ovale).

— Portrait d'une femme âgée, vue de trois quarts, en cheveux relevés et surmontés d'un pouf. Un fichu de mousseline est jeté sur ses épaules.

Dessin à la pierre noire et à la mine de plomb, rehaussé de sanguine dans la figure.

H. 18, L. 13.

— Portrait de femme, représentée la tête renversée, les cheveux épars, les yeux au ciel, la gorge nue à demi voilée par une vapeur d'encens.

Sanguine.

H. 16, L. 13.

— Jeune femme debout, un petit tablier sur sa robe, les bras nus croisés, et les mains enfoncées dans les engageantes de ses manches. Derrière elle, un intérieur de chambre, où se voit une console au-dessous d'une glace.

Au dos, de l'écriture d'Augustin : *Étude d'après Mlle L. G. dessinée par Aug. de Saint-Aubin,* 1763.

H. 21, L. 13.

— Une femme jouant de la harpe et chantant.

Mine de plomb reprise de plume.

H. 17, L. 10.

— Une petite fille, assise dans un grand fauteuil de paille, et lisant un livre qu'elle tient de ses deux mains entre-croisées; à terre, une poupée.

Mine de plomb.

H. 10, L. 13.

— Une femme en corset, en camisole qu'elle ramène sur un de ses seins, envoyant un baiser du bout des doigts.

Mine de plomb légèrement aquarellée sur la figure.

Première idée du dessin gravé par Augustin de Saint-Aubin, sous le titre de : *Au moins soyez discret.*

H. 21, L. 16.

— Dame habillée, vue de face ; un bras passé derrière son dos. Coiffure de fleurs et de plumes, robe violette avec nœuds, glands, barrières et volants jaunes ; gants montant jusqu'aux coudes.

Aquarelle sur dessous de mine de plomb.

Gravé dans la « Gallerie des Modes et Costumes français dessinés d'après nature » et publiée par Esnauts et Rapilly, gravé par Dupin fils sous le n° 360, avec la légende : *Grande robe de cour garnie de gazes entrelacées et de guirlandes.....*

H. 25, L. 18.

— Dame habillée, vue de face, la tête tournée de profil à gauche, une main appuyée sur la hanche. Robe bleue falbalassée sur jupe rose à guirlandes de fleurs.

Aquarelle sur dessous de mine de plomb.

Gravé dans la collection Esnauts et Rapilly, par Dupin fils, sous le n° 375, avec la légende : *Grande robe de cour à l'étiquette.....*

H. 25, L. 18.

— Dame habillée, de profil, tournée à gauche et tenant d'une main un éventail fermé. Corsage rose, retroussis bleu sur une jupe rose entr'ouverte sur un dessous à bordure jaune, brodé de fleurettes.

Aquarelle sur dessous de mine de plomb.

Gravé dans la collection Esnauts et Rapilly, par Dupin fils, sous le n° 357, avec la légende : *Robe asiatique ornée de gazes et de guirlandes de chêne.....*

Ces trois dessins de costumes d'Augustin de Saint-Aubin proviennent de la vente Hope.

H. 25, L. 18.

Un commissionnaire, tenant de ses deux mains son chapeau contre sa poitrine.

Mine de plomb.

Gravé par Augustin de Saint-Aubin, sous le n° 4, dans la suite : « *Mes gens, ou les Commissionnaires ultramontains.* »

H. 20, L. 14.

Trois petits garçons jouant à la toupie, devant la colonnade du Louvre.

Sanguine.

Gravé par Augustin de Saint-Aubin, sous le titre : LA TOUPIE, dans la suite : « *C'est ici les différents jeux des petits polissons de Paris.* »

H. 17, L. 17.

SAINT-AUBIN (Mlle *Germain de*). Tous les hommes et toutes les femmes de cette famille Saint-Aubin peignent et dessinent. Un curieux document, à l'appui de cette assertion, est l'album possédé par M. Destailleurs, où les dessins de Gabriel et des Augustin sont entremêlés des dessins de celui-ci et de celle-là, d'un neveu, d'une nièce.

— Portrait de Germain de Saint-Aubin, l'auteur des PAPILLONNERIES HUMAINES.

Mine de plomb.

Au revers du dessin, on lit : *Charles Germain de Saint-Aubin, dessinateur du Roy, né le 17 janvier 1721, dessiné en 1761 par Mlle de Saint-Aubin pour M. Sedaine, son amy.*

H. 11, L, 11 (ovale).

SAINT-QUENTIN. Un dessinateur à la fois médiocre et facile, et dans l'aquarelle duquel se glissent des bruns qui ne sont pas les roux d'un coloriste.

— A l'ombre d'un saule, un lavoir, dans le fond une charrette dételée et basculée ou jouent de petits paysans; au premier plan, à côté d'une cuve à lessive, un homme baignant des enfants.

Dessin lavé à l'aquarelle légèrement gouachée.

Signé : *Saint-Quentin inv. f.* 1764.

H. 23, L. 35.

SOLDI. Un Italien devenu français, séduit par Chardin, et qui cherchait à imiter ses sujets et sa manière dans des dessins chauds et blonds.

— Dans un pauvre intérieur aux paniers pleins de linge, près d'une table à repasser, où est appuyée un petit garçon, une jeune fille, accotée à un cuveau, est grondée par une vieille femme, qui lui met sous le nez un linge dans lequel elle lui montre un trou.

Dessin à la sanguine, lavé d'encre de Chine, rehaussé de blanc et repris de plume.

Gravé par Henriquez, avec un changement dans le petit garçon, sous le titre : LA NÉGLIGENCE APERÇUE.

SWEBACH-DESFONTAINES (*Jacques*). Un dessinateur du soldat et des foules, qui a des allumements de lumière assez gais, et de petites adresses de plume et de pinceau parfois amusantes.

— Vue d'un camp, où des fantassins et des hussards à cheval boivent, groupés autour d'une vivandière, à la porte d'une baraque transformée en cabaret.

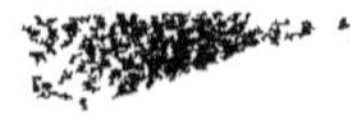

Lavis à l'encre de Chine sur papier verdâtre, rehaussé de blanc de gouache.

H. 24, L. 34.

— Foule groupée devant les tréteaux du théâtre des Associés. Foule sortant de dessous l'auvent du théâtre d'Audinot.

Deux croquis lavés de bistre sur gribouillage de plume.

On lit de la main de Swebach, sur le premier : *Assossiés* ; et sur le second : *Sortie de chés Odinot* (sic).

H. 11, L. 17.

— Entrée d'un café à la devanture soutenue par des piliers de bois, garnis de jalousies, et sur la porte duquel on lit : CAFÉ GODET (1). Des hommes et des femmes, dans des costumes du Directoire, se pressent vers les tables en plein air. Devant le café, un vielleur, une marchande d'oublies, de petits Savoyards.

Aquarelle.

Au dos du dessin, se lisait : *Sweback*, 1798.

H. 14, L. 28.

TARAVAL (*Hugues*). Le peintre dont on disait : « Il a un très beau pinceau », et dont les dessins sont rares. Au fond un artiste qui est de la monnaie de Boucher, mais avec des enveloppements moins ronds de la forme, des ressentiments plus nature, et une certaine venusté dans ses figures de femmes.

— Académie de femme agenouillée, les mains jointes sous son menton.

(1) Café des boulevards, célèbre par les batailles des Lafayettistes et des Maratistes au commencement de la Révolution.

Dessin estompé aux trois crayons.
Portant la marque F. R.

H. 20, L. 20.

SAUGRAIN (*Élise*). De petites lumières papillonnantes, des eaux égayées de reflets, des verdures bleuâtres, une nature couleur de mousse et d'automne : c'est là la palette de cette élève de Moreau l'aîné, qui gravait les gouaches de son Maître, avec cette mention au bas de l'estampe : *Élise Saugrain sculp. Moreau direxit.*

— Un bouquet de saules au bord d'une rivière, dont les détours et les sinuosités baignent de petites langues de terre et de petits îlots verts.
Aquarelle légèrement gouachée.
Signé : *Saugrain*, 1767.

H. 21, L. 39.

SCHENAU. Encore un Allemand, et le plus Allemand de tous les Allemands qui ont fait de l'art français.

— La maîtresse d'école. Une vieille paysanne, entourée de petites filles et de petits garçons, fait lire, dans un livre, un marmot juché sur une table, qu'elle tient entre ses bras contre sa poitrine.
Dessin à l'encre de Chine lavé d'aquarelle.

H. 39, L. 27.

TAUNAY (*Nicolas-Antoine*). Un dessinateur, dont on ne rencontre guère que des dessins et des illustrations de sa vieillesse, sans grand accent du XVIIIe siècle. Et cependant, — détail presque ignoré aujourd'hui, — il a été un moment un des plus lestes et des plus pimpants gouacheurs du XVIIIe siècle, un gouacheur qui, sur la peau vélin, a fait revivre la claire et pétillante peinture de Pater, avec ses lumineux réveillons, avec ses allumements de couleurs tendres : les cendres vertes, les vermillons, les jaunes de soufre.

— Ouverture d'un chemin dans la campagne. Homme brouettant de la terre, charretier chargeant un tombereau de déblais, femme accroupie renversant une hotte, travailleurs défonçant la terre à coups de pic ; dans un coin, un individu déculotté, faisant ses besoins dans un cours d'eau.

Gouache sur peau vélin.

Signé : *N. Taunay*, 1784.

Répétition du tableau, que le « Salon de la Correspondance », de la Blancherie, annonce exposé, comme faisant partie du cabinet du comte de Cossé, sous le titre : *Des travailleurs qui ouvrent un chemin dans une montagne.*

H. 32, L. 25.

— Juge reconduit chez lui aux flambeaux.

Juge assis dans un fauteuil auquel on présente de petits chiens.

Dessins au bistre gouachés de blanc, l'un a été mis au carreau.

Deux scènes de l'illustration des « Plaideurs » de Racine, pour une édition de Didot.

H, 11, L. 8.

TOUZÉ. Dessinateur minutieux appliqué, un peu parent de Duplessis-Bertaux, et dont le crayon, comme le sien, va naturellement à la caricature. Je me trouve posséder par hasard tous ses dessins qui

qui ont eu l'honneur de la gravure depuis son « Charlatan » et son « Conducteur d'ours » acquis il y a bien des années à une petite vente de l'hôtel des Jeûneurs, jusqu'à son dessin de « Zemire et Azor », trouvé, pendant l'armistice du siège, chez un coiffeur de la banlieue, presque démoli par les obus.

— Sur le quai de l'École, dans la foule des badauds, un sauvage arrachant avec un sabre, du haut de sa voiture, une dent à un patient monté sur un escabeau.

Dessin sur papier jaunâtre, au crayon noir, rehaussé de blanc.

Gravé par Miger, sous le titre : LE CHARLATAN.

H. 21, L. 26.

— Escorté de musiciens en carrosse, un homme marchant dans la foule de la rue, et tenant en laisse un ours, sur lequel sont deux singes.

Dessin à la pierre d'Italie, rehaussé de blanc sur papier jaunâtre.

Gravé par Miger, sous le titre : LE CONDUCTEUR D'OURS.

H. 21, L. 26.

— Dans un palais de théâtre au fond duquel un transparent laisse voir un sultan, au milieu de son harem, à droite un acteur à l'apparence d'un homme-bête, à gauche une actrice chantant.

Dessin sur papier jaunâtre à la pierre d'Italie, rehaussé de blanc.

Gravé par Voyez le jeune, sous le titre du : TABLEAU MAGIQUE DE ZÉMIRE ET AZOR.

H. 38, L. 32.

Contre un pilier des Halles, un petit bout d'homme

ridicule, voulant embrasser de force une marchande, pendant qu'un enfant lui verse, par derrière, une bouteille dans sa poche.

Dessin sur papier jaunâtre, à la pierre d'Italie, légèrement lavé de bistre et rehaussé de blanc.

Gravé en réduction par Hémery, sous le titre : LA MARCHANDE D'ŒUFS (1).

H. 15, L. 30.

TRÉMOLLIÈRES (*Pierre-Charles*). Un élève de Jean Baptiste Vanloo, qui dans un dessin, non sans force et sans puissance, a encore exagéré l'engorgement des amours de Boucher, qu'on voit chez lui, tout pantalonnés de graisse, en leurs chairs renflées. En dehors de quelques rares têtes d'études pastellées, il a un seul et unique procédé de dessin : des lavis au crayon noir sur papier bleu, lavés d'un vilain bistre jaune, avec de larges hachures au pinceau.

— Groupe de trois amours, dont l'un entoure de ses bras un coq qui chante.

Croquis au crayon noir, lavé de bistre et rehaussé de blanc sur papier bleu.

Dessin ovale d'un panneau de lambris.

H. 20, L. 20.

— Fillette regardant un petit garçon, qui dort, le ventre à l'air, sur le départ d'une rampe de parc.

(1) Malgré la valeur de l'attribution, je serais disposé à voir dans ce dessin, d'un faire plus large que ses dessins ordinaires, une composition de Baudouin, l'officier aux gardes françaises, dont il portait au dos la signature. Il n'est pas sans exemple que des dessins d'amateurs aient été gravés sous d'autres noms que les leurs.

Croquis au crayon noir, lavé de bistre et rehaussé de blanc sur papier bleu.

Dessin pour un panneau de lambris.

H. 27, L. 22.

TRINQUESSE (*Louis*). Un crayonneur à la sanguine, qui a laissé un certain nombre d'études de femmes, saisies d'après nature dans leur ajustement et leur accommodement du jour, et qui trouve ou surprend parfois de jolis mouvements, mais dont les dessins sont gâtés par la sécheresse académique, les hachures sérieuses qu'il introduit dans ses croquis de la mode et des fanfioles de la toilette. Les deux premiers dessins viennent d'une suite de 24 études, où, sur l'une d'elles, il y avait écrit, de la main du peintre, qu'elles avaient été faites en 1773, d'après une Madame de Framery.

— Étude de femme en pied, un chapeau à plumes sur la tête, assise dans une bergère près d'une servante où est posé un pot à l'eau.

Sanguine.

Signé à la plume : *Trinquesse f.*

H. 30, L. 24.

— Femme en robe habillée, couchée tout de son long sur une chaise longue. Sa tête est appuyée sur une main, l'autre tient un bouquet dans le creux de sa jupe.

Sanguine.

Signé à la plume : *Trinquesse f.*

H. 28, L. 37.

— Femme assise de côté dans un fauteuil, les pieds étendus sur un tabouret.

Sanguine.

H. 34, L. 27.

— Femme assise sur une chaise, une main tenant une plume, appuyée sur une table à côté d'elle.

Sanguine.

H. 32, L. 22.

— Femme assise de côté sur une table, une jambe pendante, un pied posé à terre.

Sanguine.

H. 34, L. 27.

TROY (*Jean-François de*). Des dessins, dont l'authentification est difficile, et dont il faudrait, pour avoir la certitude complète de l'authenticité, trouver quelque première idée des tableaux gravés du peintre, ou des tableaux exécutés en tapisserie aux Gobelins, comme la série d'*Esther*. Celui-ci a pour lui le faire gras du dessinateur, l'espèce d'orientalisme de ses compositions, imaginé avec des têtes de juifs des *ghetto* italiens, l'attribution d'une écriture du temps sur la vieille monture, et la mention de son biographe, que de Troy a point une « Femme adultère » pour le cardinal de Tencin.

— Au milieu des pharisiens, la femme adultère en larmes, auprès de laquelle, Jésus-Christ penché à terre, écrit de son doigt sur le sol : « Que celui qui n'a jamais péché lui jette la première pierre. »

Dessin à la pierre noire.

Portant la marque G. P. entre-croisés.

H. 38, L. 28.

VANLOO (*Carle*). C'est en quelque sorte le dessinateur officiel de l'école française de son temps. Algarotti le proclame le créateur d'un nouveau mode de dessin, par la substitution à l'*estompage* italien, de l'égrenage du crayon, relevé de traits de force : une façon de faire revivre, dans un mol enveloppement, les hachures entre-croisées des vieux maîtres. Mais, indépendamment du procédé, il est accordé, surtout à Vanloo, par les *salonniers*, le grand style du dessin. Enfin, pour tout dire, l'académie à la sanguine, que l'élève-peintre copie dans le tableau du «Dessinateur» de Chardin, est une académie de Vanloo. Il y a bien à rabattre sur cet engouement des contemporains, et de Mme de Pompadour. Vanloo n'a pas le dessin personnel, n'a pas le dessin franchement de son époque, de sa patrie : son dessin est un compromis bâtard entre le dessin italien et le dessin français. Toutefois ses dessins méritent de trouver une place assez large dans une collection du XVIIIe siècle, dont il est un des représentants attitrés. Puis dans les dessins décrits ici, il se trouve une série où l'artiste a été sauvé de la convention, et forcé pour ainsi dire d'être français par l'étude rigoureuse de la nature. Ce sont les dessins faisant partie de ce lot mentionné dans son catalogue (1), où il avait représenté dans leur intérieur, et en pied, les peintres

(1) Voici la mention du catalogue de Vanloo donné dans les « Deuils de cour », à la suite de sa biographie : « Plusieurs portraits de la famille et des amis de C. Vanloo, entre autres ceux des dames Vanloo, etc., des MM. Somis, Trémollières, Boucher, Dandré-Bardon, etc. »

ses amis et leurs femmes. Et peut-être en étudiant bien les vagues tableaux accrochés à la muraille sur quelques-uns des fonds, arriverai-je, un jour, à découvrir le nom des aimables personnages.

— Une femme assise, en déshabillé Pompadour, un bonnet papillon sur une coiffure basse, une cravate en chenille au cou, une échelle de rubans au corsage, des engageantes à la saignée, tenant de sa main droite, posée sur ses genoux, un mouchoir, pendant que son bras gauche repose sur un coussin placé sur une table. Quelques personnes croient retrouver dans cette étude le portrait de Mme Vanloo, qui existe dans le grand tableau de la famille des Vanloo.

Dessin à la pierre d'Italie sur papier bleu, rehaussé de blanc avec un léger frottis de sanguine sur le visage et les mains.

Signé : *Carle Vanloo* 1743.

Porte la marque du chevalier Damery, et provient de la vente de M. Jules Boilly.

H. 44, L. 32.

— Un homme, assis de face sur un fauteuil, au dos anné. Il a l'épée au côté et le chapeau sous le bras. Le ond de l'appartement est garni de tableaux.

Dessin sur papier jaunâtre (1) à la pierre d'Italie reaussé de blanc.

Signé : *Carle Vanloo f.* 1743.

Vente Lajarriette.

H. 44, L. 32.

1) Le papier, primitivement bleu, est devenu, à l'exposition soleil, tout à fait jaune. Il est ainsi un certain nombre de sins, dont le papier n'est plus du tout de la couleur indiquée ns les premiers catalogues de vente, où ils ont passé.

— Auprès d'un petit bureau, un homme assis de face, tenant de la main gauche sa tabatière, où il vient de prendre une prise. Quelques tableaux accrochés au mur du fond.

Dessin sur papier jaunâtre à la pierre d'Italie, rehaussé de blanc.

H. 30, L. 31.

— Une vieille femme, tricotant au coin d'une cheminée; à sa gauche, une petite table sur laquelle il y a une corbeille à tapisserie, des ciseaux, une pelote. Derrière elle l'angle d'un grand tableau.

Dessin sur papier bleuâtre à la pierre d'Italie, rehaussé de blanc.

Signé à l'encre : *Carle Vanloo* 1743.

H. 47, L. 33.

— Tête de jeune femme, vue de trois quarts, aux cheveux relevés et noués avec un ruban au sommet de la tête.

Dessin à la sanguine brunâtre, travaillée dans la manière et avec les entre-croisements de hachures des têtes d'études de Greuze.

Provenant de la vente de Norblin père dans laquelle il était catalogué sous le nom de Mlle de Nesle.

H. 43, L. 31.

— Tête de petite fille, de profil, tournée à droite, une collerette au cou, un fil de perle et un ruban bleu s'enroulant dans ses noirs cheveux relevés.

Dessin au crayon noir légèrement pastellé.

Étude pour le tableau gravé par Fessard, sous le titre : LA MUSIQUE, décorant le salon de compagnie de Mme de Pompadour, au château de Bellevue.

H. 28, L. 20.

— Tête de petite fille, de profil, tournée à gauche, un ruban rose courant dans ses cheveux blonds, roulés sur sa tête. Elle a un collier de perles au cou.

Dessin au crayon noir légèrement pastellé.

Étude pour le tableau gravé par Fessard, sous le titre : LA PEINTURE, décorant le salon de compagnie de Mme de Pompadour, au château de Bellevue.

H. 25, L. 20.

— Personnages groupés dans un salon autour d'une femme assise dans un fauteuil.

Dessin à la plume, lavé de bistre.

Première idée du tableau gravé par Beauvarlet, sous le titre : LA CONVERSATION ESPAGNOLE (1).

Provient des ventes Norblin fils et Arozarena.

H. 26, L. 23.

VERNET (*Joseph*). De tranquilles et sérieux dessins, qui ont rompu avec le tapage pittoresque de l'école paysagiste de Boucher : des effets larges, de grandes lumières dormantes, le commencement de l'enveloppement d'un paysage par une atmosphère.

— Vue de la Seine en face le palais Bourbon. Le cours de l'eau est animé par des bateaux, des trains de bois, des batelets remplis de gentilshommes et de dames ; au milieu du fleuve est amarrée une frégate.

Dessin à la pierre noire.

Portant une marque inconnue.

H. 22, L. 37.

(1) On ignore assez généralement que le tableau de Vanloo a été, pour ainsi dire, reproduit par Beaumarchais, dans la mise en scène, au Théâtre-Français, de la scène IV de l'acte second du « Mariage de Figaro ».

— Un maçon en train de tailler une pierre près d'un toiseur regardant dans un cahier, sa toise sous le bras.

Dessin à la mine de plomb et à la sanguine.

Étude faite pour les ports de mer, avec des numéros sur les diverses parties du costume du maçon, qui indiquent, en marge, les couleurs pour la peinture à l'huile.

H. 20, L. 15.

VERNET (*Carle*). Le peintre *sportsman*, le sec amuseur du Directoire, avec des caricatures qui semblent exécutées au tire-ligne, et où l'esprit est très médiocre et trop souvent scatologique. J'ai là, de Vernet, un important dessin, qui est un vrai dessin de *water-closet*, et un jour je l'y ferai encadrer.

— Derrière une porte entre-bâillée, un homme accroupi sur une lunette, pendant qu'attend dehors un autre homme très pressé, qui se tortille.

Sépia.

Signé : *Carle Vernet*.

Gravé par Debucourt, sous le titre : CHACUN SON TOUR.

H. 33, L. 21.

— Un incroyable donnant le bras à une femme, et faisant la rencontre d'une merveilleuse, au chapeau impossible.

Aquarelle sur trait de plume.

Gravé par Darcis, sous le titre : LES MERVEILLEUSES.

H. 28, L. 33.

VINCENT (*François-André*). Un des premiers déserteurs du goût du XVIIIe siècle, pour arriver à devenir un des médiocres adeptes de l'art raide et mannequiné.

— Caricature ou plutôt, comme l'on disait alors, dans les ateliers, *Calotine* de Jombert. Il est représenté jouant du violon, en bonnet de coton, de grosses besicles sur le nez.

Sanguine.

On lit au dos du dessin : *Jombert (Charles-Pierre), fils de Charles-Antoine Jombert, éditeur de beaucoup d'ouvrages sur les mathématiques et l'art militaire, est entré dans l'école de Durameau, sous les auspices de M. Cochin, et a gagné le grand prix de peinture avec éclat sur la punition de Niobé, fille de Tantale et d'Amphion.* (Collection de M. Gault de Saint-Germain, n° 200.)

H. 24, L. 17.

— Une tête d'homme, surmontée d'un singe promenant une plume sur du papier.

Dessin à la pierre noire.

Signé : *Vincent f. en pleine mer, octobre* 1771.

H. 20, L. 17.

WAILLY (*Charles*). Habile architecte qui a passé de nombreuses années en Russie. Quoiqu'on lui attribue les personnages qui se trouvent dans les paysages de Lantara, on peut affirmer, en dépit de son unique signature sur le dessin catalogué ici, qu'il n'est pas l'auteur des nombreuses figures, où le faire de Leprince est parfaitement reconnaissable.

— Sacre de Catherine II dans la cathédrale de l'Assomption, à Moscou.

Sous la voûte de la basilique, aux lustres gigantesques, entre les immenses piliers peints et historiés, Catherine II est représentée debout, devant un prêtre casqué, tenant ouvert sur sa poitrine un livre ouvert; au bas de l'escalier, où se tient sur chaque marche un héraut, se déroule dans les bas-côtés une foule énorme de vieux dignitaires du clergé russe dans d'amples dalmatiques et de jeunes prêtres coiffés à la catogan et habillés de pelisses aux manches fendues des dolmans.

Lavis à l'encre de Chine.

Signé : *C. de Wailly* 1776.

H. 48, L. 72.

Watteau (*Antoine*). Le dessinateur, sous les doigts duquel les outils et les matières du dessin semblent des matières et des outils d'une nature et d'une qualité autres que ceux employés par tous les dessinateurs : c'est de la sanguine qui contient de la pourpre, c'est du crayon noir qui a un velouté à nul autre pareil ; et cela mélangé de craie, avec la pratique savante et spirituelle de l'artiste, devient, sur du papier chamois, de la chair blonde et rose. Watteau, le grand, l'original, l'inimit.. le dessinateur de l'école française !

— Académie de femme, assise de profil, tournée à gauche, une jambe croisée sur l'autre, une main posée sur une corbeille.

Dessin aux trois crayons sur papier chamois.

Étude de la figure principale pour la peinture de la salle à manger de Crozat, gravée par Desplaces, sous le titre : Le Printemps.

H. 32, L. 27.

— Académie d'homme assis, une coupe à la main, vu de trois quarts et tourné à gauche.

Dessin aux trois crayons sur papier chamois.

Étude de la figure principale pour la peinture de la

salle à manger de Crozat, gravée par Fessard, sous le titre : L'AUTOMNE.

H. 28, L. 19.

— Un mezzetin dansant, répété quatre fois, de dos, de face, de trois quarts.

Dessin aux trois crayons sur papier chamois.

Les deux silhouettes de gauche ont été gravées dans les FIGURES *de différents Caractères,* sous les numéros 18 et 102; les quatre figures sont des études pour l'INDIFFÉRENT de la galerie La Caze.

Vente d'Imecourt.

H. 25, L. 37.

— Un mezzetin dansant vu de dos, les bras étendus, la jambe de derrière relevée.

Sanguine sur papier blanc.

Signé : W. (1).

H. 22, L. 15.

— Tête de femme, quatre fois répétée sous différents aspects; au dessous une tête de paysanne, un masque, une tête d'homme.

Feuille d'études aux trois crayons sur papier chamois.

H. 22, L. 28.

— Deux études d'hommes : l'une d'un pèlerin assis sur une rampe de pierre, une main entr'ouverte sur l'un de ses genoux; l'autre d'un personnage de théâtre, de profil, tourné à gauche et dans la pose de quelqu'un qui se penche pour ramasser quelque chose à terre.

(1) Quoiqu'on puisse dire, en thèse générale, que Watteau ne signait jamais ses dessins, il ne faut pas oublier que bon nombre de ses croquis gravés, après sa mort, dans le recueil de ses dessins publiés par M. de Julienne sous le titre de FIGURES *de différents Caractères,* portent reproduit le W, jeté au bas de ce mezzetin.

Sanguine sur papier blanc.
Vente d'Aigremont.

H. 18, L. 20.

— Une femme, vue de profil, tournée à droite. Habillée du petit manteau volant affectionné par le Maître, elle est assise sur une chaise de bois, tenant à la main un éventail.

Sanguine.

H. 16, L. 16.

— Cinq études de mains de femmes; une a l'air de serrer le bois d'un arc, l'autre s'appuie sur la pomme d'une canne.

Dessin à la sanguine et à la mine de plomb.
Provient des collections Saint et Desperret.

H. 21, L. 15.

— Paysage, où deux femmes sont assises au bord d'une rivière, et où un homme pousse devant lui une brouette.

Dessin à la sanguine rehaussé de blanc sur papier chamois.

Gravé dans les FIGURES *de différents Caractères,* par Boucher, sous le n° 140.

H. 19, L. 30.

— Arabesque, où se voit à droite une nymphe surprise par un satyre, à gauche une nymphe couchée, entourée de faunins.

Sanguine.
Gravé par Huquier, sous le titre : LE BERCEAU.

H. 40, L. 27.

— Arabesque, où sous un berceau de treillage, une statue de déesse reçoit l'adoration de gens agenouillés.

Sanguine.

Gravé par Huquier, sous le titre : LE TEMPLE DE DIANE.

H. 37, L. 27.

— Profil de jeune fille, tourné à droite. Elle a les cheveux relevés et torsadés au sommet de la tête, d'où lui retombe sur la nuque une longue boucle frisée ; sur ses épaules est jeté un manteau de lit.

Contre-épreuve d'un dessin aux trois crayons (1).

H. 21, L. 16.

— Un vieux remouleur penché sur sa meule, où égoutte l'eau d'un sabot percé.

Contre-épreuve d'un dessin aux trois crayons. L'original est dans la réserve des dessins du Louvre.

Gravé dans les FIGURES *de différents Caractères*, par Caylus, sous le n° 107.

Vente Valferdin.

H. 32, L. 22.

— Un montreur de la curiosité.

Contre-épreuve d'un dessin au crayon noir et à la sanguine.

Un dessin analogue, et qui fait une sorte de frontispice dans les FIGURES *de différents Caractères*, a été gravé sous le n° 132. Le montreur de la curiosité, au lieu d'être debout, est agenouillé.

H. 31, L. 20.

— Deux études de femmes vues de dos : l'une debout tenant, de l'extrémité des doigts de sa main droite, sa jupe relevée ; l'autre assise un bras levé, une jambe allongée

(1) Je ne sais pas pourquoi, aujourd'hui, les contre-épreuves de Watteau ne seraient pas recherchées, comme l'étaient, au siècle dernier, les contre-épreuves de Bouchardon.

sur un tertre. Dans le fond une reprise de la tête de cette dernière.

Contre-épreuve d'un dessin aux trois crayons.

Vente Peltier.

H. 23, L. 30.

WATTEAU *dit Watteau de Lille, le père* (*Louis*). Peintre et dessinateur qui n'a rien de son illustre ascendant, mais qui, en cette Flandre toujours piétinée par ces troupes inspiratrices des premiers tableaux d'Antoine Watteau, y trouva des motifs de vives et colorées croquades du soldat en ivresse et en joie.

— Sous des arbres, un grenadier, une femme toute débraillée sur les genoux, trinquant avec un autre grenadier ayant sur sa cuisse la tête d'une femme ivre, couchée à terre.

Dessin sur papier gris à la pierre noire, mélangée de sanguine brune avec rehauts de craie.

Au dos du dessin la signature qui était dans la marge: *Wattaux.*

Gravé par Beurlier, sous le titre : RIBOTTE DE GRENADIERS.

Vente Tondu.

H. 24, L. 20.

WATTEAU *le fils* (*François-Louis-Joseph*). Le peintre de très charmants tableaux, le dessinateur de modes, qui, dans une toilette de femme, a apporté une espèce de style grandiose, et qui en cette collection d'Esnauts et Rapilly, au milieu des Leclerc et des Desrais, étonne par l'ampleur de ses étoffements superbes (1).

(1) M. Renouvier attribue au père les dessins de mode du fils.

– Une femme, à mi-corps, arrangeant les plumes d'un chapeau posé sur ses genoux, pendant qu'une fille de chambre lui attife les cheveux.

Dessin sur papier gris à la pierre noire estompée, rehaussée de craie (1).

H. 20, L. 25.

WEYLER (*Jean-Baptiste*). Miniaturiste pastelliste, émailleur, auteur du bel émail du comte d'Angeviller, possédé par le Louvre.

– Une tête de femme vue de trois quarts, tournée à droite avec le regard à gauche; elle a dans ses cheveux en désordre, un ruban bleu.

Dessin légèrement pastellé (2).

Signé : *Weyler* 1700.

H. 17, L. 13.

WILLE (*Jean-Georges*). De pauvres dessins lavés d'eaux tristes et sans lumière.

– Vue de Paris prise du bas du rempart de l'Arsenal. On voit l'île Louviers couverte de piles de bois, le chevet de Notre-Dame, le pont de la Tournelle, le fort de la Tournelle et la porte Saint-Bernard. Au premier plan, un homme qui porte sur son épaule une épave de la Seine.

Lavis à l'encre de Chine.

Signé sur un mur : *J. G. Wille* 1762.

C'est le dessin, dont Wille parle dans ses Mémoires : « (May 1762.) Le 10, je me levai de grand matin et je cou-

(1) Il signe rarement; cependant j'ai vu, sur un dessin qui m'a échappé, et semblable à celui-ci, la signature : *Watt.*

(2) Le pastel était le procédé préparatoire de Weyler, et le Salon de 1805 annonçait que Mme Kugler, élève de Weyler, possédait la collection d'ébauches au pastel de son maître.

rus dessiner un paysage, tout seul, derrière l'Arsenal. A onze heures j'étais de retour. »

H. 23, L. 34.

WILLE *fils* (*Alexandre*). Un dessinateur à l'éducation d'art toute française, mais qui se ressentira, toute sa vie, de son origine allemande, en ce Paris dont l'art est fait surtout d'esprit.

— Une page de *griffonnis*, au milieu de laquelle se voient cinq têtes de femmes; au-dessous une étude d'amour couché, une tête de chien, etc.

Plume relevée d'aquarelle dans les figures de femmes.

Signé : *P. A. Wille filius inv. et del.* 1768.

Vente Chanlaire.

H. 24, L. 22.

— Femme, en caraco à capuchon, en jupe verte avec une garniture à dessous rose; elle tient dans la main une lettre à l'adresse du peintre.

Encre de Chine, lavée d'aquarelle.

Dessin gravé par Louise Gaillard, dans une série de costumes de femmes, sous le titre : LA MYSTÉRIEUSE.

H. 24, L. 16.

— Une femme du peuple prenant aux cheveux un homme, qui frappe, à coups de bâton, un homme terrassé.

Aquarelle sur trait de plume.

Signé : *P. A. Wille filius del.* 1773.

H. 22, L. 18.

— Une jeune fille de la campagne assise, et tenant une plume dans sa main, tombée le long de son corps.

Dessin à la pierre noire.
Signé : *P. A. Wille filius* 1773.
Gravé en fac-similé dans l'Œuvre de Demarteau.

H. 30, L. 21.

— Dans une chambre, assise près d'une toilette, derrière laquelle est debout son mari, une femme examine un bonnet de nouveau-né que lui présente une lingère.
Sanguine.
Signé : *P. A. Wille filius inv: del.* 1767.
Ce grand dessin, d'un travail très fini, a été gravé sous un titre que je ne retrouve plus.

H. 31, L. 26.

Winkeles. Un Hollandais qui fit deux voyages en France, un à la fin du XVIIIe siècle, un autre à la fin du Directoire, et qui a laissé, sur le Paris de la fin du siècle, des vues historiques d'un grand intérêt, et animées de petits personnages qui sont mieux que des figures de dessinateur de monuments.

— Vue de l'entrée des Tuileries au Pont-Tournant, et de la loge-restaurant du Suisse du jardin. Nombreuses figures de promeneurs, de gentilshommes, de dames, d'abbés. A droite, un gardien en livrée dormant assis sur une chaise.
Lavis à l'encre de Chine.

H. 17, L. 23.

— Vue du château de Madrid au bois de Boulogne tel qu'il existait encore en 1802. Devant le château passe un wiski, attelé en arbalète de six chevaux, et au premier plan, un homme traîne un tonneau d'eau.

Aquarelle.

Au revers du dessin est écrit, de la main du dessinateur: *Le château de Madrid au bois de Boulogne.* Winkeles fils del. 1802.

H. 16, L. 23.

GRAND SALON

Ici, c'est le petit garde-meuble des plus heureuses trouvailles de ma jeunesse. Au mur sont accrochés les dessins supérieurs de la collection ; une tapisserie de « Vénus aux forges de Vulcain » recouvre le plafond ; au-dessous, le plus somptueux meuble de Beauvais que j'aie encore vu, étale ses dix larges fauteuils et son ample canapé ; un secrétaire et une commode de cette précieuse marqueterie qui porte le nom de Marie-Antoinette, emplissent deux panneaux ; dans les angles, sur des gaines de Boule, deux longs vases en biscuit, pâte tendre de Sèvres, de ceux que pourrait désirer une Impératrice pour y mettre des roseaux, jettent leur mate blancheur dans l'ombre ; au milieu du salon se dresse un bronze à cire perdue, une vasque qui est une des grandioses et originales fontes du Japon ; enfin dans la lumière d'une glace sans tain laissant apercevoir un grand mur fleuri, dans toutes les saisons, de plantes grimpantes, se voit une garniture de cheminée composée d'une statuette et de deux vases en terre cuite de Clodion.

Le charmeur que ce Clodion avec son art de sculpteur pour les appartements, avec cet art où personne n'a su apporter comme lui la séduction du croquis, de l'esquisse, d'une première *pensée*, selon l'expression des anciens vignettistes, d'une chose, en un mot, qui n'a rien de la lourdeur de la glaise dans laquelle elle est faite, et qui est toute improvisation et tout esprit ; — le seul artiste qui ait modelé les grâces menues et grassouillettes du corps de la femme du XVIIIe siècle, avec un rien de réminiscence antique.

La statuette de la cheminée représente une petite nymphe nue, assise à terre, les jambes à demi repliées sous elle, et tenant de la main droite un pavot qu'elle regarde distraitement, pendant qu'elle est appuyée de la main gauche sur une faucille et une gerbe de blé. Cette allégorie de l'Été a le mérite grand, d'être une des études les plus *nature*, qu'ait produites Clodion, les plus affranchies de sa manière et des rondeurs sans ressentiment qu'il eut en ses derniers temps : c'est tout bonnement son modèle, une jeune fille un peu grêle, aux longues cuisses, aux jambes *maigriottes*, rendue avec le joli de son faire, dans sa grâce *longuette*. En cette figurine, le modelage des parties molles, du ventre avec ce nombril circonflexe où Clodion met sa signature, a quelque chose d'une caresse, et il est, ce jeune ventre, palpitant dans une souple élasticité de chair.

Les deux vases sont des vases de cette forme Médicis adoptée par le sculpteur, avec les deux têtes de bouc d'habitude sur le renflement inférieur. Sur l'un, des enfants nus courent autour de la surface ronde en de petits chariots à l'antique, sur l'autre des enfants se chauffent à des feux de sarments, le plus jeune d'entre eux encapuchonné à la façon du vieil Hiver. Un travail des plus habiles avec ces figures de premier plan saillantes presque en ronde-bosse, avec ces figures et ces petites académies charnues de second plan, dont la sculpture semble indiquée d'un trait tracé par une allumette dans de la terre molle.

Mais pour que le catalogue des terres cuites de Clodion et de son école soit bien complet, disons encore un mot d'un petit buste de femme connu dans le commerce, et dont le bronze orne les pendules modernes de cabinet en marbre noir. Il s'agit de la tête de femme, aux cheveux dénoués dans lesquels court un tortil de pampre, à l'ovale tout mignon, aux yeux dont la volupté moqueuse est faite de deux pupilles, de deux petits trous enlevés d'un presto ébauchoir, au nez friand, mutin, gamin, coquin, à la petite bouche rieuse, — de cette figure qui n'est qu'une ironique gaieté et semble animée d'une pointe de champagne : la physionomie de la *soupeuse* du temps, sous un accommodage de bacchante. Une terre cuite de Marin, à ce jeune moment de son talent, où il est bien difficile de le distinguer de Clodion.

Ces Clodion de la cheminée, je les ai, oui, mais, hélas ! je pourrai dire dans un soupir, tout comme la vieille maréchale de Noailles : « Si vous saviez les bons coups que j'ai manqués ! » Je me rappelle avoir laissé échapper en 1856, rue Bonaparte, pour une bien petite somme, un bas-relief, une étude de femme tordant ses cheveux mouillés, une sculpture où deux petits seins et un genou seuls venaient en avant des formes fuyantes, du modelage effacé du reste du corps, comme lointain dans la terre rose. C'était à la fois la plus charmante et la plus sérieuse représentation d'un jeune corps féminin, dont la beauté des formes, à demi éclose, semble encore en bouton. Toutefois ce n'est pas mon regret le plus énorme.

Je sortais du collège. J'avais 1,200 francs pour m'habiller et le reste. L'objet d'art de 50 francs était pour moi la commode d'un million pour M. de Rothschild. Dans ce temps, j'entrais un jour par hasard à l'hôtel de la rue des Jeûneurs. On venait de mettre, sur la table de vente, une grosse chose ronde, sur laquelle j'apercevais, en m'approchant, d'un côté, une Renommée sonnant de la trompette, de l'autre, un Éole aux joues gonflées, et au-dessous de la Renommée et de l'Éole, autour de la sphère, des amours, des amours, des amours, dans toutes les poses, dans toutes les suspensions, dans tous les renversements, dans toutes les dégringolades, montrant leurs petits culs nus et leurs dos ailés : des amours en train de tendre le filet autour d'une montgolfière, sous laquelle d'autres amours entretenaient un feu de gerbes de paille. C'est le plus extraordinaire Clodion que j'aie rencontré, un ouvrage où le sculpteur prodigue de son talent, a, sans compter, laissé tomber de son ébauchoir tout un peuple d'enfants. La terre cuite était à 200 francs : je la poussai, avec les émotions d'un homme qui ne sait pas comment il payera, à 500 francs. Il y eut une timide enchère, et j'eus la perception qu'à 520 francs la terre cuite était à moi ; mais, que voulez-vous ? l'acheteur d'objets d'art à 50 francs prit peur et se détourna du clignement d'œil de Jean. Cette terre cuite, je la retrouvai à l'Exposition de 1867 : elle appartenait à M. Bourdeley qui, disait-on, en demandait 25,000 francs. Au jour d'aujourd'hui, ce n'est pas cher.

Aux Clodion du grand salon sont mêlées quelque autres terres cuites. C'est d'un sculpteur français, héritier du talent et presque de la facture de Flamand, la statuette d'un enfant nu, mordant dans une pomme : un enfant gras de cette puissante graisse qui fait des plis sur un corps, ainsi qu'un vêtement trop large, un enfant à la tête dont on sent l'ossature encore molle et pétrissable, au front bossué, aux orbites profondes et comme fluides, à la bouche d'un Triton qui souffle dans une conque entre deux rondes joues renflées. Et c'est encore de Caffieri, la maquette du buste de Piron. Un fier travail et un dégrossissement de la glaise à rudes coups d'ébauchoir, que cette maquette, où en dépit d'une perruque à l'état de copeaux et d'un menton qui n'est encore qu'une boulette de sculpteur, il y a une vie si spirituelle sous la broussaille des sourcils du Bourguignon, et presque des paroles dans la bouche entr'ouverte par une découpure si parlante.

Les gouaches et les terres cuites du XVIIIe siècle, — un moment j'eus l'idée de faire ma collection uniquement de cela, — ce sont des choses tellement plaisantes à l'œil, tellement bavardes pour la rêvasserie de l'amateur, tellement chatouillantes pour un goût délicat! N'est-ce point du souffle de peinture, du modelage de rêve, enfin du joli presque immatériel? Et ces gouaches et ces terres cuites, je les eusse voulues, ainsi que le petit nombre que je possède, avec l'accompagnement de lumineuses et tendres tapisseries; car ces gracieux morceaux de peinture et de sculpture peuvent-ils avoir au-dessus d'eux un ciel qui les fasse mieux valoir, qu'un petit coin d'Olympe riant au plafond, dans la trame de soie d'une tapisserie des Gobelins (1)? Et ici, Vénus descend du ciel pour chercher chez Vulcain le bouclier d'Énée. La blonde déesse, au corps rose, dans sa

(1). Les marchands baptisent les tapisseries du nom de Beauvais ou Gobelins assez légèrement, et affirment que toute tapisserie dont la trame est de soie, est de Beauvais. Le seul moyen de reconnaître si une tapisserie est de la première ou de la seconde manufacture, est de savoir si la tapisserie est fabriquée à haute ou basse lisse, les Gobelins seuls ayant fabriqué de la haute lisse. Malheureusement il n'y a guère d'autre preuve de la fabrication de la haute et de la basse lisse, que s'il existe un dessin ou une gravure de la tapisserie. Si la tapisserie est à basse lisse, elle est retournée; si elle est à haute lisse elle n'est pas retournée. Cette tapisserie, vendue pour une tapisserie de Beauvais, serait une tapisserie des Gobelins, le hasard ayant fait tomber sous mes yeux le dessin qui était à vendre, il y a une vingtaine d'années, chez Blaisot.

draperie transparente, apparaît au bas de son char, dont une nymphe retient les cygnes cabrés par les faveurs qui leur servent de rênes. Et c'est autour de la déesse, sur la crête des nuages, des jeux d'amours, des battements d'ailes de colombes, des flottements d'étoffes, que domine une grande figure volante de femme, habillée comme d'un brouillard de couleur céleste, et qui effeuille des roses sur la tête de Vénus. Tapisserie sur un fond blanc, avec ces tons *rabattus*, ces tons gris dont Boucher est l'introducteur, avec cette palette qui n'allait jamais aux *grands noirs*, aux *grands clairs*, et exécutée avec la gamme très suffisante de dix à douze tons, tandis qu'il y a telle tapisserie moderne, telle tapisserie-tableau, où la gamme a été à vingt-cinq, à trente tons même (1).

Cet Olympe du plafond, devinez avec quel argent il a été payé? — Avec le gain de GERMINIE LACERTEUX. est bizarre, n'est-ce pas, cette mythologie de Natoire, achetée chez Wail avec le succès d'un noir roman aliste! A ce nom de Wail, qui revient sous ma me, que de souvenirs! Et les heureuses séances ssées avec mon frère, en ces grandes pièces scures, où je vois encore ces deux vieilles, longues, es, silencieuses femmes, vous déroulant automauement sur des châssis, pendant des heures, — et la avec de petits rires enfantins, sous leurs éternels

(1) L'aune carrée de tapisserie coûtait autrefois de 1,000 à 00, à 2,700 livres ; à l'heure présente, elle revient à peu près ,100 francs.

bonnets de nuit, — les plus belles tapisseries du monde!

C'est de chez Wail que vient également le meuble de Beauvais du salon, représentant les Fables de La Fontaine d'après Oudry. Ce dossier est le *Coq et la Perle*, ce siège est le *Corbeau voulant imiter l'Aigle*. Ici c'est le *Renard et la Cigogne*, là le *Singe et le Chat*, et ainsi, en des tableaux de nature de la convention la plus aimable et du plus frais coloris, rondissent et se bombent les imaginations du fabuliste, sur des fauteuils à l'évasement fait pour les grands paniers du siècle. Mais la merveille des merveilles, la voici dans ce canapé, qui offre, pour ainsi dire, le *Selectæ* des fables du bonhomme, et où un paon superbe étale sa queue ocellée d'azur au milieu de la clarté laiteuse. Et il a pour bordure, ce canapé, la plus resplendissante guirlande de pavots, de tulipes, de narcisses, de pêches, de gros raisins violets du Midi, de grenades pourprées entr'ouvertes, de fleurs et de fruits de pays de soleil, qui ressemblent sur la trame brillante et argentine, à ces brouillements féeriques de couleurs que j'ai vus sur une palette de Diaz, du temps qu'il était peintre de fleurs.

Et dessous et entre ces tapisseries, l'harmonie du mobilier se complète par les deux petits meubles de marqueterie en mosaïque avec les suaves nuances des bois et le bronze doré des baguettes à feuilles de laurier, des poignées, des chutes de fleurs sur le ressaut des sabots, des petites couronnes de roses suspendues à des glands sur l'aplatissement de angles coupés. Le fond du secrétaire et de la commode est de bois d'amarante ; sur ce fond, dans des filets pareils à de l'écaille, sont encadrés trois médaillons de bois olive satiné, où figurent un tambour de basque sur un livre de musique ouvert, un chapeau de bergère parmi des instruments de jardinage, une sphère au milieu d'attributs de peinture. Cela fait en placage avec des bois jaunes à la couleur de l'ambre, des bois verts à la couleur de l'angélique, et qui brillent dans le vernissage et le poli des surfaces au centre de beaux reflets mordorés. Ils sont semblables, ces deux petits meubles, au mobilier garnissant la chambre de la Reine à Versailles dont j'ai donné la description d'après l'inventaire des 28 et 30 brumaire et 3 frimaire de l'an deuxième de la République une et indivisible, fait en présence des représentants du peuple Auguis et Treilhard.

Quelques porcelaines de choix sont posées sur la tablette de marbre blanc de ces meubles. Un broc de Sèvres en bleu turquoise, sur lequel se détache en relief une branche de pêcher aux fleurettes blanc et or, est un curieux spécimen de l'imitation de la porcelaine de Chine au xviiie siècle, par la manufacture de Mme de Pompadour. Une aiguière de Saxe, au fond jaune, aux cartouches de fleurs, achetée il y a bien des années chez Lazare à Marseille, semble une porcelaine faite par la manufacture de Dresde pour le harem de Constantinople. Les fleurs sont de la plus grande finesse dans leur large fouettage.

Il y a des œillets, des tulipes, des pavots peints avec ce bonheur que le Saxe a toujours rencontré dans la représentation des fleurs frisottées, recroquevillées, échevelées et diaprées de tons nués, — ne réussissant que très incomplètement la rose, qu'il dessine lourde et qu'il violace trop. Puis c'est avant tout de cette peinture particulière à la porcelaine que n'a jamais pu apprendre Sèvres, de cette peinture différente de la peinture faite pour le papier et pour la toile, et dont le charme, l'intérêt, la valeur sont d'être autres. Je ne parlerai plus que de deux rares pièces, de deux pots de blanc de Saint-Cloud avec un décor en relief de soleils épanouis dans le genre des compositions de Pillement, et dont le grand *T* qui est sous le *S*t *C.* indique qu'ils ont été fabriqués sous la direction de Tron de 1730 à 1762. Ces deux boîtes à thé montées en vermeil étaient dans une caisse à la serrure fleurdelisée, où se trouvent encore, pour le thé noir, une petite cuiller blanche de porcelaine de Saint-Cloud, pour le thé vert, une petite cuiller en porcelaine verte de Chine, à tête de coq.

Parmi tous ces objets du XVIIIe siècle, dans tout ce *joli*, j'ai estimé bon qu'un important morceau de l'art de l'Extrême-Orient apportât, comme contraste, son originalité et sa force. Et au milieu du salon sur un trépied, figurant les vagues en colère de la mer, s'élève un vase de bronze, haut d'un mètre, un vase pansu se terminant en forme d'une margelle de bassin. Sur la panse, sillonnée de flots, se détache, en plein relief, un dragon cornu, aux excroissances de chair en langues de flamme, aux ergots de coq, le *Tats-maki*, le dragon des typhons, dont le corps tordu et contorsionné de serpent apparaît par places, au-dessus des ondes rigides. Rien de plus terriblement vivant par l'artifice de l'art, que ce monstre fabuleux dans ce bronze qui semble de cire noircie, et qui est beau de la plus sombre patine, et qui est sonore, ainsi qu'un métal de cloche plein d'argent. Un bronze pour lequel j'ai donné 2,000 francs, en un temps où la japonaiserie n'était point encore à la mode.

Et nous dirons adieu au grand salon, mais non sans nous être arrêtés un moment devant les deux vases de biscuit de Sèvres, qui ne sont pas seulement un tour de force de porcelainier, mais les plus parfaits types de l'alliance gracieuse, — d'une alliance à la Fragonard entre le XVIIIe siècle et l'antique. Les anses sont formées de deux têtes de satyres; en haut, au-dessous des oves de la gorge, un nœud de ruban se tuyaute, et sous le nœud s'allonge un médaillon ovale, d'où se détache un bouquet de roses, qu'entoure des deux côtés, descendant de la barbe des satyres, une guirlande de groseilles, de cerises, de noisettes, de châtaignes aux piquants, qui piquent — des fruits modelés par une main de céramiste, cuits dans un four de potier, et qui ont l'air de vrais fruits, ramassés dans le lit d'une source pétrifiante.

ESCALIER

En sortant du grand salon, vous rentrez dans le vestibule, où une baie, drapée d'une *verdure*, laisse voir la cage de l'escalier enjuponnée d'une grosse toile maïs à bordure d'imitation persane.

La pomme de cristal du départ, dont mon prédécesseur était très fier, a été remplacée par une grue en bronze, au redressement inquiet et colère de la tête, et l'on monte entre des murs couverts de dessins du XVIIIe siècle, de *foukousas*, de *kakemonos*, de plats grands comme des boucliers, et dont l'un, de la fabrique d'Iwari, montre, sous un beau coloriage barbare, une monstrueuse carpe remontant une cascade. Je trouve que l'escalier dans un logis se prête admirablement à la galerie, et que les objets qui y sont accrochés, on les regarde mieux que partout ailleurs : il y a, tous les jours, quand vous êtes seul, dans la montée ou la descente des marches, des repos paresseux, des accoudements sur la rampe, qui donnent tout votre regard à telle sanguine, à telle porcelaine, à laquelle vous ne feriez pas attention, si elle était perpétuellement sous vos yeux.

Au centre de toutes les images de l'escalier, une gravure, la seule dans la maison qui ait les honneurs de l'encadrement, invite l'amateur de l'art français à monter. Cette gravure est l'EMBARQUEMENT POUR CYTHÈRE, un état d'eau-forte introuvable, de la grande planche du graveur Tardieu, d'après le Watteau de Berlin, une épreuve peut-être unique, que je me rappelle avoir payée 8 francs, il y a de cela, c'est vrai, une trentaine d'années.

L'escalier débouche, au premier, sur un palier, semblable à une grande alcôve tendue de ce jaune un peu rouillé d'une toile qui n'a pas encore passé à la lessive, et qui fait un fond doux clair et chaud aux vives couleurs des choses orientales. Sur des portoirs-encoignures s'étagent des vases de Sazuma, autour desquels court un concert avec de petits tambourinaires rappelant les chanteurs au lutrin de Lucca della Robbia, des cornets de Kaga où un Olympe japonais a pour cadre une étourdissante envolée d'oisillons, des bouteilles de Fizen, aux fleurs rouges et bleues en relief, des poteries d'Owari, de Kutani, et ces faïences se mêlent à des panneaux décoratifs pendus comme des tableaux: ces panneaux dans la composition desquels les Japonais sont passés maîtres, et où, sur les bois les plus heureusement ou les plus étrangement veinés, se rencontrent des fleurs en faïence, des feuilles en ivoire colorié, des rochers de jade, des oiseaux de nacre, des bestiaux en pierre dure, des soleils de corail, un assemblage de matières qui, sous la main d'un Européen, serait horrible, et que les artistes de l'Extrême-Orient savent rendre harmonieux dans un sertissage de grands orfèvres coloristes.

Sous ces tableaux bas-reliefs, entre deux portes, est un petit meuble en forme de coffre, aux panneaux de laque rouge, dans lesquels sont incrustées une branche de pivoine fleurie, une branche de pêcher en fleurs, toutes deux en porcelaine blanche et bleue : le meuble qui contient la collection des albums japonais.

Là sont ces livres d'images ensoleillées, dans lesquels, par les jours gris de notre triste hiver, par les incléments et sales ciels, nous faisions chercher au peintre Coriolis, ou plutôt nous cherchions nous-mêmes, un peu de la lumière riante de l'Empire, appelé l'Empire du Lever du Soleil. Et voici ces albums japonais de tout format, aux couvertures de papier de toutes les nuances, et gaufrés, et sablés d'or, et lardés de petits carrés d'argent, et reliés d'un fil de soie courant extérieurement sur le dos du mince volume, avec, sur un des plats, une bande longitudinale, où il y a comme de petites sangsues de couleur.

Ces albums ouverts et parcourus de l'œil, de la première ou plus rationnellement de la dernière à la première page, il vous apparaît, baignée des méandres azurés des mers, des fleuves, des rivières, des lacs, une terre, aux rivages semés d'écueils baroques, contre le granit rose desquels brise éternellement le Pacifique; des plages fourmillantes de vendeurs et de vendeuses de coquillages et de choux de mer, qui courent après des pieuvres leur échappant; des villages formés d'une seule rue, contournant une anse dormante de leurs toits, surmontés, aux deux extrémités, de poissons porte-bonheur sculptés; des rizières inondées, où dans les lignes flottantes de l'eau, les brindilles lointaines semblent des croches sur un papier de musique réglé; des campagnes couvertes d'une herbe vivace, de la hauteur d'un homme, toute verte d'un côté, toute blanche de l'autre; des villes coupées de ponts bombés, s'élevant sur une forêt de madriers rouges; des jardins de plaisir, sillonnés de ruisselets tournoyant à l'entour de plantations d'iris et de roseaux; des intérieurs dont le lisse bois vernissé enferme comme la clarté humidement rayonnante de nos écoles de natation, — cette terre enfin composée de trois mille huit cents îles ou rochers : le Japon.

Et dans ce pays, toute une vie qui paraît remplie, amusée, rendue doucement rêveuse par le voisinage amoureux et la contemplation de l'eau. Ce ne sont sur ces pages que femmes regardant l'eau, ici accoudées sur la toiture d'une cabine, là soulevées sur la pointe des pieds en haut d'une estacade, la main au-dessus des yeux; et partout sur les balcons, auprès des lanternes posées sur un pied, et tout en buvant de petites tasses de thé, ces femmes ont l'œil et l'attention à l'eau qui coule. On en voit de ces femmes qui, dans le matin qui s'éveille, au bord d'une rivière, attachent de petits morceaux de papier, couverts d'aimables pensées, à la patte de grues qu'elles mettent en liberté; on en voit qui, dans la nuit, blêmes apparitions, une flûte aux lèvres, une robe noire comme le ciel aux épaules, glissent sur une barque silencieuse.

Le doux spectacle que celui de cette eau transparente et de ce qu'elle met avec ses vaporisations de magique au ciel, à l'heure où le soleil se couche. Il y a au Japon des ciels absolument roses, et que le baron Hübner n'a vus que là, des ciels pourpre où les oiseaux ont l'air de voler dans du sang, des ciels jaune d'or se dégradant en merveilleuses teintes nankin au-dessus du blanc des lagunes, de l'outremer intense de la mer, des tortils bruns des cryptomerias de premier plan ! Il y a des crépuscules gorge de pigeon, et des nuits gris-perle. Et ces ciels invraisemblables éclairent des arbres et des arbustes dont les fleurs précèdent les feuilles, et en sont un moment la verdure fleurie. Une floraison toute gaie, toute claire, toute pimpante : des arbres blancs, des arbres roses, dans lesquels les aquarellistes japonais n'introduisent même pas les obscurantes ombres de l'Occident, et qui se détachent dans les albums sur le soleil couchant comme sur une feuille d'or, ou qui, le soleil couché, au-dessus des balcons sur lesquels leurs rameaux pendent, étoilent la nuit noire de véritables étoiles.

L'eau est la passion du pays, si bien qu'à Kioto, où un ruisseau est tout le fleuve que surplombe la perspective de ponts gigantesques à dos d'âne, les riverains établissent des barrages, qui leur permettent d'avoir à peu près, pour le soir, une nappe d'eau qu'ils parsèment d'espèces de tables flottantes, sur lesquelles deux feuilles d'un album nous montrent la population soupant, les jambes pendantes et heureuses, de cette rivière improvisée qui les mouille. Car, là-bas, la nuit c'est la joie de l'eau. Les fleuves, les rivières des villes se couvrent de djonques, de *yané-funé*, longues barques plates aux bandes de cuivre, aux paravents à coulisses, de bateaux de fleurs chargés de danseuses et de joueuses de guitare, de gondoles d'amour vénal, illuminées de lanternes; et l'encombrement est tel, que les bateliers nus, armés de longues perches vertes, ont peine à avancer dans la presse des embarcations. Et sous le ciel déchiré d'artifices, les ponts sont couverts d'une foule à les faire crouler.

Et de la mer, et des fleuves, et des rivières, les images vous mènent à la Montagne sainte.

Une série de trois albums nous représente l'ascension du Fusi-yama en cent cinquante planches, montrant le cratère éteint, sous un aspect différent à chaque représentation. D'abord des rizières, des bois de roseaux et des eaux tranquilles de lacs, bientôt des rochers, des cèdres gigantesques qu'abattent des bûcherons, suspendus par des cordes dans l'air, un sentier pierreux que gravit une population vêtue de blanc, aux chapeaux de jonc, aux grands bâtons, aux clochettes, et où s'engage péniblement une escorte, que dominent, sur leurs mules, deux femmes de la cour dont la longue chevelure leur bat le dos. Puis des altitudes, où la pluie raie le ciel et le paysage noyé, où se déchaînent sous la montagne toute blanche, de noirs orages balafrés d'éclairs, où des tourmentes de neige enferment, dans des anfractuosités de roche, des gens qu'on y voit blottis comme des bêtes. Enfin, le pic, en sa candeur immaculée, dans le beau temps. Et à chaque étage de cette ascension, des contemplations admiratives, des hommes renversés et se tordant les poignets, en une prosternation, qui est comme un extatisme convulsif de l'amour de la nature (1).

Tout le Japon est présent, vivant dans ces albums.

Voulez-vous une *matsouri*, une de ces fêtes religieuses de corporations, dans lesquelles, journellement, les charpentiers promènent la statue de leur patron, Daïkokû, un maillet à la main, les pêcheurs la statue de Djesibû, le Neptune japonais. Dans cette grande planche, où marchent en tête deux maîtres des cérémonies portant des cannes de fer surmontées d'un anneau, dont ils frappent la terre, la *matsouri* processionne avec son attelage de trente hommes à de grosses cordes, tirant le temple monté sur des roues dissimulées dans la boiserie, et sous l'auvent duquel est un petit théâtre ambulant.

Voulez-vous une lutte de *sûmo*, d'athlètes japonais (2)? Devant vous, dans ces trois planches en cou-

(1) L'illustration de ces trois albums est d'O-kou-sai.

(2) Voici l'origine de la lutte et des lutteurs : « Il y avait,

leur, se dresse l'amphithéâtre à deux rangs de gradins, où l'on monte par des échelles, et au milieu de l'arène se dessine, entre quatre poutres auxquelles sont accrochés un cornet de sel et le sabre d'honneur, le *ring* fait d'un rond de sacs de riz posés à terre, et où luttent et où se poussent les champions surveillés par le juge de camp, son éventail à la main. Tout autour, nus, une ceinture à jupons de franges autour des reins, sont assis, les lutteurs attendant leur tour, des hommes gras et glabres, aux montagnes de muscles, des colosses de 340 livres, une race éléphantiasiaque, une humanité phénomène, amoureuse de la grosseur, qui ne se marie qu'avec des femmes géantes, et pour laquelle il y a une fabrication d'objets usuels gigantesques (1).

Voulez-vous une représentation de ces théâtres qui ouvrent à six heures du matin, de ces théâtres sans actrices, et où l'acteur est doublé d'une ombre, d'un officieux vêtu et capuchonné de noir qui lui tend un tabouret, s'il veut s'asseoir, qui lui éclaire le visage, quand le jour baisse. Des planches éparses des

sous Sei Nin Ten O, — contemporain de Jésus-Christ, — deux hommes d'une force supérieure, le nommé Tafema-no Kouyéfaya demeurant dans la province de Yamato; et l'autre, nommé Nomi-no Soukoné dans celle d'Idzoumo. Le Daïri les fit venir pour lutter devant lui. Le premier se cassa la jambe et mourut, l'autre fut gratifié d'un petit terrain et d'une pension, et resta dans la capitale. Il fut l'inventeur des poupées de terre glaise et autres bagatelles. Il fut nommé intendant des travaux publics; et cette dignité resta à ses fils, petits-fils et à leurs descendants, dont la famille porta le nom de Taka fara. C'est à cette époque que l'art de lutter a commencé au Japon. »

(1) Les chefs de troupe des lutteurs ont rang d'officiers et portent les deux sabres, signe distinctif de la noblesse japonaise.

albums divers vont nous donner cette représentation dans tous ses détails. Et d'abord la façade de la grande baraque, couverte d'immenses peintures, figurant les scènes dramatiques de l'ouvrage représenté, et au-dessus d'une cible percée d'une flèche, la logette du guetteur d'incendie. C'est devant les guichets, où se tiennent accroupis les contrôleurs entourés d'une pile de monnaies, une foule, une presse, une poussée d'hommes et de femmes, de *samouraï* descendant de cheval ou de norimons que les porteurs posent à terre, de traiteurs chargés de déjeuners, de lecteurs hilares du programme. D'autres planches vous font pénétrer dans la salle, le grand quadrilatère en bois rouge. L'orchestre en habits sacerdotaux, mêlé aux acteurs, se tient à gauche, à peu près ainsi que sur leurs chaises se tenaient les seigneurs du temps de Louis XIV sur la scène de la Comédie-Française. En ces représentations qui durent toute la journée, on mange, on boit, on fume, et dans la salle éclatent une gaieté, une joie, un plaisir enfantin, qui se témoignent chez les spectateurs accroupis par des étirements de bras délirants sur les cuisses. Dans des petites loges placées des deux côtés du théâtre, des espèces d'avant-scènes, qui ont l'air de cabines de vaisseau, s'entrevoient, tassées et serrées l'une contre l'autre, les élégantes, les femmes de fonctionnaires se rendant au théâtre incognito. Enfin, d'autres planches, toujours en couleur, nous ouvrent les magasins d'accessoires, les foyers, les loges. On surprend des acteurs repassant leurs rôles, des acteurs accoudés en un coin d'ombre, méditant un effet nouveau, des acteurs répétant une tirade tragique en buvant une tasse de thé, des acteurs se maquillant devant des miroirs de métal posés sur de petits chevalets, des acteurs auxquels le perruquier du théâtre fait des sourcils postiches; et cela dans la dégringolade des domestiques affairés et au milieu du fouillis des perruques, des chaussures, des robes essayées, des sabres de théâtre, des coffres entr'ouverts, des boîtes à rouge, des théières, des *chibatchi*, des pots de fleurs.

Jusqu'ici ces images nous donnent la campagne, la montagne, la grande route, la rue, la vie extérieure, mais il en est d'autres qui nous introduisent dans l'habitation particulière, nous ouvrent l'intérieur fermé du *yashki*, nous font pénétrer dans l'intimité de l'existence secrète des femmes et des hommes du pays. Nous voici dans ces maisons dépouillées de leur toit et vues à vol d'oiseau par le dessinateur, qui nous dévoile le labyrinthe de ces appartements de paravents, et nous fait voir ces cuisines sans cheminée, où des femmes remuent le riz dans de grands chaudrons voyageant sur de petits chariots. Nous voici dans ces intérieurs, aux murs glissant sur des rainures mobiles, et dont le mobilier se compose d'un *kakemono* pendu à la cloison, d'un chêne nain dans un petit pot de fleur, quelquefois d'un aquarium où nagent des poissons de la Chine à trois queues, — et où, par une porte entre-bâillée, on aperçoit dans le fond le bain qui chauffe, sa vasque carrée, ses seaux en poterie brune ornée d'une grecque. Nous voici dans ces jardins tout pleins des serpentements d'un ruisseau autour d'un *toro*, d'une lanterne de pierre ventrue, en ces fourrés de pivoines éclatantes, où la sieste des promeneuses confond la flore des robes avec la flore des massifs. Nous voici dans les salles d'apparat, où sur une estrade rouge, des musiciennes, en robe bleue, jouent des choses lentes, que des *guesha*, des danseuses, miment dramatiquement dans des robes amples, entourées de coryphées qui semblent agiter, derrière leur dos, des ailes de papillon. Nous voici dans les chambres, où des femmes rampent à terre sur des instruments de musique à cordes, s'occupent à peindre des éventails, agenouillées près de petites tables basses où se dressent les pinceaux dans des cornets de faïence de Satzuma, brodent des *foukousas*, composent, d'après des règles et des traités savants, des bouquets sans faute, — la longue queue de leurs robes voyantes faisant à côté d'elles un petit amoncellement, parmi le fouillis des objets de laque, de bronze, de porcelaine, traînant sur les nattes du parquet, ainsi que des joujoux dans une chambre d'enfant. Nous voici sur ces balcons, s'avançant au-dessus d'une haie d'iris violets et enguirlandés de lanternes rouges, sur ces balcons éternellement peuplés de femmes aux grandes épingles d'écaille piquées dans la chevelure noire, à l'heure où une servante monte par un petit escalier, portant, sur la paume de sa main renversée, le *tay* (1), le poisson rose, avec les bâtonnets d'ivoire du souper.

Elles sont habillées, ces femmes, de robes, où les fleurs, toutes vives et toutes réelles en leur relief, ressemblent à de vraies fleurs, attachées sur la soie, au moyen d'épingles. Sur ces robes s'épanouissent des pivoines, s'élancent des roseaux aux feuilles lancéolées, pendent des branches de glycine, des gourdes de coloquintes. Il en est qui sont fleuries de bouquets de chrysanthèmes, d'iris d'eau, de toutes les fleurs des arbres à fleurs (2). Mais ce n'est pas seu-

(1) Le *tay*, le *sparus aurata* ou *chrysphrys cristiceps*, ce délicat et beau poisson consacré à Yebis, est un mets affectionné par les Japonais, qui se le font apporter sur la table, encore vivant, et déjà coupé en tranches, tranches qui se détachent dans une dernière convulsion, produite par quelques gouttes de vinaigre jetées dans les yeux du poisson. On le sert sur un petit échafaudage de bâtonnets de verre de couleur reposant sur un lit d'algues.

(2) D'après M. Fraissinet, — est-ce bien authentique? — la nouvelle mariée japonaise recevrait dans son trousseau douze robes d'apparat, les robes des douze mois de l'année. La première serait une robe bleue brodée de tiges de jasmin et de bambou; la deuxième, une robe vert de mer à fleurs de cerisier et à carreaux; la troisième, une robe rouge clair, sillonnée de branches de saule ou de cerisier; la quatrième, une robe portant un coucou, ou le signe hiéroglyphique qui représente l'oiseau de bon augure conjugal au Japon; la cinquième, une robe jaune terne, brodée de feuilles d'iris et de plantes aquatiques; la sixième, une robe orange clair, où sont figurés des melons d'eau annonçant la saison des pluies; la septième, une robe blanche mouchetée de *kounolis*, clochettes pourpre, dont la racine laiteuse est très recherchée en médecine; la huitième, une robe rouge parsemée de feuilles de *mimosi* ou prunier du Japon; la neuvième, une robe violette ornée de fleurs de la matricaire; la dixième, une robe olive représentant des champs d'épis moissonnés où courent les zigzags de chemins et de sentiers; la onzième, une robe noire recouverte de caractères représentatifs

lement au règne végétal que le brodeur emprunte le décor de l'habillement de la femme, il ose, — et quelquefois avec un bonheur singulier, — le demander au règne animal. Et il brode des robes où semblent butiner des abeilles, des robes qui simulent le treillis perlé de la toile où se tient l'araignée le matin, des robes semées de sauterelles, des robes pleines d'enroulements de vignes dont des écureuils mangent les raisins, des robes figurant des vaguettes sur lesquelles flottent des canards mandarins, des robes sillonnées de vols de moineaux, d'oies sauvages, de cigognes, des robes où se tordent des dragons dans des ciels d'orage zébrés d'éclairs, des robes sur les traînes desquelles s'aperçoivent des faucons, des chats, des homards, des carpes dans des filets d'or flottants qui les donnent à voir comme prises dans des bourses. Dans le moment, une feuille détachée d'un album me montre une de ces robes couleur de mer, où apparaît, ainsi qu'au fond de l'eau, la silhouette noyée d'un gigantesque poulpe, et je me rappelle avoir vu une robe représentan une course de chevaux devant la cour du mikado, Kioto, une course avec son public et tous ses détails. Disons-le, toutefois, l'étrangeté du sujet, le voyan de la broderie, l'exagération du relief, sont en géné ral l'apanage des robes pour la procession de l déesse Sannoô, des robes de courtisanes sur les

de la neige et des glaçons; la douzième, une robe pourpr chargée de signes idéographiques exprimant les rigueurs d l'hiver.

quelles on rencontre jusqu'à des masques de théâtre comiques et licencieux.

La Japonaise « comme il faut » a des robes plus sobres d'ornementation, mais dont les tons sont cherchés dans les colorations de nature les plus distinguées, les plus *artistes*, les plus éloignées de ce que l'Europe appelle des couleurs franches. Les blancs que la Japonaise veut sur la soie qu'elle porte, sont : le blanc d'aubergine (blanc verdâtre), blanc ventre de poisson (blanc d'argent) ; les roses sont la neige rosée (rose pâle), la neige fleur de pêcher (rose clair) ; les bleus sont : la neige bleuâtre (bleu clair), le noir du ciel (bleu foncé), la lune fleur de pêcher (bleu rose) ; les jaunes sont : la couleur de miel (jaune clair), etc. ; les rouges sont : le rouge de jujube, la flamme fumeuse (rouge brun), la cendre d'argent (rouge cendré) ; les verts sont : le vert de thé, le vert crabe, le vert crevette, le vert cœur d'oignon (vert jaunâtre), le vert pousse de lotus (1) (vert clair jaunâtre) ; — toutes couleurs rompues et charmeresses pour l'œil d'un coloriste. Et à propos de ces adorables nuances fausses, j'ai dans le souvenir une robe de crêpe rose, légèrement saumoné, toute couverte d'éventails brodés, qui était bien le plus gai morceau de couleur qu'un peintre puisse

(1) Une nuance japonaise est un certain vert pour vêtement de dessus, nommé *Yama bato iro*, ou couleur de pigeon de montagne, et qu'a seul le droit de porter le mikado. Ses robes de dessous, du moins autrefois, étaient des étoffes pourpre tissées de fleurs blanches. Ces étoffes pourpre s'appelaient *Tetvosasinoki*, et leurs dessins *Koumo fate wakou* ou nuageux.

désirer pour l'égayement de son atelier et le rappel au clair de sa peinture.

Mais l'originalité de beaucoup de ces robes, consiste dans le passage des épaules aux pieds, d'une couleur à une autre, par les transitions et les dégradations les plus harmoniques. C'est ainsi qu'une robe vert d'eau meurt dans du violet, qui, d'abord presque insensible, devient du violet foncé; ainsi qu'une robe blanc de crème, se colore presque imperceptiblement et finit dans du jaune d'or. Il y a comme cela des fontes et des noyades merveilleuses d'un haut de robe gros bleu dans un bas de robe poupre, d'un haut de robe blanc dans un bas de robe gorge de pigeon, d'un haut de robe brun dans un bas de robe bleu céleste.

Dans ces robes flottantes et ne tenant pour ainsi dire pas au corps souple des Japonaises, la grâce paresseuse et un peu ratatinée de leurs mouvements a un charme enfantin. Il faut les voir, à demi couchées de côté et la tête soulevée vers le seigneur auquel elles tendent son sabre, ou bien épaulées à un paravent, leurs jambes ramassées sous elles dans les remous de l'étoffe, ou bien encore les deux coudes posés sur leur petite table à écrire, et le menton appuyé sur le dos de leurs deux mains effilées, dans une pose de rêverie. Car on les rencontre rarement debout sur leurs pieds; elles sont toujours accroupies sur les talons, ou agenouillées (1), ou se traînant

(1) M. Bousquet parle de dîners d'auberge servis par des servantes à genoux.

à terre avec de coquets rampements et de voluptueuses ondulations. Les gens qui se rappellent l'Exposition de 1867, ont conservé des Japonaises, qui y vendaient du thé, comme la mémoire de jolis petits animaux, qu'on trouvait presque toujours à quatre pattes sur leurs nattes. Cela aurait-il une raison? Robin, l'éminent physiologiste, dans un voyage à Vienne, demandait à un exposant japonais, s'il trouvait vraiment jolies les femmes de l'Europe.

— Oui, oui... mais elles sont trop grandes! répondait le Japonais.

On dirait que les Japonaises, pour satisfaire à l'idéal amoureux de leurs compatriotes, en leur existence courbée et repliée sur elle-même, travaillent à se resserrer, à se diminuer, à se rapetisser, à faire de leur corps ramassé et réduit, de petits et mignons êtres d'amour, que les flatteries de la main d'un maître doivent trouver à la hauteur du dos d'une gentille bête apprivoisée.

A la suite des albums contenant les toilettes, les occupations, les plaisirs de la femme japonaise, nous avons les albums religieux, les albums historiques, les albums de théâtre, les albums topographiques des grandes villes et de leur banlieue pittoresque, les albums d'ornementation, les albums d'industrie artistique, les albums d'éléments de dessin et encore toutes sortes d'albums en trois, en dix, en vingt cahiers sur toute espèce de choses : des albums sur la fauconnerie avec les portraits des faucons célèbres et la figuration de grandes chasses aux oies sauvages, des albums-catalogues des objets d'art conservés dans les temples sacrés, des albums sur la composition des bouquets, talent d'agrément qui fait partie de l'éducation d'une jeune fille distinguée, etc.

Les albums religieux, — au-dessous de bronzeries au milieu de lacs et de bois de cryptomerias, et qui forment en haut des pages comme une série de paysages saints, posés sur de petits chevalets, — déroulent des apparitions, des miracles, des décollations de femmes, où le sabre du bourreau est brisé par un éclair parti du sanctuaire du temple. On y aperçoit de petites divinités naviguant, en pleine mer, sur le dos de grandes tortues, des *sennin* chevauchant des cerfs blancs, des diables d'ombres chinoises attelés à des chariots de flammes, des personnages poursuivis par une légion de crabes qui vont se dégradant jusqu'à l'horizon en une perspective pleine d'effroi. Dans l'apparition de l'être surnaturel, l'artiste japonais apporte une légèreté de suspension, un balancement, un flottement tout particuliers, et cette apparition, il l'arrange, la dispose, la poétise avec un art infini. C'est ainsi que, dans un album de cette série que je possède, l'apparition d'une femme à travers le feuillage d'un saule, la tête nimbée d'une clarté rose, et le corps formé des rameaux pleureurs de l'arbre mélancolique, est tout ce que peut imaginer de plus aérien le crayon d'un dessinateur en fait d'évocation d'une trépassée. Cet album (une reproduction des scènes légendaires, figurées par des poupées, dans le temple de Kannon), acheté en 1852, a été, pour mon frère et moi, la révélation de cette imagerie d'art alors bien vaguement connue de l'Europe, qui, depuis, a fait des enthousiastes comme le paysagiste Rousseau, et qui, à l'heure présente, a une si grande influence sur notre peinture.

Arrivons aux albums historiques, tout pleins de ces représentations d'hommes à la fois terribles et doux, dont les annales du Japon nous décrivent le type, dans ce portrait de Tamoura maro : « C'était un homme très bien fait, il avait 5 pieds 8 pouces de haut, sa poitrine était large de 1 pied 2 pouces, il avait les yeux comme un faucon, et la barbe couleur d'or. Quand il était en colère, il effrayait les oiseaux et les animaux par ses regards; mais lorsqu'il badinait, les enfants et les femmes riaient avec lui. »

Parmi les albums historiques, les vraies annales héroïques du pays, je ne parlerai que des albums qui racontent le dévouement des 47 *ronins*, et dont on peut suivre, sur les impressions en couleur, la légende traduite par M. Mitford (1).

Un *daimio*, du nom de Takumi-no-kami, portant un message du mikado à la cour de Yédo, fut cruellement offensé par Kotsuké, l'un des grands fonctionnaires du shogun. On ne tire pas le sabre dans l'enceinte du palais sans encourir la peine de mort et la confiscation de ses biens. Takumi se contint

(1) *Tales of old Japon*, by A.-B. Mitfort, London, Macmillan and C°, 1871.

cette fois; mais, un autre jour, il ne fut pas maître de lui et courut sur son adversaire, qui, légèrement blessé, put s'enfuir. Takumi fut condamné à s'ouvrir le ventre. Son château d'Akô fut confisqué, sa famille réduite à la misère, et ses gentilshommes tombés à l'état de *ronins*, de déclassés, de déchus, devinrent des marchands. Mais Kuranosuké, le premier conseiller du *daimio* et quarante-six des *samouraï*, attachés à son service, avaient fait le serment de venger leur maître. Et le serment prononcé, ces hommes, pour endormir les défiances de Kotsuké qui les faisait surveiller par ses espions à Kioto, se séparèrent et se rendirent dans d'autres villes sous des déguisements de professions mécaniques.

Kuranosuké fit mieux. Il simula la débauche, l'ivrognerie, à ce point qu'un homme de Satzuma, le trouvant étendu dans un ruisseau à la porte d'une maison de thé, et le croyant ivre-mort, lui cria : « Oh ! le misérable, indigne du nom de samourai qui, au lieu de venger son maître, se livre aux femmes, au vin ! » Et l'homme de Satzuma, en lui disant cela, le poussait du pied et urinait sur sa figure. Mais le dévoué serviteur poussa encore plus loin la sublimité de sa comédie. Il accablait d'injures sa femme, la chassait ostensiblement de sa maison, ne gardant auprès de lui que son fils aîné, âgé de seize ans. Kotsuké, tout à fait rassuré par l'indignité de la vie de son ennemi, se relâchait de la surveillance qu'il faisait exercer autour de son habitation, renvoyait une partie de ses gardes.

La nuit de la vengeance était enfin arrivée, et la voici telle que nous la fait voir la suite des planches d'un album. Une froide nuit d'hiver, et les conjurés dans une tourmente de neige, se dirigeant silencieusement vers le *yashki* de l'homme, dont ils se sont promis d'aller déposer la tête sur le tombeau de leur seigneur. Ils escaladent la palissade. Ils enfoncent à coups de marteau la porte intérieure. Ils égorgent les samourais de Kotsuké, dans l'effarement grotesque de grosses femmes chargées d'enfants. Ils poursuivent les fuyards jusque sur les poutres du plafond, d'où ils les précipitent en bas. Mais de Kotsuké point. On ne le trouve nulle part, et on désespérait même de le découvrir, quand Kuranosuké, plongeant les mains dans son lit, s'aperçoit que les couvertures sont encore chaudes. Il ne peut être loin; on sonde les recoins à coups de lance, et bientôt on le tire de sa cachette, déjà blessé à la hanche. Une planche nous fait voir le vieillard, habillé d'une robe de satin blanc, et traîné tout tremblant devant le chef de l'entreprise. Alors Kuranosuké se met à genoux devant le blessé, et, après les démonstrations de respect dues au rang élevé du vieillard, lui dit : « Seigneur, nous sommes les hommes de Takumi-no-kami. L'an dernier, Votre Grâce a eu une querelle avec lui. Il a dû mourir et sa famille a été ruinée. En bons et fidèles serviteurs, nous vous conjurons de faire *hara-kiri* (s'ouvrir le ventre). Je vous servirai de second, et après avoir en toute humilité recueilli la tête de Votre Grâce, j'irai la déposer en offrande sur la tombe du seigneur Takumi.

Kotsuké ne se rendant pas à l'invitation qui lui était faite, Kuranosuké lui coupait la tête avec le petit sabre qui avait servi à son maître à s'ouvrir le ventre. Cela fait, les quarante-sept ronins s'acheminaient vers le temple où reposait Takumi, déposaient la tête de Kotsuké, demandaient aux bonzes de les ensevelir, et se rendaient au tribunal.

La sépulture des quarante-sept ronins, enterrés autour du corps de leur seigneur, devint bientôt un pèlerinage, et le premier qui s'y rendit fut l'insulteur, qui n'avait pas soupçonné la supercherie surhumaine de Kuranosuké. Il déclarait qu'il venait faire amende honorable à l'illustre martyr, et s'ouvrait le ventre sur le tombeau.

Les albums de théâtre, les plus nombreux de tous et les moins plaisants, à cause d'un certain hiératisme caricatural, qui vous fait passer et repasser sous les yeux un type uniforme aux gros yeux saillants, aux narines effroyablement ouvertes, à la bouche en tirelire, présentent cependant un certain intérêt par la belle ordonnance des draperies, la dignité des attitudes, les superbes enveloppements de dédain, la fierté des défis, les retroussis colères des bras prêts à frapper, les convulsions des agonies dans des linges sanglants, le grandiose de la mimique. Ces albums forment là-bas la bibliothèque des acteurs. La réunion la plus riche rapportée à Paris, et qui a fait les petites collections connues, a été achetée par MM. Sichel, à la vente de Tanoské, le

Talma du Japon. Ces recueils sont pour les acteurs du pays, les manuels où ils étudient l'épique qui se dégage de l'exagération héroïque du drame japonais, étudient les lignes violentes des corps animés par la passion de la vengeance : tout le théâtre dramatique de l'Extrême-Orient.

L'amour qui ne peut se faufiler, et comiquement encore, qu'à la suite d'une prostituée, l'amour et ses tragédies n'ont pas de place sur les scènes du Japon. Car, sur l'amour, les Japonais ont une manière de sentir, des idées, des délicatesses tout à fait extraordinaires. Ils n'admettent pas qu'il puisse y avoir d'autre amour que l'amour entre mari et femme, et encore de l'amour qui n'a pris naissance que du jour du rapprochement charnel. Et au théâtre l'amour d'une jeune fille, et l'amour le plus purement et le plus chastement exprimé, révolterait les spectateurs de cette contrée paradoxale, où l'impudicité court la rue. Là nous touchons à un ordre de sentiments qui nous échappent. Je me rappelle, un soir, chez mon ami Burty, l'indignation d'un jeune Japonais à qui il était demandé ce qu'il trouvait de choquant de dire à une femme qu'on en était amoureux, et qui, après une sortie sur la grossièreté de notre langue, de nos expressions, de nos mots, s'écriait : « Chez nous, ce serait comme si on disait : Madame, je voudrais bien coucher avec vous. » Et il détaillait un certain nombre de formules poétiques et logogryphiques, au moyen desquelles seules une déclaration pouvait se faire jour, sans indécence, finissant enfin par cette phrase : « Tout ce que nous osons dire à la femme que nous aimons, c'est que nous envions près d'elle la place d'un canard mandarin ; c'est notre oiseau d'amour, Messieurs ! »

Les albums topographiques dans une succession de planches à vol d'oiseau qui couvriraient un pan de muraille, vous donnent la figuration des villes comme Ossaka, Yedo, etc., et les docks baignant dans l'eau, et les quartiers de négoce maritime, et les enfilades de comptoirs, et les intérieurs où des costumes européens se voient parmi des costumes japonais, et les grands terrains cultivés au milieu desquels se dresse le toit d'un temple, et la ville proprement dite avec sa rivière et ses canaux coupés de ponts courbes à monter avec les pieds et les mains, et ses perspectives de boutiques aux enseignes dans de guérites, semblables à une avenue de nos baraque de foire, et les rues remplies, selon l'expression d'un voyageur, d'une foule bleue et couleur chai bronzée, une foule qui ne fait pas de bruit avec se chaussures de paille, et le *Siro* aux assises cycl péennes et aux grands fossés, et l'esplanade où pa radent des soldats japonais, puis encore les entre pôts dont les baies ouvertes découvrent d'immense emmagasinements de riz et de thé, et qui finissen en des espèces de lagunes où continuent à se vendr des produits du pays sous des toits de nattes sou tenus sur des piquets : tout l'immense déploiemen colorié, surmonté çà et là de petites banderole carminées donnant l'indication et le nom des bâtiments représentés.

Les albums d'ornementation demandent surtout leurs motifs à l'éblouissante flore du pays, en y associant l'oiseau.

Parmi ces albums, je veux donner un moment à la description de l'album qui a pour titre : LES OISEAUX ET LES FLEURS DES QUATRE SAISONS, dessinés par Takéoka, une merveille de douce harmonie et de clair coloriage, qui n'a guère pour les fonds que le gris d'un ton de glaise. Des oiseaux grimpant le long des flancs de roseaux, des oiseaux volant au milieu de la déchiqueture de grands pavots, des oiseaux becquetant des grenades entr'ouvertes, des oiseaux blottis dans des rameaux couverts de neige, des cailles grises entrevues à travers les fleurettes des champs, des cigognes blanches à demi cachées par les iris violets, des canaris jaunes sur des rameaux feuillés de boutons de magnolias blancs lisérés de rose : c'est toute une suite de tableaux où se groupent dans des arrangements d'un goût exquis, d'une originalité singulière, la plante et l'oiseau. Dans ce recueil, il est une planche qui représente deux mésanges, posées sur une tige de bambou desséché, et se détachant de dessus l'orbe pâle de la lune dans un ciel crépusculaire : une image d'un effet à la fois réel et poétique auquel n'est jamais arrivée une composition ornementale de l'Occident. Ces fleurs et ces oiseaux sont peints, tout pénétrés de lumière, sans que leur éclat, leur vivacité, leur ensoleillement, soient atténués par l'ombre des demi-teintes, et le dessin très savant, très technique, très *botaniste*, tout en serrant de tout près la nature, a dans le contour une grandeur et des ressentiments pareils à ceux que nos grands maîtres ont cherchés dans leurs dessins, et surtout dans une suite de dessins héraldiques d'Albert Dürer vendus autrefois par « l'Alliance des Arts ». Oui, il est incontestable que les Japonais, et les Japonais seuls, ont, dans l'interprétation de la fleur et de son feuillage, un style, — le style qui n'existe chez nous que pour la représentation du corps humain.

De petits albums à l'usage des fabricants, et de la grandeur de nos carnets de poche, contiennent de charmants modèles de toutes les industries d'art. Un album de brodeur, derrière sa première planche remplie par une brodeuse devant son métier, étale une série d'échantillons d'étoffes brodées, d'armoiries de princes, d'œils de queue de paon, de silhouettes noires de chauves-souris, de simples flots de la mer, et de cocottes pareilles à celles que nos petites filles d'Europe font dans un carré de papier. Un autre donne des patrons de robe, et, entre autres, une robe qui est comme un léger bouquet et une fusée d'herbettes et de fleurettes de graminées. A ces albums, comme contraste, il faut opposer les albums consacrés à l'habillement et à l'armure des guerriers, et qui vous représentent ses différents casques, ses cuirasses, son carquois et ses flèches, ses *hakama* (pantalons en forme de jupes), ses sandales de bois appelées *ghetta*, ses selles, le harnachement de son cheval, enfin l'équipement pédestre et équestre du samouraï; — albums se terminant souvent par des batailles, moitié sur terre, moitié dans l'eau, qui, par la furie des éléments déchaînés par le peintre, par la colère donnée au paysage, dont les feuilles se dressent comme des langues de flammes, par le surhumain des coups qu'on se porte, par l'exagération des blessures et du sang répandu, par une espèce de terrible fantasmagorie, ne semblent plus des batailles entre des hommes.

Ces batailles semblent se donner au son de ce chant d'extermination, composé par l'empereur Zinmou, dont un frère venait d'être tué par une flèche :

« Je suis attristé par la mort de mon général auquel je pense toujours : l'ennemi doit être haché en pièces, comme des oignons, avec ses femmes et ses enfants, au pied des palissades. Cela suffira et mettra fin à la guerre.

« Je suis attristé par la mort de mon général auquel je pense sans cesse : ma colère est pénétrante comme le goût du gingembre. C'est en les exterminant tous qu'il faut mettre fin à la guerre. »

Des albums sont consacrés aux objets de laque, et nous y relevons une série de ravissants peignes de luxe. D'autres albums apportent au travail du fer des modèles d'une imagination merveilleusement créatrice, et nous font passer, sous les yeux, des couvercles de boîtes, des gardes de sabre, des manches de couteaux qui sont de la vraie bijouterie.

Les albums qu'on pourrait appeler « Éléments de dessin » ne peuvent se compter. Je citerai, parmi ces albums, un petit cahier très curieux, dessiné d'après ce principe qui avait fait sculpter les joujoux exposés à la dernière exposition, et qui composaient une série d'animaux à l'état de premier dégrossissement d'une sculpture, et d'ébauche rudimentaire de la forme. L'album contient un méli-mélo d'hommes, d'animaux, cherchés dans le dessin extérieur, dans le contour spirituel, bizarre, caractéristique, excessif, de l'être représenté, avec un dedans rempli par une teinte plate. Cela donne des silhouettes très originales, et où l'œil n'est distrait par aucun détail secondaire. C'est, en plein jour, des choses à peu près dessinées comme des figurations d'ombres portées par une lumière sur un mur. Il existe ainsi des drapements de femmes dégingandées, contournés d'un gros trait écrasé d'un effet saisissant ; et une planche de cigognes, — de vrais triangles volant dans l'air, — est tout simplement étonnante.

Mais vraiment l'on ne peut parler de croquis d'art, sans ouvrir une parenthèse en faveur d'O-kou-saï (1) et de ses quatorze petits cahiers classiques.

(1) D'après une curieuse note de Bergerat, sur des indications fournies par Narushima, un des Japonais venus en France, l'année de l'exposition, Oksaï, O-kou-saï, Fokkusaï, dont le vrai nom serait Hottéyimon-Miuraya, serait né à Yedo au milieu du XVIIIe siècle, aurait travaillé dans l'atelier de Shiun-Sui-Katsu-Kava, puis chez Shiun-Shivo, et aurait débuté par une suite des Jardins de Yedo. Baptisé par son maître du pseudonyme de Shiun-Bô, il aurait, ce qui n'est pas invraisemblable pour un Japonais, signé, de 1764 à 1798, de cinq noms différents, d'abord

Cet homme a le génie du dessin de premier jet, le talent unique d'enfermer, dans une ligne tracée en courant, la vie d'un mouvement humain ou animal, la physionomie d'une chose inanimée. Figurez-vous, au milieu de toutes ces images gardant un rien du hiératisme chinois, des dessins empreints à la fois de la modernité d'un Gavarni et d'un Decamps, et qui cependant n'ont rien d'occidental, mais sont le triomphe du *d'après nature* oriental. Ce sont des centaines de croquetons, où pêle-mêle, et au gré du motif tombé sous les yeux du dessinateur, défilent des hommes, des femmes, des quadrupèdes, des oiseaux, des poissons, des reptiles, des paysages, des objets bizarres et imprévus, comme la coupe intérieure d'un pistolet, et jusqu'à un pétale de fleur, un caillou, un brin d'herbe. En ces pages qui ne finissent jamais, O-kou-saï montre, grands comme

Sôri, puis Saïto, puis Tameithi, puis Gakino-Bojin, enfin Katsu-Chika-Fokkusaï, le nom sous lequel il est resté célèbre, et qui veut dire *Maison du Nord*, par allusion à une maison très reculée et très lointaine, qu'il habitait au nord de la ville.

Son œuvre est très considérable : indépendamment de ses quatorze petits cahiers d'études et de ses trois albums de Fusi-yama, il a été surtout un illustrateur de romans, et principalement des romans de Kiokutei, le romancier en vogue du Japon, et aujourd'hui les Japonais payent des prix énormes les anciens tirages de ses planches. Lors du séjour de M. Philippe Sichel au Japon, un exemplaire des quatorze cahiers d'études d'O-kou-saï, avec annotations et croquetons du peintre, jetés dans les blancs de l'album, était en vente au prix de mille dollars à Osaka. Il est mort dans un âge très avancé, puisque la publication du Fusi-yama est de 1830. Il y a une légende à Kioto, lui prêtant la collaboration d'une fille belle et intelligente, qui ne voulut jamais se marier, se dévouant tout entière à son vieux père, d'humeur, par parenthèse, assez fantasque.

le pouce, ses compatriotes, dans les poses, la tenue, les habitudes de leurs corps, et aussi bien dans l'action de leurs muscles parmi les durs travaux des mines, que dans la détente heureuse de leurs membres en la fumerie des pipettes. Avec le dessinateur, nous voyons les Japonais galopant sur de petits chevaux ébouriffés, plongeant sous l'eau à la recherche des coquillages, se disloquant dans des tours de force ou d'adresse impossibles, et encore des Japonais sommeillant, s'éventant, lisant, jouant aux dames, se promenant, contemplant un pot de fleurs, faisant *kow-tow*, la révérence où l'on touche la terre du front. Partout sur les feuilles qui se succèdent, foisonne une humanité d'homuncules aux contours cahotés et ressautants, et dont la myologie est légèrement écrite sur la nudité. Il y a une série de planches de lutteurs et de bâtonnistes, où les ramassements, les retraites, les développements, les allongements des bras et des jambes forment une suite d'infiniment petites académies d'une science d'anatomie extraordinaire. Enfin, sous le crayon d'O-kousaï, revit, saisie sur le vif, toute la mimique corporelle de ce peuple si expansif, si démonstratif. Et le tortillage de la femme dans son éternel accroupissement à terre le rend-il d'une manière assez divertissante ! Dans la figuration rigoureuse, dans la copie fidèle de ses hommes et de ses femmes, O-kousaï apporte un grossissement comique qui n'est pas, à proprement parler, caricatural, mais plutôt humoristique. L'artiste, si l'on peut dire, a la réalité ironique. Quelquefois même cette réalité, tout en restant humaine, prend chez l'artiste un caractère fantastique dans des vieillards raccornis et poilus qui ont l'air de satyres octogénaires, dans des femmes, sur les épaules desquelles il met la tête inanimée et cabossée des poupées de là-bas, et surtout dans des phtisiques, que le squelette transperce çà et là, et rend macabres.

Du reste, O-kou-saï est attiré par le fantastique, et y va quelquefois résolument. On rencontre parfois, dans son Œuvre, une *femme-revenant*, une larve dressée dans le ciel, comme une longue chenille recourbée, et qu'enveloppe une tignasse de pendu. Et je ne sais guère d'apparition plus terrible que ce crâne chevelu, dans la tête de mort duquel regarde un seul œil vivant, grand ouvert.

Tournez la page, après l'image effrayante, ce sera peut-être une plaisanterie scatologique : une lucarne de privé que dépasse la tête d'un samourai plongeant entre les manches de ses deux sabres, tandis qu'au dehors les nez se bouchent jusqu'à la cantonade. Et toujours ainsi, l'imagination se mêlant à la réalité, une image inattendue mène à une autre. On passe de l'épure d'un dévidoir à cocons de vers à soie à la fantaisie de deux porteurs, dont les nez font le bâton auquel est suspendu le fardeau branlant ; du tour d'un jongleur rendant le contenu d'une tasse dans une envolée de papillons qui lui sort de la bouche, à l'action d'une jeune fille qui, en se tordant de rire, éteint une chandelle avec un pet ; de la méditation d'un lapin dans un clapier, à un bain de famille où un Japonais fait sa barbe, à côté de jeunes femmes vêtues seulement de leurs épingles à cheveux, au milieu de petits enfants jouant avec des tortues.

Mais où O-kou-saï est vraiment inimitable, c'est dans le crayonnage de l'oiseau, de l'insecte, du poisson, du reptile. C'est là incontestablement la vraie et la grande spécialité des Japonais, et voici, dans un album d'inconnu jeté sur la table, une crevette dessinée avec la grandeur d'un dessin de Michel-Ange. Mais nul n'a rendu aussi bien que O-kou-saï, le galbe, l'aspect, la tache de ces animaux dans le paysage, nul n'a surpris comme lui le rampement, la nage, le vol, et surtout l'immobilité frémissante et animée de l'animalité vêtue d'écailles ou de plumes, des habitants de l'eau ou de l'air.

Et toutes les habiles figurations de l'artiste sont plaisantes à l'œil par la coloration particulière de leurs impressions. Comme fusinées, elles se jouent dans trois teintes : le gris dû papier de Chine pour le fond, une teinte bleutée pour les vêtements, les pelages ; une teinte rosée pour les carnations, les fleurs, etc. Et le dessin et les couleurs semblent bues par la soie du papier.

L'œuvre de réalité humoristique de O-kou-saï nous mène aux albums absolument caricaturaux, en général de date assez récente. La caricature au Japon, chez ce peuple moqueur, a une verve, un entrain, une *furia* indicibles ; il semble qu'elle soit le produit de la fièvre d'une cervelle et d'une main, et parfois son étrangeté lui donne l'aspect d'une hallucination de fou. Elle est copieuse, exubérante, et les imaginations cocasses, et les bonshommes drôlatiques de toutes les couleurs jaillissent sur la page blanche de l'album à la façon de la poussée violente et de l'éparpillement multicolore, dans le ciel, d'un bouquet d'artifice. Le caricaturiste n'économise pas son comique, il couvre, il surcharge la feuille d'innombrables compositions, et le papier jusqu'en ses recoins grouille, fourmille de gens contorsionnés, de bousculades réjouissantes, de chutes montrant à cru des derrières à des idoles, qui s'indignent sous leur patine verte, de maux de cœur tournés au mal de mer, d'inénarrables natations de femmes obèses et ventripotentes. C'est tumultueux, diffus, enchevêtré, avec quelque chose du trouble remuant des morceaux de papier colorié d'un kaléidoscope qu'on secouerait. Ici, des enfants peignent en vermillon le ventre de Silène d'un dormeur ; là, un vieux vétérinaire examine de tout près l'anus d'un cheval qui pétarade ; plus loin, un borgne court après son œil emporté au bout d'un fil par une grosse mouche. Il s'y trouve, dans ces croquis, tous les contrastes amusants des *gras* et *maigres*, toutes les déformations d'un visage vu en long et en large dans une cuiller, tous les galbes de crânes d'imbéciles, et de cet imbécile particulier au Japon, qui a le type d'un Jocrisse kalmouck, enfin tous les ingénieux emprunts faits par notre Granville pour la construction de son humanité. Notons en passant que, chez les Japonais, la pieuvre devient la maquette d'après laquelle le caricaturiste façonne toute une série d'étranges têtes, aux protubérances, aux nodosités d'une calebasse, au profil creusé comme un quartier de lune. On y voit encore des femmes, emprisonnées dans leur parapluie fermé, qu'elles ne peuvent rouvrir, — le parapluie en papier jaune huilé couvert de grands caractères noirs joue un rôle important au Japon, — des goinfreries bestiales d'hommes aux longs cheveux rouges, des sortes d'Aïnos, autour de platées de nourritures gigantesques, des promenades ridicules de samourais dans la silhouette farouche de leur arsenal militaire en marche, des ascensions plaisantes de montagnes saintes par des pèlerins qui ont l'air de larves blanches sur un champignon pourri, et au milieu du délire général de l'illustration, des Bouddha, sortant de leur immobilité de bronze, pour faire la grimace et demander à boire.

Et toujours dans la grosse charge, par-ci par-là, un détail délicat : la jupe d'une femme renversée, les jambes en l'air, figurera la volute d'une coquille ; l'hébêtement d'un ivrogné de saki tiendra, du bout des doigts d'une main, l'orteil de sa jambe allongée par un de ses serpentins mouvements d'un maître de notre XVIe siècle. Nous trouverons même, parmi ces planches pour rire, la fine et distinguée observation du peintre de mœurs qui, sans l'outrance de la caricature, fait risibles de simples mouvements de l'âme : la colère de celui-ci, l'admiration amoureuse de celui-là ; fait risibles le vautrement congestionné de ce savant sur un rouleau d'écriture, la pipette de travers dans la bouche, et encore la joie dansante et disloquée du populaire, et les grâces de la Japonaise disgracieuse.

Les étrangers, les Hollandais, les Anglais, se trouvent volontiers sous le pinceau du caricaturiste japonais. Et voici une caricature très réussie de l'Occident par l'Orient. Un officier de marine anglais, l'air un peu *nigaudinos*, et qui se tient les côtes de bonheur, est embrassé par une pudibonde lady, coiffée d'un chapeau *bibi ;* — et devant l'amour bête de ces deux personnages farces, les êtres fantastiques peuplant la terre, le ciel et l'eau de l'Empire du Lever du Soleil se livrent à une formidable gaieté.

Bien souvent, en effet, dans l'Extrême-Orient, le fantastique se mêle à la caricature, ainsi que nous l'avons vu dans l'œuvre de O-kou-saï. Il n'a pas d'albums spéciaux, et se déverse un peu sur toutes les pages, mettant à côté du rire son surnaturel, sa terreur. C'est à droite et à gauche qu'il place ses effrayants vieillards, balayés de chevelures blanches, au visage rouge ; ces *daïmio* mystérieux, tenant entre leurs mains une tête de femme coupée, ressemblant à ces petites têtes de suppliciés en terre cuite, peintes en vert, une grosse larme sous l'œil droit, et qui pendent aux franges du manteau du diable punisseur des crimes dans l'enfer bouddhique ; ces personnages à têtes d'oiseaux groupés dans des branches, ainsi qu'en un arbre de Jessé d'un conte de fée ; ces gros hommes aux lobes d'oreille leur balayant le ventre ; ces femmes poursuivies par des jambes sans corps, et ces luttes de lutteurs sans têtes.

Ici, dans l'obscurité d'une chambre à demi éclairée par une lanterne, la fumée d'une pipe se transforme en un immense serpent se tordant au-dessus de la tête du fumeur épouvanté. Là, dans le noir de la nuit, est tendue à travers la campagne une toile qui tient le ciel, et où est blottie une formidable araignée-crabe dont les pinces sont partout. Les monstres enfantés et aimés par l'imagination nationale entrent bientôt en scène. Dans cette planche, où un guerrier galope parmi les flots obscurs, apparaît la légendaire tortue à la tête de chien, à la queue d'algues flottantes, à l'antique carapace, où se sont formés des rochers, où poussent des arbres. Dans cette autre planche, sort, des profondeurs des Océans, le dragon des typhons, dont la présence perturbatrice de l'atmosphère soulève la mer dans le ciel, et fait courir, autour du bateau en détresse, des vagues qui ont comme des griffes, des doigts crochus à leurs crêtes.

Souvent aussi à ces apparitions d'une animalité de rêve et de cauchemar, l'Orient associe la vision d'épouvante de l'Occident : le squelette, — qu'en leur qualité de coloristes, les Japonais aiment à colorier en lilas tendre. Et trouvez, dans notre fantastique à nous, une composition supérieure à celle-ci? Par une de ces nuits, où un nuage sinistre est jeté avec un art si admirable sur une lune livide, un samourai, les mains sur les gardes de ses deux sabres, regarde, dans le ciel noir, une bataille de squelettes menés par une Mort, chevauchant une carcasse de cheval, et brandissant au-dessus de son crâne, aux orbites vides, un long fauchard.

Un fantastique moins terrifiant, plus autochtone, presque entièrement personnel aux Japonais, et qui revient dans tous les albums : c'est l'allongement des nez qui deviennent des trapèzes autour desquels des équilibristes font de la voltige, l'allongement des jambes qui semblent avoir les rallonges de grandes échasses, — et en première ligne l'allongement de cous qui prennent le serpentement et la ténuité d'un ver de terre interminable. Longtemps j'ai pris ces allongements bizarres pour des visions de l'ivresse du hachisch, mais aujourd'hui après l'étude de « la Science politique », il faut abandonner cette interprétation de ces fantaisies physiologiques. Il s'agit de la figuration d'une superstition japonaise partagée par quelques tribus indigènes des îles Philippines. C'est le *rok-ri-koubi* (la tête à six lieues) ou la croyance que lorsque le corps est complètement endormi, le cou s'allonge, devient mince comme un fil, flexible comme un roseau. Et la tête de l'endormi peut ainsi s'éloigner à des distances infinies, et assister à des choses absconses et secrètes, qu'il n'est pas donné de voir à l'homme éveillé.

Une étude des albums japonais serait incomplète si l'on n'accordait pas un mot aux albums érotiques.

L'Orient n'a pas notre pudeur, ou du moins il a une pudeur autre, ainsi que je l'ai indiqué à propos du théâtre. Le Japon est le pays où un homme tirant des quatre compartiments d'une boîte, du sable rouge, bleu, blanc et noir, ainsi qu'un paysan ensemençant son champ, sème sur le parquet, à la volée d'une main artiste, des dessins obscènes, qui mettent en joie un public d'honnêtes femmes et de jeunes filles. Donc ces sortes d'albums sont nombreux, très nombreux. Mais avant tout, il faut le déclarer, ces images n'ont rien de la polissonnerie froide de l'Occident et même de la Chine. Ce sont d'énormes gaietés, et comme le portefeuille d'un dieu des Jardins où l'indécence des choses est sauvée par une naïveté de temps primitifs, et, le dirai-je ? par le michelangelesque du dessin. Il se révèle en ces impressions un amour physique, qui, dans les contractions des orteils des hommes, dans les pamoisons des femmes, a quelque chose de l'épilepsie, et apporte au dessinateur une tourmente de lignes superbes. Ces albums représentent en général des *Maisons de thé*, où, derrière le repliage de quelques pages figurant l'habitation au grand toit noir, aux boiseries laquées de rouge, au jardin rose, se dissimulent les scènes amoureuses.

Mais entrons dans une de ces maisons, à l'aide d'une chanson populaire (1) :

(1) *Anthologie japonaise*, par Léon de Rosny. Maisonneuve et Cie, éditeurs, 1871.

Tous ces livres sont des livres du XVIIIe siècle, et je demande au libraire chargé de ma vente, après ma mort, de donner à cette réunion, ce titre, sur son catalogue :

BIBLIOTHÈQUE DU XVIIIe SIÈCLE.

Livres, Manuscrits, Autographes, Affiches, Placards.

Ce titre seul peut donner l'idée de mon goût des livres. Il a fallu toujours qu'il s'y mêlât un peu de l'inédit épars dans le manuscrit et l'autographe. Et même dans l'imprimé, le morceau de papier qui n'était pas un livre, et dont je fabriquais un livre, au moins une plaquette, avait pour moi une attache supérieure à celle d'un bouquin vanté. Par exemple, le petit bulletin déposé chez les suisses des hôtels (1) pendant la maladie de Louis XV, dans le cartonnage que je lui ai fait faire, m'est plus précieux, m'est plus intime, m'est plus inspirateur, que quelque livre

(1) Voici le bulletin du 7 mai : *Quoique l'état du Roi n'ait empiré en rien, Sa Majesté, de son propre mouvement, a demandé à recevoir ses sacrements, et les a reçus à sept heures.*

BULLETIN DE LA MALADIE DU ROI.

Le redoublement de la nuit a été moins fort et moins long que celui de la nuit précédente. Il y a eu quelques intervalles de bon sommeil. La suppuration étend le progrès sur tout le corps, tandis que les pustules du visage commencent à se dessécher. Les urines sont bonnes. Les vésicatoires vont bien.

Signé : Le Mounier, Lassone, Lorry, Bordeo, de Lassaigne, la Martinière, Andouillé, Boiscaillaud, Lamarque, Colon.

que ce soit du temps. Il en est ainsi pour l'immense lettre d'invitation de Grimod de la Reynière pour le souper *du cochon*, avec son grand *V* sur larmes d'argent. Et il en est encore ainsi, pour la collection unique des placards, que le révolutionnaire Vincent faisait de la maison d'arrêt du Luxembourg afficher dans Paris, au mois de frimaire de l'an deuxième de la République française une et indivisible.

Dans ces livres couvrant les murs, la théologie est absente. La jurisprudence manque également, sau quelques procès curieux pour l'histoire des mœurs, répartis dans les autres divisions, et un exemplaire du TRIBUNAL RÉVOLUTIONNAIRE, dont il ne manque qu' cinq ou six numéros. La philosophie n'est guèr représentée que par un Helvetius, qui court aprè une PHILOSOPHIE DE M. NICOLAS, philosophie qu' court, elle, après les CONFESSIONS DE Mme (de Four queux). La science, avec toutes ses subdivisions, n' sur mes planches qu'un seul et unique volume, l TRAITÉ DE GÉOMÉTRIE de Sébastien Leclerc 1764, e encore doit-il sa place, là, aux amours qui monten dans les A B C des triangles, aux rustiques paysage de Chedel, aux petites scènes galantes de Cochin égayant le bas des théorèmes, vrai livre de scienc à la Fontenelle, et dont tous les bibliophiles vou dront, quand ils s'apercevront que c'est un des vo lumes les plus joliment illustrés du XVIIIe siècle. E la bibliothèque ne commence qu'avec l'art.

Ne voulant pas être interminable, je ne parlerai n des ouvrages esthétiques et historiques de l'art fran

« Voyez donc sur cette fleur ces deux jolis papillons. Pourquoi voltigent-ils ainsi sans se séparer ?

— C'est sans doute parce que le temps est beau et qu'ils se sont enivrés du parfum des fleurs.

— Nous aussi, allons, comme ces papillons, visiter les fleurs.

— Avez-vous étudié la science des fleurs?

— Je l'ai étudiée sous la direction d'un excellent maître de Yosiwara.

— Cette étude coûte-t-elle beaucoup d'argent ?

— De l'ouverture de l'établissement jusqu'à l'aube du jour, on donne de trois à quatre taels.

— Voilà la grande porte.....

— Ne connaissez-vous aucun professeur ?

— Je connais le professeur Komourasaki (Pourpre foncée).

. . . .

— Veuillez attendre un peu, le professeur Ousougoumo (Nuages légers) va venir.

— Le professeur se fait attendre bien longtemps; je ne comprends absolument pas pourquoi ?

— Les professeurs de Yosiwara perdent beaucoup de temps à cause des complications de leur toilette. D'abord ils aiment à employer pour l'arrangement de leur coiffure la pommade de Simomoura et les cordonnets de Tsyôzi. Il en est qui adoptent la mode de Katsouyama, d'autres préfèrent celle de Simada. Ils ne s'aperçoivent pas que leur peigne d'écaille, et leurs aiguilles de tête en corail, pour lesquels ils dépensent mille livres, augmentent leurs

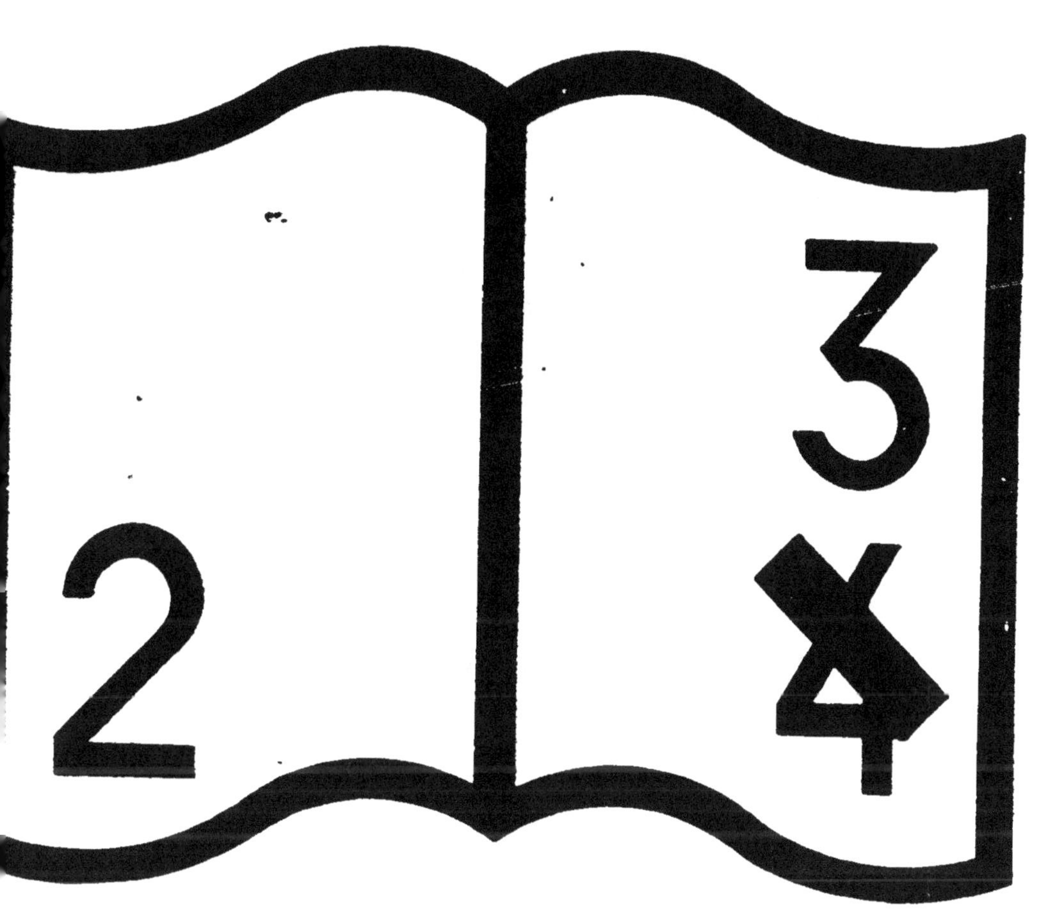

Pagination incorrecte — date incorrecte

NF Z 43-120-12

dettes. Poudre de riz pour le visage, poudre de riz pour le cou, fard pour les lèvres, et jusqu'à du noir pour les dents, il n'y a rien chez eux qui ne décèle la prodigalité.

Un instant après le professeur se présente. En vérité, il est très joli, distingué, aimable. A ses sourcils se dessine la brume des montagnes lointaines ; à ses yeux s'attachent les frémissements des vagues d'automne ; son profil est élevé, sa bouche petite, la blancheur de ses dents fait honte à la neige du Fouzi-yama ; les charmes de son corps rappellent e saule des champs durant l'été. Son vêtement de dessus est orné de dragons volants brodés en fils d'or sur du velours noir. Elle porte une ceinture en brocart d'or ; en un mot, sa toilette est irréprochable.

— Je suis venu m'entretenir avec vous à l'effet d'entreprendre l'étude des fleurs.

— Mais avez-vous bien réfléchi combien est fatigante cette étude ?

. . . .

Veuillez venir dans ma chambre. . . . .

. . . .

La description de ces chambres étant connue de tout le monde, il est inutile d'en parler en détail. Sur l'estrade disposée pour recevoir six nattes, on a suspendu trois stores du peintre Hôïtsou, représentant des fleurs et des oiseaux. On y a rangé le jeu de sougorokou (tric-trac), le jeu de go (jeu de dames très compliqué), des ustensiles pour faire chauffer le thé, une harpe, une guitare. A côté, dans une bibliothèque, on trouve depuis la célèbre histoire des Ghenzi de Mourasaki Sibikou jusqu'aux romans de Tamenaga Siounsoui.

Or donc, lorsque le professeur se présente pour la seconde fois, il est habillé de ses vêtements de lit, comprenant une casaque de crêpe rouge, surmontée d'une robe de nuit de satin violet ornée de pivoines et de lions brodés avec des fils d'or. Il laisse tomber en arrière ses noirs cheveux capables d'enchaîner le cœur de mille hommes, et permet d'apercevoir un corps dont la blancheur mortifierait la neige elle-même. Sa figure, au sourire de prunier, est semblable aux fleurs de poirier, émaillées de gouttes de pluie.

« La fleur est faible ; de grâce, arrosez-la souvent.

. . . . »

Ici commence la libre interprétation populaire de l'ÉTUDE DES FLEURS A YOSIWARA, par les albums.

Les images sont en couleur, mais le plus souvent elles sont précédées d'un texte entremêlé de petits dessins imprimés en noir, et ces petits dessins sont toujours supérieurs aux grands. Il y a là des copulations dont les raccourcis sont dignes d'un Jules Romain, et à côté de cela des imaginations spirituelles d'une fantaisie charmante. C'est ainsi qu'un de ces croquis montre le rêve d'une femme, dont le sommeil agité a rejeté loin d'elle ses couvertures, et qui voit une farandole de phallus, habillés à la japonaise, dansant et agitant de grands éventails. Cette danse de phallus s'éventant est, certes, une des compositions les plus excentriques sorties de la cervelle et du crayon d'un artiste en une heure de caprice libertin. Ce petit album, que n'a pas signé l'artiste, s'appelle *U memigouça* ou Rêve amoureux.

Le nombre, l'abondance, la prodigalité de l'image, au Japon, dépasse tout ce qu'on peut imaginer. Ce n'est pas une feuille, c'est presque toujours trois feuilles qui donnent la représentation d'une scène quelconque. Il existe un passage de gué par une femme de daimio, escortée dans l'eau de ses neuf dames d'honneur portées sur de petits planchers, qui se développent sur six feuilles. Le voyage d'un bateau de plaisance sur une rivière en compte douze. Un catalogue de la chalcographie japonaise, je ne sais pas ce qu'il contiendrait de volumes, tant les enfants et les femmes des maisons de thé font une consommation effrayante de ces livres illustrés qui ne coûtent rien, et en ce pays, où la passion de l'image est telle, qu'au dire de M. Humbert, une bouteille d'absinthe ou de chartreuse décorée d'une belle étiquette, se vend le double.

Le curieux n'est-il pas que nous en sachions si peu sur ces impressions (1)? Il y a quelques années, tout ce qu'on savait d'elles, c'est qu'elles étaient

(1) Les premiers spécimens au moyen de planches, connus au Japon, sont des livres de prières commandés par l'impératrice Shokotu-Tenna, 48e souverain (765-769) pour les placer dans le million de pagodes à miniatures et à trois étages, qu'elle avait fait construire.

imprimées avec des bois, à peu près comme le sont nos grossières indiennes, mais sans posséder aucun détail de la fabrication. Aujourd'hui, des conversations de Félix Régamey, des observations de Bracquemond, il résulte que l'impression se fait de la manière la plus primitive, et, — on ne s'en douterait guère, — sans l'aide d'une presse. L'imprimeur a un disque de bois, une feuille de bambou au dessous rugueux et côtelé ; il replie sa feuille sur son rond de bois, la noue en haut avec un de ces inimitables nœuds qu'on trouve sur certaines boîtes de laque et qui lui sert de poignée. Cela fait, il prend une planche de bois entaillée des deux côtés, et dont le repérage est fait au moyen de quatre petites encoches ; il encre le recto d'une couleur, place sa feuille dessus, et frotte sur les aplats, de la couleur à l'eau avec son rond de bois enveloppé de la feuille de bambou, absolument comme d'un *froton*. Alors il nettoie son verso, encre le recto, — une planche fournissant deux impressions, — puis il passe à la seconde planche, et à une autre. C'est au fond absolument le procédé avec lequel, au moyen d'un brunissoir, nos graveurs sur bois tirent l'épreuve d'un *fumé*. Mais l'admirable, c'est le nombre d'impressions que par un procédé si élémentaire, subit le papier. J'ai compté dans une planche et qui n'est pas des plus compliquées : 3 verts, 2 gris, 1 noir, 2 roses, 1 brun rouge, 1 jaune, 3 bleus, en tout 12 tons, et cela sans les planches pour l'or, pour les divers métaux, pour le gaufrage. Et ces impressions si chères à obtenir en Europe, en chromolithographie, reviennent à quelques *itchibou*, par la simplicité de l'installation et de l'outillage, et par l'association au travail de l'imprimeur du travail de la femme, des enfants, de toute la maisonnée.

Elles ont, ces impressions obtenues si facilement, une fleur de couleur, une égalité de teintes, une perfection de dégradations qui témoignent d'une habileté de main désespérante pour nos ouvriers. Et le goût de ces albums, et toutes les jolies additions et inventions autour de la composition principale, et toute la menue ornementation du papier. Des papiers jouent le basin, et le plumage des oiseaux y est rendu par un gaufrage dans le sens des plumes, un gaufrage qui n'a rien de l'ignoble gaufrage européen. Il y a des papiers, où les personnages se détachent sur des fonds striés en creux au milieu d'une pluie de petites macules jaunes et violettes, — une idée bien certainement empruntée par les Japonais à la contemplation de leurs grandes clématites blanches. Dans quelques-uns de ces albums, en haut de la page, un kakemono, à moitié déroulé, laisse voir un motif orné, un rien décoratif : un insecte posé sur un livre, une brindille fleurie qui pourrait faire un signet, et presque toujours la dernière page donne à voir l'essuyement riant des pinceaux de l'aquarelliste, qui est comme l'exposition, pour le regardeur, de sa tendre palette. Et ces impressions, dont nous n'avons en général que des épreuves très ordinaires, il faut les avoir comme il en est venu quelques-unes, il y a une dizaine d'années, à la Porte Chinoise, des épreuves d'artistes, où la fraîcheur du coloris sur le fort, l'épais, le blanc papier, est comme fondue dans une moelle de sureau, une bulbe de camelia.

Encore je n'ai parlé ici que des albums des trente dernières années, mais si l'on remonte à des albums plus anciens, à des albums du siècle dernier, nous nous trouvons en présence de gravures coloriées, qui mériteraient une place dans les cabinets d'estampes de nos collections publiques. Là, ce qu'on peut reprocher à l'imagerie moderne japonaise, le voyant un peu brutal, n'existe absolument pas. C'est, dans le coloriage, un assoupissement du ton, un passé de la nuance, une harmonie délicieusement discrète. On dirait vraiment que l'art japonais de ce temps a pris ces couleurs aux émaux des porcelaines de la famille verte et qu'il a cherché la gamme de ses compositions dans l'accord d'un jaune œillet d'Inde, d'un vert éteint, d'un violet de manganèse, — des compositions presque toujours détachées d'un fond doucement rosé.

Dans ces impressions la femme développe une élégance qu'elle n'aura bientôt plus ; son dessin profile les longueurs et les élancements des grandes époques du dessin occidental. Et même, une remarque qui n'est pas sans valeur, le type féminin y est presque différent, et comme fabriqué d'une pâte plus raffinée, plus aristocratique. La femme japonaise, les anciens albums la représentent le front remarquablement bombé, les sourcils semblables à un trait de pinceau, l'ouverture de l'œil tout étroite et extrêmement fondue avec une prunelle coulée dans un coin sous la mince paupière, un petit nez courbe d'une très grande finesse, une bouche toujours entr'ouverte dans le dessin du peintre, comme une bouche d'enfant, et l'ovale long, long, long, mais parfaitement régulier. On la voit ainsi sous des cheveux très noirs et bouffants, d'où s'échappe une petite mèche tortillarde serpentant le long de sa tempe, avec un visage pâle où l'entour seul des yeux est fardé, et une physionomie ingénument étonnée. A des yeux européens, cette femme doit paraître peu régulièrement belle, et cependant en elle est un *beau*, fait d'une construction mignonne de traits aux fines arêtes, et en quelque sorte, de la délicatesse aiguë d'une longue statuette de porcelaine. Et je retrouve comme vulgarisé dans ce type de la femme des anciens albums, le type de la femme de Kioto, dont la beauté est proverbiale au Japon, et telle que nous la peint M. Bousquet, avec son nez aquilin, ses yeux bien fendus, son ovale maigre.

Quelquefois on rencontre des impressions exceptionnelles, ne venant pas d'ordinaire assemblées en albums, mais dont on trouve par hasard une ou deux collées au verso d'une couverture (1). Ces impressions, en général d'un format restreint, sont tirées sur un papier de choix, qui est l'idéal du

(1) M. Sato disait à Burty que ces impressions étaient pour la plupart des feuilles détachées de *Livres d'amis*. Une société, dans ses réunions, tout en prenant le thé, s'amusait à composer des vers, à laver des dessins, et, au bout de l'année, vers et dessins étaient donnés à un graveur en couleur, qui en tirait un nombre d'exemplaires limité aux membres de la société.

papier par son glacé soyeux et sa blancheur crémeuse. Sur ce papier, où les légendes et les inscriptions prennent une netteté à prendre en pitié tous les imprimés de l'Occident, et où les rubriques sont du plus adorable carmin, les linéaments des figures, tracés d'une manière presque imperceptible, les donnent à voir dans une espèce d'effacement vaporeux, au milieu d'accessoires accusés, pour ainsi dire seulement, par l'ombre du creux de l'impression, et apparaissant comme des objets de pure lumière, où court ici un mince filet d'azur, où boutonne là le rose d'une fleur non encore ouverte.

Dans ces impressions, un gaufrage précieux soulève le relief des choses, des fleurs d'une robe, des sculptures d'une boîte de laque rouge, et l'or, l'argent et même les autres métaux introduits avec une économie exquise sur les saillies et les petits renflements du papier, vous amusent du trompe-l'œil presque matériel des ferrurres d'argent d'un cabinet, du bronze vert d'un *chibatchi,* du disque de fer poli d'un miroir. Un grand nombre de ces impressions ne sont que de surprenantes figurations d'objets de la vie intime et familière. Une feuille représente un sabre appuyé contre un coffret à armure, une autre une tasse de fer damasquinée en or avec trois pétales de fleurs, une autre tout simplement un bonnet de papier noir laqué de fonctionnaire. Cela est tout, et cette représentation d'art de si peu de chose suffit à l'artiste, comme suffisait à Chardin la peinture d'un verre d'eau à côté de deux prunes !

CABINET DE TRAVAIL

Au plafond, c'est un enroulement colère de lions de Corée, au milieu d'un champ de pivoines. Se détachant du fond de velours noir, parmi d'énormes fleurs de toutes couleurs, les deux monstres trapus, les yeux injectés de sang, et semblables à une animalité fabriquée dans une rocaille barbare, se contournent dans un ramassement puissant, et foulent la flore éclatante, — tout tissus et hérissés d'ors de tons divers. Ainsi clouée en l'air, elle apparaît comme le noir ciel d'un pays fantastique, cette robe de théâtre du tragédien japonais, dont MM. Sichel ont rapporté en France la terrible et farouche garde-robe (1).

Le cabinet n'est que livres. Sur les quatre murs, de haut en bas sont rangés des volumes, des volumes à la portée de la main, et qu'un doigt peut atteindre.

(1) Les garde-robes théâtrales au Japon sont immenses et très coûteuses. M. Réal s'est trouvé sur les lieux, quand on a vendu le matériel du prince de Tosa, acheté par le théâtre d'Osaka. Il y avait 6,000 robes et pantalons de théâtre qui furent vendus 4,200 piastres, 210,000 francs : ce qui mettait à 7 piastres des robes qui avaient coûté 100 et 150 piastres pièce.

çais, ni de la collection des expositions et critiques de salons, etc., etc.; je me contenterai de donner un extrait d'un manuscrit inédit contenant le journal des séances de l'Académie de peinture et de sculpture pendant l'année 1748; une petite biographie des artistes, faite avec les plaquettes rares, les manuscrits, les lettres autographes qui se trouvent réunis, côte à côte, sur les planches de ma bibliothèque; enfin un travail raisonné sur les catalogues et les livres relatifs à la curiosité.

JOURNAL ABRÉGÉ DES SÉANCES DE L'ACADÉMIE POUR L'ANNÉE MDCCXLVIII (1).

Du vendredi 5 janvier.

Conférence ouverte par le secrétaire, qui y lit un *Essai de la vie de Jean Jouvenet*, de sa composition, et ensuite une *Dissertation sur le vrai de la peinture* par feu M. de Piles.

M. DE FAVANNE, adjoint à recteur, est nommé à son rang pour faire les fonctions de recteur, pendant le quartier courant, à la place de M. Coypel, qui a prié la compagnie de l'en dispenser, occupé comme il l'est d'ailleurs, pour d'autres affaires très pressantes qui l'intéressent.

M. DE TROY, directeur de l'Académie de Rome. Lettre de politesse à la compagnie sur le renouvellement de l'année, dont est fait lecture.

M. DANDRÉ-BARDON adjoint à professeur, *idem* d'Aix-en-Provence.

(1) Extrait du manuscrit intitulé : *Conférences et détails d'administration de l'Académie Roïale de Peinture et de Sculpture, rédigé et mis en ordre par M. Hulst, année MDCCXLVIII*. Manuscrit dont tous les articles sont contresignés par Lépicié.

M. L'ABBÉ DE LOWENDAL, associé libre, *idem* de son abbaye de la Cour-Dieu.

Du samedi 27 janvier.

Rapport de la députation faite à M. DE TOURNEHEM en conséquence de la délibération du 30 décembre dernier.

M. COYPEL lui a dit au nom de la compagnie : « *Monsieur, l'Académie vient vous rendre ses devoirs. Elle vous présente une copie de ce qu'elle a couché sur ses registres depuis un an. C'est, monsieur, une longue liste des bienfaits qu'elle a reçus de vous.* »

Réponse de M. DE TOURNÉHEM très polie et très encourageante.

Ensuite, la même députation s'étant rendue chez M. DE VANDIÈRES, M. COYPEL lui a dit : « *Monsieur, l'Académie vient vous rendre ses devoirs et vous assurer qu'elle ne négligera rien pour mériter la bienveillance que vous avés pour elle.* »

A quoi M. DE VANDIÈRES a répondu d'une façon très obligeante.

Lettre écrite à l'Académie par les officiers composant le corps municipal de la ville de Reims, au sujet d'une *École académique* qu'ils désireroient établir en ladite ville.

Réponse ordonnée être faite à cette lettre contenant.....

M. RESTOUT, adjoint à professeur, nommé pour suppléer M. de Favanne, son collègue, hors d'état, par indisposition de satisfaire à l'arrêté de l'assemblée précédente.

M. VANLOO, premier peintre du roi d'Espagne, écrit de Madrid une lettre de politesse sur le nouvel an.

M. LA DATTE, adjoint à professeur, sculpteur du roi de Sardaigne, *idem* de Turin.

Annonce qu'en l'assemblée prochaine M. LE COMTE DE CAYLUS donnera la *Vie d'Antoine Watteau.*

Du samedi 3 février.

Conférence où le secrétaire lit la *Vie d'Antoine Watteau,*

composée par le comte de Caylus, à qui M. COYPEL adresse un discours en forme de réponse.

Décès notifié de PIERRE D'ULLIN, ancien professeur, arrivé le 28 janvier 1748, âgé de soixante-dix-huit ans.

LE MAIRE, ancien huissier de l'Académie, étant décédé, PERRONET, huissier actuel, est mis en possession des gages attachés à cette place, conformément à la délibération du 27 juillet 1743.

Du samedi 24 février.

M. COYPEL se fait excuser de se trouver à l'assemblée pour cause d'indisposition.

M. JACQUES-CHARLES OUDRY, fils de M. Oudry, se présente sur plusieurs tableaux d'animaux, fruits et fleurs, et est agréé par le scrutin (tout blanc) et chargé d'aller prendre son sujet de réception de M. le Directeur. Et comme fils d'officier, il a pris séance

Seconde lettre des officiers de la ville de Reims..... plus diffuse et moins claire.

M. MOYREAU, graveur et académicien, présente deux épreuves de la planche, par lui gravée d'après Wouvermans et intitulée : *la Fontaine de Neptune*; laquelle planche est approuvée et mise sous le privilège de l'Académie.

Du samedi 2 mars.

La capitation de 1748 ordonné être répartie et les comptes de 1747 réglés et arrêtés par MM. les Directeurs, Recteurs, Adjoints à Recteurs, Professeurs en exercice et par les autres officiers étant de tour, sçavoir :

M. LE CLERC, ancien professeur;
M. PARROCEL, professeur;
M. NATTIER, adjoint à professeur ;
M. DU CHANGE, } conseillers;
M. TOQUÉ, }
M. LÉPICIÉ, secrétaire.
M. LOBEL, académicien;

Jour fixé au samedi 30 *mars.*

Conférence remplie par la lecture de quelques notes de feu M. ANTOINE COYPEL, premier peintre du Roi.

Décès modifié de M. ALLÉGRAIN, peintre, académicien, arrivé le 24 février 1748, âgé soixante-dix huit ans.

Du samedi 30 *mars.*

Relate (*sic*) des délibérations du quartier expirant.

La capitation pour 1748 répartie le matin de ce jour, mais l'arrêt de compte de 1747 renvoyé à une autre séance.

Le repas, que les commissaires nommés étaient dans l'usage de faire à cette occasion, *supprimé*, comme contraire à la dignité du corps, aux usages des autres académies, et tombant dans ceux de la maîtrise.

M. JACQUES GAY, natif de Marseille, graveur en pierres précieuses, agréé le 23 juin 1747, présente l'ouvrage à lui ordonné alors pour sa réception, ayant pour sujet : *Apollon couronnant le génie de la peinture et de la sculpture*, exécuté sur une cornaline montée en bague, est reçu, prête serment et prend séance.

Ce fait, M. Coypel s'est adressé à la compagnie et a dit :

« *Messieurs,*

« *L'ouvrage précieux que M. Gay vient de présenter à la compagnie, paraît avoir été fait pour consacrer à la postérité la grâce que Sa Majesté vient d'accorder à son Académie de peinture en la prenant sous sa protection immédiate. C'est, messieurs, au chef des arts que nous sommes redevables d'une faveur si longtemps désirée. Ne serait-ce pas faire un digne usage de cette pierre gravée que de la lui présenter comme un monument de notre éternelle reconnaissance.* »

Cette proposition ayant été agréée unanimement, il a été décidé que M. le Directeur, avec les officiers en exercice, se transporterait vers M. DE TOURNEHEM pour l'effectuer au nom de l'Académie s'il vient à Paris; sinon, que M. Coypel et le secrétaire l'iront trouver aux mêmes fins à Versailles.

M. PESNE, premier peintre du roi de Prusse et académicien, demande par lettre et obtient la faveur d'être mis au rang des anciens professeurs.

En exécution de la délibération du 29 juillet 1747, les officiers sortant d'exercice, pour le quartier courant, déclarent avoir fait la visite des tableaux, figures et effets étant en l'Académie et d'avoir trouvé le tout en bonne conservation.

Jugement pour les petits prix dudit quartier, fait par les mêmes officiers :

Premier. . . . le S. CORRÈGE P.
Second . . . . le S. GUIARD S.
Troisième. . . le S. BAUDOUIN P.

Du samedi 6 avril.

Conférence où M. HULST, associé libre, lit un mémoire pour pressentir le goût de l'Académie sur la place qu'il conviendra le mieux à donner au travail sur ce qui la concerne, ou celui du *Journal*, ou celui des *Annales*, ou celui des *Grandes Époques* déterminées par les protectorats.

M. COYPEL a répondu à ce mémoire par un compliment et la compagnie s'est décidée pour la forme des *Annales*.

Choix fait de huit élèves sur l'examen de leurs esquisses pour le concours au grand prix, sçavoir :

Les S. JOULLAIN, DOYEN, LA TRAVERSE, METTAY, HUTIN, — Peintres.
DU MONT, CAFFIERI, PERASCHE, — Sculpteurs.

Décès notifié de M. Christophe, recteur, arrivé le 29 mars 1748, âgé quatre-vingt six ans.

Et comme son exercice tombe sur le présent quartier, ordonné que M. de Favanne, adjoint à recteur, le suppléera, et que les remplacements à faire, en conséquence de ce décès, n'auront lieu qu'après l'expiration dudit quartier.

Du samedi 27 avril.

Lecture faite par le secrétaire de la *Vie de Pierre-Charles Trémolière*, adjoint à professeur, composée par le comte de Caylus.

M. Coypel répond par un petit discours, où, par occasion, il propose la suppression des *visites de sollicitation* qui se font lorsqu'il s'agit de remplir les charges vacantes.

Décidé que les visites de sollicitation demeureront supprimées.

Du samedi 4 mai.

Assemblée générale et extraordinaire à l'occasion d'une lettre de M. de Tournehem en date du 6 courant, portant indiction d'une *Exposition publique* des ouvrages des académiciens au 25 août prochain, et établissement d'un comité pour examiner les ouvrages qu'on présentera à cette exposition et renvoyer ceux qui ne leur paraîtront pas dignes d'être mis sous les yeux du public.

Résolu par l'Académie de se conformer par devoir, par justice et par reconnaissance, à ce qui est prescrit par cette lettre.

Convenu que la dernière assemblée de ce mois, qui devait se tenir le samedi 25, sera remise au vendredi 31, d'autant que la première assemblée de juin ne pourra être tenue le premier samedi, à cause que ce sera la veille de la Pentecôte.

Reddition du compte du Sr Reydelet, concierge et receveur de l'Académie ;

Recette.	7,009 8
Dépense	6,975 15
Reliquat.	33 13

L'arrêté de compte, fait le matin de ce jour par les commissaires nommés le 2 mars dernier, confirmé et validé par l'Académie.

Réglement arrêté en cette séance pour cette gestion :

Art. 1er.

Le sieur Reydelet ne pourra faire aucune dépense sans un ordre par écrit de M. le Directeur et de messieurs les officiers en exercice ; lesquels ordres il représentera lors de la reddition de ses comptes.

Art. 2.

Tous les mois, il fera voir, à la dernière assemblée, l'état de la dépense faite durant le mois : lequel état sera vérifié et approuvé par l'Académie.

Art. 3.

Il aura soin de retirer des quittances de tous les marchands et ouvriers auxquels il fera des payements pendant le courant de l'année : et, à faute d'y satisfaire, lesdites dépenses ne lui seront pas allouées dans son compte.

M. Disle, contrôleur général des bâtiments du Roi au département de Paris, est proposé par M. Coypel de la part de M. le Directeur général comme un sujet qui devoit être agréable à la compagnie pour remplir la huitième place d'*associé libre*, qui est demeurée en réserve, depuis l'institution de cette classe.

Cette proposition reçue avec plaisir, M. Disle admis par acclamation, et M. Dumont le Romain, professeur en exercice, député avec M. Natoire pour aller lui notifier son élection.

M. NOEL HALLÉ, né à Paris, peintre d'histoire, fils de feu M. Claude Hallé, ancien directeur et recteur de l'Académie, et qui avoit été agréé le 25 juin 1746, présente le tableau qui lui avoit été ordonné pour sa réception représentant *la Dispute de Neptune et de Minerve*, est reçu en la manière accoutumée, prête serment, etc.

M. JACQUES-CHARLES OUDRY, peintre de talent pour les animaux, fruits et fleurs, agréé le 24 février dernier, présente deux esquisses pour son morceau de réception; l'une desquelles est approuvée par le scrutin, et lui est donné six mois pour l'exécuter en grand.

M. LOUIS VASSÉ, né à Paris, sculpteur, fils de feu M. Antoine Vassé, aussi sculpteur et agréé de l'Académie, se présente sur plusieurs modèles de sa façon, et entre autres celui d'un berger dormant appuyé sur son bâton, est *agréé*, et obtient la permission d'exécuter ce dernier modèle en marbre; terme d'un an pour satisfaire à ce devoir.

Le sieur PRESLER, graveur, résidant à Copenhague, écrit de là, à l'Académie, en date du 23 avril dernier, une lettre par laquelle il lui présente, comme son élève, le portrait qu'il a gravé en pied du feu roi de Danemarck et le supplie de vouloir bien l'honorer de son sentiment.

La compagnie, après avoir examiné ledit portrait, l'a trouvé très bien gravé et d'un très bon ouvrage et le burin conduit avec force et délicatesse : elle a chargé le secrétaire de lui mander ce jugement de sa part.

M. COYPEL, directeur, retire le tableau de réception de feu Noël Coypel, son aïeul et aussi directeur de l'Académie, dont le sujet étoit le moment où *Dieu apparoît à Caïn*, après qu'il eut commis son fratricide, et en substitue un autre sur le même sujet, de la même main et infiniment supérieur au premier : ce que la compagnie reçoit avec reconnaissance.

Réglé que, les jours de conférence, on fera entrer les élèves dans la salle d'assemblée, pour entendre la lecture des discours et dissertations qui en sont l'objet, et que les auteurs de ces ouvrages auront la liberté d'y pouvoir amener jusqu'au nombre de six personnes.

Du samedi 8 juin.

Assemblée par convocation générale.

M. DISLE, élu associé libre, le 31 du mois dernier, prend séance en cette qualité et fait un remerciement.

M. DE SILVESTRE, premier peintre du roi de Pologne et ancien professeur de l'Académie, est venu en l'assemblée de ce jour, et a témoigné à la compagnie le plaisir qu'il éprouvait de se retrouver au milieu d'elle, après une absence de tant d'années (32). L'Académie, pour lui prouver comme elle était pénétrée du même sentiment, l'a par acclamation fait passer au rang d'*ancien recteur* où il a pris place sur l'heure.

Lecture a été faite ensuite par le secrétaire d'une lettre de M. de TOURNEHEM, adressée à la compagnie et écrite de Versailles le 4 juin 1748, par laquelle il lui fait part de la fondation faite par le Roi de six places d'*élèves protégés*, pour être logés, nourris et entretenus de tout, et formés dans les arts sous une éducation commune. Députation ordonnée pour remercier M. de Tournehem de ses attentions si généreuses et si utiles pour l'avancement des arts, et pour cette députation l'Académie nomme M. COYPEL et les officiers en exercice.

Les élèves sont mandés, réunis en l'assemblée. Le secrétaire fait une seconde lecture de ladite lettre. Ensuite M. Coypel fait un discours à cette occasion qu'il adresse directement à eux.

M. WATELET, associé libre, a lu après cela la première partie d'une dissertation intitulée : *De la Poésie dans l'Art de la peinture*, précédée d'un avant-propos.

M. Coypel y a répondu par un discours, que la compagnie a ordonné être transcrit à la suite de cette séance.

Convenu que le dernier samedi du mois tombant sur la

fête de Saint-Pierre et Saint-Paul, l'assemblée sera avancée d'un jour.

Du samedi 22 juin.

Assemblée publique et extraordinaire, convoquée pour célébrer l'ANNÉE SÉCULAIRE DE L'ÉTABLISSEMENT DE L'ACADÉMIE.

M. le Directeur général s'y rend sur les six heures du soir.

M. le Directeur et les officiers en exercice vont au-devant de lui pour le recevoir jusque dans le grand salon. Ils le conduisent par le corridor en la salle d'assemblée, et à la place d'honneur.

M. COYPEL se place à sa droite. Les autres officiers ainsi que les honoraires, siégeant chacun à leur rang, forment le cercle ordinaire de la séance.

Au dehors de ce cercle, plusieurs personnes de considération, membres des autres académies, gens de lettres, ont occupé cette portion de la salle sur des sièges ordinaires avec les Académiciens. Les médaillistes qui devoient avoir part à la distribution des prix, derrière lesdits Académiciens et externes, debout.

La séance prise, M. Coypel prononce un discours convenable au sujet de cette fête.

Il lit ensuite une ode de M. DESPORTES, sur la PROTECTION IMMÉDIATE ACCORDÉE PAR LE ROI A SON ACADÉMIE.

Après quoi, M. le Directeur général a fait, au nom du Roi, la DISTRIBUTION DES PRIX, qui, par des circonstances particulières n'avoit point eu lieu depuis le 13 novembre 1744, et a été faite au nombre de XLII prix, tant grands que petits.

GRANDS PRIX POUR L'ANNÉE 1745 (1).

Peinture.

Second prix . . . . le sieur LESUEUR.

(1) Il n'est question que des grands prix de 1745, parce que les concours de 1746 et 1747 furent jugés si faibles par les académiciens qu'il n'y eut point de prix du tout.

Sculpture.

Premier prix. . . . . . . le sieur LARCHEVÊQUE.
Second —. . . . . . . — GILLET.

PETITS PRIX.

1743.

Quartier d'octobre.

Premier prix. . . . . . . le sieur DUGUET S.
Second —. . . . . . . — REËN G.
Troisième —. . . . . . . — COUSTOU P.

1744.

Quartier de janvier.

Premier prix. . . . . . . le sieur BRIARD P.
Second —. . . . . . . — SEEST S.
Troisième —. . . . . . . — GLAIN P.

Quartier d'avril.

Premier prix. . . . . . . le sieur L'ÉPINE S.
Second —. . . . . . . — DUVIVIER LE J^e G.
Troisième —. . . . . . . — CORRÈGE P.

Quartier de juillet.

Premier prix. . . . . . . le sieur CLÉMENT P.
Second —. . . . . . . — DOYEN P.
Troisième —. . . . . . . — LES LOYS P.

Quartier d'octobre.

Premier prix. . . . . . . le sieur SEEST S.
Second —. . . . . . . — CORRÈGE P.
Troisième —. . . . . . . — AUBERT P.

1745.

Quartier de janvier.

Premier prix. . . . . . le sieur GLAIN P.
Second — . . . . — DUMONT S.
Troisième — . . . . — DROUAIS P.

Quartier d'avril.

Premier prix. . . . . . le sieur DOYEN P.
Second — . . . . — FONTAINE S.
Troisième — . . . . — PERRONNET P.

Quartier de juillet.

Premier prix. . . . . . le sieur BEAUVAIS P.
Second — . . . . — LECHEVALIER P.
Troisième — . . . . — FOURNIER S.

Quartier d'octobre.

Premier prix. . . . . . le sieur LECHEVALIER P.
Second — . . . . — LA TRAVERSE P.
Troisième — . . . . — DESHAYES P.

1746.

Quartier de janvier.

Premier prix. . . . . . le sieur MELLING P.
Second — . . . . — EISEN P.
Troisième — . . . . — DU PRÉ P.

Quartier d'avril.

Premier prix. . . . . . le sieur DUVIVIER le Je G.
Second — . . . . — DROUAIS P.
Troisième — . . . . — MICHEL S.

Quartier de juillet.

Premier prix. . . . . . le sieur SUZANNE S.

Second prix . . . . le sieur PAJOU S.
Troisième — . . . . — JEAURAT P.

Quartier d'octobre.

Premier prix. . . . . . . le sieur DESHAYS P.
Second — . . . . — WILTON S.
Troisième — . . . . — METTAY P.

Cela fait, la séance a été levée, et M. le Directeur général a été reconduit avec le même cérémonial qu'on a suivi à son arrivée.

Du vendredi 28 juin.

Assemblée par convocation générale.

Le directorat de M. COYPEL proposé, à sa réquisition, à la mutation autorisée par l'article IX des statuts de 1663. Décidé unanimement et par acclamation que M. Coypel y sera continué.

Le sieur REYDELET fait vérifier et approuver l'état de dépense du mois prêt à expirer.

Les officiers dudit quartier déclarent avoir fait leur visite et avoir trouvé les tableaux, figures et autres effets de l'Académie en bon état.

Jugement fait par eux, des petits prix dudit quartier :

Premier prix. . . . . . . le sieur LAGRÉNÉE P.
Second — . . . . — JOULLAIN P.
Troisième — . . . . — AUVRAY S.

Du samedi 6 juillet.

Assemblée par convocation générale pour les élections indiquées, auxquelles il est procédé par le scrutin.

M. DE FAVANNE a été élu recteur à la place de M. Christophe (décédé).

M. DUMONT LE ROMAIN, adjoint à recteur, à la place de M. de Favanne;

M. PIERRE, professeur, à la place de M. Dumont;

M. HALLÉ, adjoint à professeur, à la place de M. Pierre

Ensuite M. LE COMTE DE CAYLUS a lu la *Vie de feu François Lemoine*, premier peintre du Roi.

Et M. COYPEL a prononcé un discours en forme de réponse à cette *Vie*.

Du samedi 27 *juillet*.

Lecture de quelques-unes des conférences de feu M. ANTOINE COYPEL, premier peintre du Roi. M. DE PESNE, premier peintre du roi de Prusse, remercie l'Académie, par lettre, de la faveur qu'elle lui a faite de lui accorder le titre et le rang d'ANCIEN PROFESSEUR.

Du samedi 3 *août*.

Conférence en laquelle M. DESPORTES, académicien, lit la *Vie de François Desportes*, son père.

M. Coypel répond à cette *Vie* par un discours qui y peut servir de supplément.

Nomination, par la voie du scrutin, des officiers qui, avec M. le directeur, les anciens recteurs, les recteurs actuels et les adjoints à recteurs, doivent former le comité, requis par la lettre de M. de Tournehem, du 6 mai dernier, pour examiner et juger les tableaux de la prochaine exposition.

M. LECLERC, - ancien professeur.

M. VANLOO,
M. BOUCHER,
M. NATOIRE,
M. VERMONT,
M. OUDRY,
M. BOUCHARDON, } professeurs.

M. PIGALLE,
M. NATTIER,
M. SLODTZ, } adjoints à professeurs.

M. MASSÉ,
M. CHARDIN, } conseillers.

Arrête aussi que l'Académie s'assemblera le vendredi 22 du courant, pour voir le Tableau et les bas-reliefs faits par les élèves pour les Grands Prix, et qui sont destinés à être exposés, suivant l'usage, à la fête de saint Louis.

Du dimanche 18 *août.*

Le comité s'étant assemblé en la galerie d'Apollon, où tous les tableaux d'exposition avoient été apportés, M. Coypel fait l'ouverture de cette espèce de tribunal par un discours convenable au sujet, et à la fin duquel il propose de faire un nouveau règlement, pour mieux assurer le bon choix de ceux qui, à l'avenir, aspireront au rang d'Académiciens, et dont il communique même le projet.

Ce projet, goûté unanimement par le comité, est remis à la décision de l'assemblée du dernier samedi du mois.

Après quoi on procède à l'examen ordonné.

Du vendredi 23 *août.*

Assemblée extraordinaire pour voir les tableaux et les bas-reliefs faits par les élèves de l'Académie, admis à concourir pour les Grands Prix.

Résolu, après avoir vu lesdits ouvrages, qu'ils seront exposés, pour le public, le jour de la Saint-Louis et jugés par l'Académie en corps, le 31 du mois courant, et que les suffrages ne seront donnés que ledit jour, conformément aux délibérations du 20 août 1740 et 19 août 1741, ce qui sera porté sur les billets.

M. Vanloo (Louis-Michel), premier peintre de Sa Majesté Catholique, fait part à l'Académie, par une lettre écrite de Madrid, de l'honneur que lui a fait le Roi de lui envoyer le cordon de Saint-Michel.

M. Sue, adjoint à professeur pour l'anatomie, fait présent à l'Académie d'un traité qu'il a nouvellement mis au jour, ayant pour titre : *Abrégé de l'anatomie du corps de l'homme.*

La compagnie lui a témoigné sa reconnaissance de ce présent.

Du samedi 31 août.

Assemblée par convocation générale pour juger les GRANDS PRIX.

Lettre de M. COYPEL adressée à la compagnie, pour s'excuser envers elle de ce que, appelé à Versailles par un devoir indispensable, il ne peut se trouver à cette assemblée, et pour la prier de vouloir bien se faire lire le projet de règlement au sujet des aspirants qu'il joint à cette lettre.

Jugement pour les Grands Prix de 1748, par la voie ordinaire des boites.

Peinture.

Premier prix. . . . . . le sieur METTAY.
Second —. . . . . . . — DOYEN.

Sculpture.

Premier prix. . . . . . le sieur CAFFIERI.
Second —. . . . . . . — DUMONT.

Nouveau concours décidé ensuite, conformément à l'avis de M. Coypel.

Le règlement au sujet des aspirants ayant été ensuite mis en délibération, l'assemblée a adopté unanimement le projet présenté par M. le directeur sans y faire aucun changement.

M. MOYREAU, graveur et académicien, présente deux épreuves d'une planche, par lui gravée d'après Wouwermans, ayant pour titre la : *Grotte du maréchal,* laquelle planche a été approuvée et mise sous le privilège de l'Académie.

Du samedi 7 septembre.

Conférence où M. LE COMTE DE CAYLUS lit une dissertation par lui composée, sous le titre de l'*Amateur*, à laquelle M. COYPEL répond par un discours.

Choix de six, entre dix-sept élèves, pour le nouveau concours sur l'examen de leurs esquisses.

Les sieurs :

La Rue, Hutin, La Traverse, Briard,	Peintres.
Pérasche, Pajou,	Sculpteurs.

Jugement des petits prix du quartier expirant :

Premier prix.	le sieur	Drouais P.
Second —.	—	Thomire S.
Troisième —.	—	Larcher P.

M. Duchange, graveur et conseiller, âgé de quatre-vingt-sept ans, présente deux épreuves d'une planche par lui gravée d'après M. Coypel (Charles-Antoine), dont le sujet est l'*Enfant Jésus au berceau* : laquelle planche est mise sous le privilège de l'Académie.

M. Hallé, adjoint à professeur, nommé pour suppléer M. Parrocel, le mois d'octobre prochain, dans le service de professeur, où ce dernier a remontré ne pouvoir vaquer, à cause des ouvrages qu'il a à faire pour le Roi.

Du samedi 5 octobre.

Conférence que le secrétaire ouvre par la lecture de deux lettres en forme de mémoires pour servir à composer la *Vie de M. Robert le Lorrain*, sculpteur, recteur de l'Académie ; l'une de ces lettres, de M. l'abbé Le Lorrain, son fils, docteur de Sorbonne, accompagnée d'un *État des ouvrages* faits par feu M. Le Lorrain à Saverne et au palais épiscopal de Strasbourg, l'autre lettre, de M. Lemoine le fils, professeur, jadis élève du même maître.

M. le directeur a complimenté en particulier M. Lemoine, et a ajouté « qu'il seroit à souhaiter que son exemple fût imité de tous ceux qui sont en état de donner de pareilles anecdotes.

Du samedi 26 octobre.

M. Lépicié a occupé la séance par la lecture du commencement de son *Catalogue raisonné des tableaux du Roi*, qu'il entreprend par ordre de Sa Majesté.

La compagnie a été si contente de cet essai, qu'elle a fortement exhorté M. Lépicié de continuer cet ouvrage avec le même zèle et le même goût. Et de plus, dans la vue de donner à ce même ouvrage toute la perfection dont il est susceptible, elle est convenue que M. le directeur général sera prié de donner des ordres pour faire apporter à l'Académie ceux des tableaux du Roi qui seront jugés transportables, afin de la mettre en état de conférer dessus et former des avis certains et bien approfondis sur le talent et le goût spécifique de chacun des grands maîtres...

M. Pigalle, adjoint à professeur, nommé en son rang, pour suppléer, le mois prochain, le service de professeur pour M. Coustou, absent.

Convenu que, le premier samedi du mois prochain se rencontrant avec la fête des Trépassés, l'assemblée seroit remise à huitaine.

Du samedi 9 novembre.

Conférence ouverte par M. Leclerc, professeur pour la perspective, par la lecture d'une dissertation sur l'*Utilité de la perspective* dans la peinture, et même dans la sculpture et dans la gravure.

Convenu que la dernière assemblée de ce mois sera avancée d'un jour, parce que le dernier samedi se trouvera être un jour de fête (celle de saint André).

Du vendredi 29 novembre.

Examen des tableaux et bas-reliefs.

. . . . . L'Académie a jugé à propos, pour établir l'égalité et avoir du choix, de ne destiner qu'un prix à la sculpture et d'appliquer les trois autres à la peinture.

De plus, elle a réglé que pour encourager les concurrents qui auront le plus de suffrages après ceux qui auront remporté le prix, il leur sera accordé un accessit.

M. LE COMTE DE CAYLUS a ensuite lu la *Vie d'Eustache Lesueur* beaucoup plus intéressante et plus instructive que celles qui ont été données précédemment.

Et M. COYPEL y a répondu par un petit discours.

Le service pour le repos des âmes de MM. les officiers et académiciens décédés dans l'année courante et les précédentes, indiqué pour le samedi 7 du mois de décembre prochain, pour être célébré en l'église de Saint-Germain-l'Auxerrois, et ordonné que tous les membres du corps académique y seront invités par billets.

Du samedi 7 décembre.

Le service célébré en conséquence ledit jour, à dix heures du matin.

Jugement pour les prix du second concours par la voie des boîtes, en la manière accoutumée.

Peinture.

Premier prix. . . . . . . le sieur HUTIN.
Second — . . . . — LA TRAVERSE.
Autre second prix. . . . — LA RUE.
Accessit . . . . — BRIARD.

Sculpture.

Premier prix. . . . . . . le sieur PAJOU.
Accessit . . . . — PERASCHE.

Comme le dernier samedi du mois se rencontre avec la fête des saints Innocents, convenu que l'assemblée à la fin de l'année sera remise au mardi 31 courant.

Du mardi 31 décembre.

Jugement pour les petits prix du quartier expirant :

Premier prix. . . . . . le sieur JOLLAIN P.
Second — . . . . — GUIBAL P.
Troisième — . . . . — DUPRÉ S.

M. JACQUES-CHARLES OUDRY, peintre à talent, agréé le 24 février dernier, présente son tableau de réception représentant sur le devant une daine (*sic*) morte, groupée avec un panier de gibier et autres accessoires, et est reçu par le scrutin, et prête serment.

M. COYPEL, après avoir exposé en peu de mots les avantages du *Nouvel Établissement de l'École royale*, fait la lecture du règlement arrêté par M. de Tournehem pour déterminer et diriger les exercices de cette école.

Notifié à l'assemblée, par le secrétaire, que M. de Tournehem a décidé que les sieurs METTAY et CAFFIERI iront incessamment à Rome, en qualité de pensionnaires du Roi, que le sieur HUTIN s'y rendra de même au mois de septembre prochain, et qu'en attendant il entrera à l'École royale, où seront reçus aussi les cinq autres élèves qui ont eu des prix dans les deux derniers concours, sçavoir : les sieurs Doyen, Dumont, Pajou, La Traverse et La Rue.

M. NATTIER, adjoint à professeur, est nommé à son rang pour suppléer, le mois prochain, le service de professeur pour M. Bouchardon, qui a prié d'en être dispensé à cause de l'occupation que lui donne la figure équestre du Roi.

La députation qu'il est d'usage de faire au renouvellement de l'année vers M. le directeur général et vers M. de Vandières, son survivancier, réglée par l'assemblée, pour être composée de M. COYPEL, directeur, et M. DE SILVESTRE, ancien recteur, et de MM. les officiers en exercice.

Les visites des tableaux, figures et effets étant en l'Académie, établies par la délibération du 20 juillet 1747, ayant été faites par les officiers en exercice, ils déclarent avoir trouvé le tout en bonne conservation.

M. LE MARQUIS DE CALVIÈRES, associé libre, ayant été promu au grade de lieutenant-général des armées du Roi, le secrétaire est chargé à ce sujet de lui écrire une lettre de félicitation au nom de la compagnie.

M. MOYREAU, graveur et académicien, présente deux épreuves d'après une planche par lui gravée d'après Wouwermans, et qui a pour titre : *les Marchands forains*. Cette planche, approuvée et mise sous le privilège accordé à l'Académie par l'arrêt du conseil du 28 juin 1714.

Fin du journal des séances.

Vu :

LÉPICIÉ.

Alors s'ouvre une série de biographies particulières (1) des peintres, sculpteurs, dessinateurs, graveurs, architectes du XVIIIe siècle, bien maigres biographies, hélas ! formées en général d'un petit nombre de feuillets détachés d'un recueil, et de rares notices de quelques pages, que j'ai cherché à grossir ici, avec un morceau manuscrit émané d'un artiste, là avec un petit paquet de lettres, plus loin avec les notes d'un carnet de poche, plus loin encore avec une supplique racontant une vie : autographes qui, ainsi mêlés aux plaquettes imprimées, font un petit corps d'histoire artistique, où il se rencontre pas mal d'inédit.

(1) Mon analyse ne porte pas sur les biographies de date récente, à moins toutefois que le petit nombre de leur tirage et leur publication en province n'en fasse des raretés.

J'ai dit biographies détachées de quelques recueils, et en effet, sans l'ORDRE CHRONOLOGIQUE DES DEUILS DE COUR, petit in-12, publié en 1766, et dont la suite a paru sous le titre du NÉCROLOGE DES HOMMES CÉLÈBRES DE LA FRANCE, nous n'aurions pour ainsi dire pas de biographies d'Aubry, de Boucher, de Deshays, de Drouais, de Gravelot, de Leprince, de Carle Vanloo, etc.

Passons en revue, au nom de chaque artiste, quelque plaquette rare ou quelque bout de papier autographe.

BOUCHER DE VILLERS. « Précis pour le sieur Boucher de Villers, peintre, dessinateur des médailles pour le cabinet du Roi, contre le sieur Costel, apothicaire. » Un procès imprimé, dans lequel la verve d'un Coqueley de Chaussepierre amusa un moment la galerie aux dépens d'un Purgon « possédant la plus jolie figure d'apothicaire sans comparaison qu'il y eut à Paris », mais qui toutefois se refusait à payer son portrait, sous prétexte qu'il n'était pas ressemblant.

BOISSIEU. « Hommage rendu à la mémoire de Jean-Jacques de Boissieu par le conseil du Conservatoire des Arts de Lyon, dans la séance du 9 mars 1810. De l'imprimerie de Cutty. »

CAFFIERI. Une lettre autographe signée de Jean-Jacques Caffieri à un confrère, nous permet d'ajouter au volumineux volume, publié par M. Guiffrey, un document inédit, dans lequel le sculpteur fixe le prix de ses statues et de ses bustes :

Paris, 6 décembre 1791.

Monsieur et cher confrère,

J'ai appris avec grand plaisir que l'Impératrice de Russie vous avoit nommé son premier peintre. Son choix justifie sa sagacité et j'aime la voir toujours rendre justice aux talents. Je vous fais mon sincère compliment de cet événement qui prouve que si le mérite est quelquefois opprimé, il est aussi récompensé. Je ne doute pas que dans la place que vous allés occuper, vous ne mértiez bientôt toute la confiance de la souveraine et si par hasard elle projetoit de faire ériger quelque statue, ou si vous trouviez l'occasion de l'engager à le faire, je vous prie de vous ressouvenir d'un ancien ami. Je désire depuis longtemps travailler pour cette grande princesse et ce seroit un bien honneur pour moi que mes talents puissent lui être agréables. Je remets mes intérêts entre vos mains, persuadé qu'ils ne peuvent être mieux placés, et que vous ferés quelque chose en faveur de l'ancienne amitié. Il ne me reste plus qu'à vous souhaiter, non des succès, ils sont assurés d'avance, mais une bonne santé et bien des agréments.

Je suis, avec la plus parfaite estime et sincère amitié, votre très humble et très obéissant serviteur.

Caffieri.

Vous trouverés cy-joint une liste des statues que j'ai faites et des bustes que je possède. Vous savés que le prix d'une statue de six pieds en fournissant le marbre est de vingt mille livres et les bustes de quatre mille livres.

Cochin. Un recueil de lettres de Charles-Nicolas Cochin que j'ai données en mon fascicule sur cet artiste dans « l'Art du XVIIIe siècle ».

Coypel. Du peintre au fin coloris, à l'accentuation aiguë et spirituelle du dessin, de ce Charles Coypel si peu connu, le traité d'association pour la publication de ses dessins de Don Quichotte :

Aujourd'huy vingt-trois mars mil sept cent vingt et un, nous Charles Coypel, Claude Martinot et Philippe le Reboullet, sommes convenus de faire graver à frais communs la suite de l'histoire de Dom Guichot (*sic*) d'après les tableaux de mondit sieur Coypel, et pour y parvenir, de fournir chacun, la somme de cinquante livres par mois, qui sera insérée dans un registre, que mondit sieur Coypel veut bien tenir. Et sommes aussi convenus, que les planches gravées resteront entre les mains de mondit sieur Coypel, qui veut bien aussi se charger du soin de l'impression. Fait triple entre nous à Paris le jour et an cy-dessus.

CHARLES COYPEL,
LE REBOULLET,
C. MARTINOT.

FALCONET. « Éloge de M. Falconet, sculpteur, par M. Robin peintre, extrait du Tribut de la société nationale des Neuf Sœurs, Paris 1791. »

FAVANNE. « Mémoire pour servir à la vie de M. de Favanne, peintre ordinaire du Roy et recteur de l'Académie royale de peinture et de sculpture. A Paris, chez la veuve Pierres, 1753. »

FRAGONARD. De l'aimable peintre-poète, aux autographes introuvables, un billet donnant un spécimen de son écriture :

Monsieur,

Fragonard (Jean-Honoré), artiste peintre d'histoire, cy-devant logé gallerie du Louvre et de présent 2e arrondissement, Palais-Royal, chez Véry, restaurateur.

Requiert comme rentier et peintre, un numéro pou

échanger un billet de banque de France de 500 francs, n° 508.

Je suis avec respect et reconnaissance.

FRAGONARD,

20 novembre (1).

A Monsieur,

Monsieur De Rouen,

Maire du 2e arrondissement.

FRANÇOIS. De l'habile graveur en fac-similé de crayon, une lettre, datée de 1760, et adressée à Cochin, dans laquelle le graveur lorrain sollicite la gravure des dessins du Roy, disant qu'il a le plus grand besoin de l'obtention de cette grâce.

FREDOU. Un mémoire de ce peintre nous renseigne sur les difficultés, qu'en ces temps, un artiste avait à toucher l'argent d'une commande :

Mémoire.

En 1763, Frédou, premier peintre de monseigneur le comte de Provence, a été chargé par le sieur Berthier de peindre les portraits qui lui seroient indiqués par lui et par le sieur L'Enfant (Lenfant) dans les tableaux de la salle d'audience de l'hôtel de la Guerre, le marché en ayant été fait et arrêté entre le sieur Berthier et Frédou, à soixante-douze livres pour chaque tête, en présence de Messieurs Lenfant et Causette (Cosette), peintres attachés à l'hôtel de la Guerre.

Le sieur Frédou, après avoir peint dix têtes des portraits énoncés et reçus par les sieurs Berthier et L'Enfant dans les tableaux énoncés ci-dessus, a discontinué cet ou-

(1) L'année n'est point indiquée.

vrage en 1764, à cause des changements que le sieur Berthier a jugé à propos de faire. La demande du payement en a été faite plusieurs fois au sieur Berthier, qui a toujours retardé, disant que cet ouvrage n'était pas fini. Le sieur Frédou, ne pouvant rien obtenir du sieur Berthier, a présenté un placet, en forme de mémoire, à monseigneur le duc de Choiseuil, le 14 juin 1765, qui a ordonné (de payer) le sieur Berthier le 14 août suivant. Le sieur Berthier a mandé à Frédou de venir toucher chez le suisse de l'hôtel de la Guerre, 300 livres, à compte sur celle de 720 convenues pour les dix têtes de portraits faits par Frédou, à raison de 72 livres par chaque tête.

Il restait donc 422 livres à payer, et Fredou adressait pour toucher son argent plusieurs mémoires, en 1771 et en 1772, qui restaient sans reponse. Enfin on lui opposait un reçu d'une somme de 840 francs, touchée des mains de la duchesse de Grammont, pour un portrait du Roi.

Mais (reprend le plaignant) cet article n'a aucun rapport à ce que le sieur Frédou demande pour les ouvrages qu'il a faits pour le Roy à l'hôtel de la Guerre. Les invectives ont suivi les mauvaises raisons du sieur Berthier, qui a aussi dit à monsieur Banière que s'il me payoit la somme que je demande de 420 livres, qui m'est si légitimement due, il seroit tourmenté par une infinité de personnes pour pareille demande, et qu'il en couteroit au Roy plus de quatre cent mille livres. Ensuite a dit au sieur Frédou qu'il le feroit arrêter par quatre invalides et le feroit conduire en prison. Le sieur Frédou l'a défié de faire une pareille sottise, en lui disant qu'il ne le craignoit pas, et qu'on ne fait arrêter que les malfaiteurs et les fripons. Monsieur Banière lui a imposé silence, en représentant de respecter le lieu où cette scène se passoit, et en assurant au sieur Frédou (qu'il rendroit) compte à Votre

Grandeur de ce qui s'est passé dans son bureau entre le sieur Berthier et luy, en présence du sieur Prévost, peintre du cabinet du Roy......

GAUCHER. Une brochurette de la plus grande rareté, intitulée « Voyage au havre de Grâce par C.-E. Gaucher, à Paris, an VI », contenant une petite notice sur le graveur.

— Une série de billets de Gaucher, adressés au citoyen Renouard en 1795, billets dans lesquels, le délicat et consciencieux graveur parle longuement du soin qu'il apporte au petit portrait de La Fontaine, se plaignant «*de sa maudite goutte qui l'empêche de sortir* », et proposant, pour une nouvelle édition de Télémaque, une étude sur Fénelon par son beau-frère Poulain de Flins.

GRAVELOT. Une série de lettres données sur cet artiste dans mon fascicule de « l'Art du XVIIIe siècle ».

GREUZE. « Greuze, ou l'Accordée de village, par Mme de Valori 1813. » Pièce de théâtre qui contient, en tête, la notice la plus documentaire sur le peintre de de la Cruche cassée.

HALL. « Hall, sa vie, ses œuvres, sa correspondance, par Frédéric Villot, Paris, 1867. » Curieuse étude, à laquelle manque cette lettre un peu lâche, adressée en 1790, à l'Orateur du peuple (1) qui accusait la jolie femme du miniaturiste d'avoir jeté, à l'Opéra, des pommes, de sa loge, aux patriotes munis de martinets,

(1) *Orateur du peuple*, vol. III, n° 65, et vol. IV, n° 10.

pour fouetter les femmes en cocardes blanches, applaudissant le chœur d'Iphigénie :

Plusieurs personnes, monsieur, ayant attribué à ma femme l'anecdote de l'Opéra, insérée dans l'*Orateur du peuple*, je dois à la vérité d'affirmer que ma femme a passé toute la soirée de ce jour chez M. Desmarets, marchand de tableaux à l'hôtel Bullion, rue Platrière, avec M. et Mme Grétry, M. et Mme Sauvage, peintre du Roi, plusieurs officiers du bataillon de Saint-Eustache, ainsi qu'avec M. Berthélemy, aussi peintre du Roi, et plusieurs autres personnes que M. Desmarets pourroit indiquer.

La conformité de nom avec un M. Hallé, aussi peintre, et qui a épousé une certaine baronne, pourroit avoir donné lieu à ce quiproquo pour moi extrêmement désagréable. La très petite différence du nom m'a été souvent préjudiciable. Veuillez, Monsieur, après vous être assuré du fait et de la vérité, insérer dans votre plus prochain numéro que Mme Hallé qui a causé la scène de l'Opéra n'est pas Mme Hall femme du peintre du Roi; j'attends de vous cet acte de justice et j'ai l'honneur d'être avec estime, etc.

Signé : Hall, peintre du Roi,

Rue Favart, 4.

Ce 22 décembre 1790.

Houdon. « Copie de la lettre de M. Houdon, sculpteur, à M. le Président de la Société des Amis de la Constitution. » — « Réflexions sur les concours en général et sur celui de la statue de J.-J. Rousseau en particulier, par Houdon, sculpteur du Roy et de l'Académie de peinture, sculpture et gravure. »

Hubert-Robert. (Extrait du Moniteur du 29 avril

1808.) Notice de quatre pages, consacrée à l'aimable et galant peintre des ruines.

Jeaurat. « Notice de la vie et des ouvrages de M. Étienne Jeaurat, Doyen de l'Académie royale de peinture, Recteur et ancien chancelier de ladite Académie, garde honoraire des tableaux du Roi. A Versailles. » Rarissime brochure in-4, à laquelle j'ai pu joindre cette lettre autographe :

A Paris, ce 27 juin 1754.

Monsieur,

Permettez-moy d'avoir l'honneur de vous représenter que je suis le plus ancien professeur de l'Académie roiale de peinture sans avoir de pension. Celle de M. Cazes est vacante actuellement par sa mort; je vous supplie, Monsieur, de vouloir bien me l'accorder. Je suis placé immédiatement après M. de Vermont qui jouit de cet honneur par vos judicieuses attentions. Je me flatte, Monsieur, que vous voudrez bien me les continuer, en ne préférant pas ceux qui ont rendu à l'Académie moins de services que moy : il y a dix-sept ans que je professe, et j'ose dire avec une assiduité irréprochable. Vous connoissez trop les arts, Monsieur, l'émulation des artistes, pour que je n'aie pas lieu d'espérer cette grâce dont vous êtes entièrement le maître. Dans cette confiance j'ay l'honneur d'être très respectueusement, Monsieur, votre très humble et obéissant serviteur.

Jeaurat (1).

Lagrenée. L'état des tableaux faits par Lagrenée l'aîné, le journal sur lequel il les notait, au fur et à mesure de leur composition, en y joignant les prix

(1) Jeaurat, né le 8 février 1699, mourait le 11 décembre 1789, âgé de plus de 90 ans.

de vente et les noms des acquéreurs : journal que j'ai donné intégralement dans ma seconde édition des « Portraits intimes du XVIIIe siècle ».

Mme LEBRUN. « Précis historique de la vie de la citoyenne Lebrun, peintre, par le citoyen Lebrun. An deuxième de la République une et indivisible. » Rare brochure de la Révolution où le mari venge sa femme des calomnies courant le monde, et affirme que le portrait du ministre Calonne n'a été payé que 3,600 livres en billets de la Caisse d'escompte, renfermés dans une tabatière, qui valait au plus 1,200 livres.

Les Mémoires de Mme Vigée-Lebrun, publiés en 1835, ont eu un teinturier, mais ils ont été mis seulement en bon français, d'après des notes vraiment rédigées par l'artiste, et, à ce sujet, je suis heureux de donner une lettre inédite que je possède, et qui nous montre Mme Lebrun s'entretenant, en 1825, avec Aimé Martin, de la composition de ces mémoires :

Ce 23 novembre 1825.

Enfin, mon bien bon, j'ai commencé ce que vous m'aviez tant redemandé depuis plusieurs années. Vous savez combien j'ai d'aversion pour faire ce que vous appelez mes mémoires. Car il faut bien, malgré tous les événements dont j'ai été spectatrice, que je parle de moi. Ce moi est si ennuyeux pour les autres que, vrai sous ce rapport, j'y avais renoncé; mais M. de Gasperini, qui comme vous m'a pressé de les écrire, m'y a déterminé en me disant : « Eh bien, Madame, si vous ne les faites pas vous-même, on les fera après vous, et

Dieu sait comme on les écrira! » *J'ai compris cette raison, ayant été souvent si méconnue, si calomniée, et je me suis décidée, depuis quelques mois, à noter ce dont je me rappelle dans tous les temps, dans tous les lieux. Vous n'y trouverez ni styl* (sic) (1) *ni phrases, ni périodes. Je trace seulement les faits avec simplicité et vérité, comme on écrit une lettre à son amie.*

Vous avez déjà très bien exposé, dans votre notice, quelques principaux évènements de ma vie. On a pu croire par le beau côté que j'ai été la femme la plus heureuse. Eh bien, mon ami, ces hommages, ces distinctions si honorables, si flatteuses, ont été traversés par des peines bien cruelles, causées par ce qui m'était le plus proche et le plus cher! Aussi c'est ce qui m'a souvent fait penser qu'il ne faut envier le sort de personne, même de ceux que l'on croit les plus heureux. Je ne mets pas au rang de ces peines de cœur, les traits envenimés de la calomnie qui m'a toujours poursuivie. Je les ai dédaignés parce qu'ils n'étaient dictés que par des gens qui ne m'avaient jamais connue. Malgré l'intérêt que je porterai sur les évènements remarquables, que ma position dans le monde m'a mis à même de voir de près, ainsi que les personnages les plus distingués de l'Europe que j'ai bien connus, je crains que mes mémoires ne paraissent fades en comparaison de tous ceux que l'on fait aujourd'hui. Vous saurés que je loge à présent, rue Neuve-des-Capucines, n° 9.

Donnez-moi de vos nouvelles et de celles de votre chère et aimable compagne.

Venez me voir en attendant que je plante la crémaière (sic) *qui sera lorsque je serai tout à fait arranjée* (sic).

Je suis toujours les samedis soirs, mais en très petit comité. »

LE CLERC. Un mémoire de ce peintre adressé à

(1) La lettre est pleine de fautes d'orthographe, comme presque toutes les lettres d'artiste que je donne.

François de Neufchateau, le 21 fructidor an VI, c dans lequel il demande la place de professeur à l cinquième école centrale de la Seine, nous donne u petit morceau de la biographie de cet artiste qu n'en a pas :

... J'étais salarié par l'ancien gouvernement comm attaché par lui à la manufacture d'Aubusson; j'étoi chargé de faire les tableaux formant une tenture, qu'ell en recevoit tous les deux ans.....

La Révolution ayant détruit cet ordre de choses, j' perdu mon emploi, et avec lui, le fruit de quinze ans d travaux dans différents genres de peintures propres à êtr exécutées dans cette fabrique, que j'avois fait pour parve nir à en obtenir l'agrément.

Comme peintre d'histoire, j'ai constamment exerc l'étude du dessein. Depuis vingt-cinq ans, plus de si cents feuilles de principes et d'études ont été gravée dans le goût du crayon, d'après mes ouvrages. Et le débi continuel qui s'en fait, tant en France que dans tous le États de l'Europe, où l'on cultive les beaux-arts, constat d'une manière certaine leur utilité publique : voilà le titres que je présentois à l'appui de ma demande, et aux quels je joignois les pertes que la Révolution m'a fai éprouver, notamment celles que je fis sous le règne d vandalisme, lorsque mon atelier fut dévasté, et un quantité d'objets précieux et utiles à mon art furen détruits, sans que j'aie obtenu aucune part des secour distribués alors, en vertu d'un décret de la Convention aux sçavants et aux artistes qui ont souffert de la Révo lution.

Si le besoin pressant d'être employé m'a fait, il y deux ans, vivement solliciter une place, ma détress n'a pu qu'augmenter depuis ce laps de temps : j'ai un femme et deux enfants qui, ayant embrassé mon état sont dans le cours de leurs études, et par conséquent à ma charge.

LE CLERC (1),
Peintre, rue des Noyers, nº 30.

LEMOYNE. « Vie ou éloge historique de Jean-Baptiste Lemoyne, ancien Directeur et Recteur de l'Académie royale de peinture et de sculpture par Dandré-Bardon, Paris, 1779 » ; rare brochure, ainsi que celles dont Dandré-Bardon est l'auteur.

MALBESTE. Nous publions ici le traité passé par ce graveur avec le libraire Lamy pour la gravure de « la Revue de la maison du Roi, par Moreau », traité qui, avec le petit motif gravé en spécimen, avec les échelonnements des payements, avec la gratification en cas d'exactitude, avec le nombre d'épreuves d'eaux-fortes avant la lettre et d'épreuves ordinaires accordées à l'artiste, peut être considéré comme un type et comme un modèle des traités passés, en ce temps, entre un éditeur et un graveur.

Nous, Pierre-Michel Lamy, libraire demeurant à Paris, quai des Augustins, voulant faire graver sur cuivre, un dessein fait par Moreau le jeune, représentant « la Revue faite par le Roy des troupes de sa maison à la plaine des Sablons » ; nous, Georges Malbeste, graveur, demeurant aussi à Paris, rue Saint-Martin, nº 212, demandant cet

(1) Le Clerc a mis son portrait en tête d'un cahier de principes de dessins. Il est représenté dans une gravure au lavis, dessinant sous le jour d'une fenêtre, dans le cadre d'un œil-de-bœuf, en bas duquel sont entassés une palette, une toile sur un chevalet, une tête en plâtre, des cartons, des livres de dessin à l'usage des commençants.

ouvrage, et ayant fait un petit groupe (1) d'après ledit dessein, pour servir au sieur Lamy à juger de mon talent, dans cet état, nous dits Lamy et Malbeste soussignés, avons fait le traité et convention, cy après écrits.

1° Moi, dit Malbeste, promets audit sieur Lamy et m'oblige envers lui de graver exactement ledit dessein, de même format que la planche de la Revue du Roy, gravée par Lepaon, de commencer tout de suite les travaux de la dite gravure, et de ne pas entreprendre d'autres ouvrages de gravure pour y travailler avant que celle-cy ne soit finie, m'engageant encore à ne rien épargner pour la perfection de la dite gravure, afin qu'elle soit au moins aussi bien faite que le petit groupe, que j'ai fait d'après ledit dessein, reconnaissant avoir reçu de mondit sieur Lamy tant le susdit dessein que la planche de cuivre sur laquelle je dois faire la gravure.

2° Le prix des ouvrages ainsi que des retouches à faire, s'il y écheoit, pour la perfection de la gravure dudit dessein, a été fait et convenu entre nous à trois mille trois cents livres, payables par moi, dit Lamy, en neuf payemens, dont le *premier* de deux cent soixante-quinze livres a été fait à l'instant, moi, dit Malbeste, reconnaissant avoir reçu du mondit sieur Lamy, la dite somme de deux cent soixante-quinze livres dont je le tiens quitte, et à l'égard du *second* terme de payement de pareille somme de deux cent soixante-quinze livres, il sera fait, lorsque la première opération de gravure de la dite planche à l'eau-forte sera à moitié faite, ce que moi, Malbeste, promets avoir fait d'ici à la mi-mars prochain. Le *troisième* payement de cinq cent cinquante livres, aussitôt que la gravure de la dite planche à l'eau-forte sera finie, ce que moi, dit Malbeste, promets avoir fait dans le mois de juin prochain. Le *quatrième* payement de deux cent soixante-quinze livres

(1) La petite gravure de l'homme du premier plan auquel le vent enlève son chapeau.

sera exigible, lorsque les cieux de ladite planche seront à moitié faits, ce qui sera dans le mois de septembre prochain. Le *cinquième* payement, aussi de deux cent soixante quinze livres, échoira lorsque les cieux de ladite planche seront finis : ce qui sera dans le mois de décembre de l'année prochaine. Le sixième payement, encore de deux cent soixante-quinze livres, lorsque les figures de ladite planche seront faites à la moitié, ce qui sera à la moitié de février mil sept cent quatre-vingt-sept. Le *septième* payement, de même de deux cent soixante-quinze livres, sera fait lorsque la gravure des dites figures sera achevée, ce qui sera dans le mois de mars mil sept cent quatre-vingt-sept. Le *huitième* payement, pareillement de deux cent soixante-quinze livres, lorsque la planche sera aux premières épreuves, ce que moi Malbeste, promets pour la fin du mois d'avril mil sept cent quatre-vingt-sept. Le neuvième et dernier terme de payement de huit cent vingt-cinq livres sera fait *lorsque tous les ouvrages à faire pour ladite gravure seront finis et que moi, Malbeste, rendrai ladite planche dûement gravée, ainsi que les susdits desseins, ce que je promets pour la fin de juin mil sept cent quatre-vingt-sept.*

Déclarant réciproquement que, par l'indication des époques de payement ci-dessus, pour tout ce qui reste dû du prix de ladite gravure, nous n'entendons que déterminer la proportion convenue entre nous de la progression des payements à celle de l'avancement de l'ouvrage, de manière à n'exiger aucune autre avance, et conséquemment que sans attendre les époques cy-dessus énoncées, si moi, dit Malbeste, parviens à les anticiper en avançant les ouvrages, les divers payements du prix me seront faits aussitôt que je seray parvenu aux différents degrés cy-dessus ; je serai tenu d'attendre, pour exiger le payement, jusqu'à ce que j'aie complété la partie de l'ouvrage correspondante, sans pouvoir l'exiger plus tôt, et, à cet effet, de donner connaissance de l'état des travaux à mondit sieur Lamy.

3° Indépendamment des termes de payement cy-dessus stipulés, auxquels moi, dit Lamy, promets de satisfaire à leur échéance, je m'engage en outre de payer par forme de gratification audit sieur Malbeste, s'il me rend ladite planche bien et dûement gravée, finie et prête à en tirer des épreuves, pour être mises en vente d'ici au dernier mai mil sept cent quatre-vingt-sept, une somme de trois cents livres, que je lui payerai en même temps que celle de huit cent vingt-cinq livres du dernier terme cy-dessus stipulé, laquelle promesse, qui est convenue conditionnelle, sera comme non avenue et de nulle valeur, si ladite planche n'était pas gravée, finie et rendue ledit jour dernier mai mil sept cent quatre-vingt-sept, et, au contraire, dans le cas, où moi, dit Malbeste, n'aurai pas fini et rendu ladite planche d'icy au dernier juin mil sept cent quatre-vingt-sept, je m'engage à souffrir par forme d'indemnité, une diminution de trois cent livres sur le montant du prix cy-dessus stipulé de trois mille trois cent livres, au moyen de quoi le dernier terme de payement ne sera plus dans ce cas, que de cinq cent vingt-cinq livres au lieu de huit cent vingt-cinq.

4° Il est réservé à moi, dit Malbeste, douze estampes à l'eau-forte, douze au fini avant la lettre et six idem avec la lettre, dont le papier sera fourni et les frais d'impression payés par moi, dit Lamy, promettant expressément moi, dit Malbeste, de ne faire tirer aucune épreuve de la dite planche par aucun autre imprimeur que M. Dubu, promettant aussi de n'en faire tirer que deux épreuves à chacun des différents degrés de perfection de la dite planche, et à mesure que la gravure avancera.

Tout ce qui est écrit cy-dessus a été convenu entre nous sous notre promesse réciproque de l'exécuter de bonne foy, à peine de tous dépens, dommages et intérêts. Fait double à Paris, le douze décembre mil sept cent quatre-vingt-cinq.

G. Malbeste.

MARILLIER. Du vignettiste à la mode, dont l'existence est tout à fait inconnue, voici une lettre qui nous le montre, à la fin de sa vie, retournant à son premier métier, à la gravure :

Beaulieu, le 13 gérminal an XII (3 avril 1804).

Il est très vrai que l'eau-forte que j'ai faite pour vous m'avoit effrayé par la nouveauté de son objet, par la perfection du dessin et par mon inexpérience dans la partie d'architecture; mais mettant une sorte d'amour-propre à lutter contre les difficultés, j'ai employé pour les vaincre beaucoup de temps et de soins. Néanmoins je craignois de n'avoir pas réussi à votre gré, et je le craignois d'autant plus, que le vernis de la planche que M. Degenth m'avoit préparée étant venu à s'écalier (sic) *pendant la morsure, je ne présumois pas que les épreuves pussent offrir un ton de couleur suffisant. Vous avez la bonté de me rassurer; cependant, tant que je n'auroi pas vu d'épreuves, je croiroi que la satisfaction que vous me témoignez est l'effet de votre indulgence. Si monsieur Degenth, qui a eu la complaisance de me les faire tirer, ne les a pas remises à mon frère, je vous prie de lui dire de les remettre à M. Ferousat, mon voisin, porteur de cette lettre, qui aura la bonté de me les apporter.*

Vous pourrez aussi profiter de cette occasion pour me faire parvenir mes honoraires, que j'aurois désiré que vous fixassiez vous-même; mais puisque vous me forcez à m'expliquer sur cet objet, si vous trouvez que huit louis soient trop cher relativement aux spéculations commerciales, vous pouvez réduire cette somme au niveau des autres, attendu que ma première ambition est celle d'imiter votre honnêteté.

Je vous prie aussi de retenir, sur ce que vous remettrez à mon voisin, le prix du port de la planche et du tirage que M. Degenth a avancé pour moi, n'étant pas juste qu'en m'obligeant, il en soit pour ses frais.

Comme le nouvel exercice que je fais de la gravure, doit me rendre peu à peu la facilité et l'expérience que j'avois acquises en ce genre, je pense que, si vous me chargez de nouvelle besogne, vous en serez plus content; vous pouvez du moins être persuadé que j'y apporterois tous mes soins.

J'ai l'honneur d'être, avec un véritable attachement,

Votre serviteur,

MARILLIER.

La lettre est adressée au graveur Tilliard qui a écrit en marge : « Remis au sieur Feroussat pour M. Marillier la réponse à la présente. J'ai joint un billet de cent quatre-vingt-dix livres, payable au 20 messidor prochain, et 40 francs que j'ai remboursés au sieur Degent, font les 8 louis portés en la présente.»

MARIN. Du continuateur et de l'émule de Clodion, un petit recueil de mémoires et de lettres nous permet de donner quelques détails inédits sur sa vie. C'est d'abord un mémoire daté du 19e vendémiaire, an IV de la République, où il se plaint d'avoir eu brisé, au Salon, un modèle en terre représentant la Maternité, exécuté pour le citoyen Pillot, et brisé de manière à ne pouvoir être réparé, les têtes ayant été emportées, sans doute, dit-il, « *afin d'en copier les expressions et les intentions* ». Il estime sa perte à la somme de 5,000 livres et sollicite une indemnité de la commission d'Instruction.

Dans un autre mémoire, il réclame pour une statue en plâtre, mesurant 2m80, et représentant une Paix offrant l'olivier, exécutée pour la fête du 18 brumaire an X, *et pour en avoir fait faire le moule à creux perdu, remonté et réparé le plâtre, présidé au transport et à la mise en place dans le Temple : le tout avec célérité, tant de jour que de nuit, et l'emploi dispendieux d'hommes nécessaires*, il réclame 3,000 livres, prix convenu.

Puis, dans une lettre, datée de février 1814, et adressée a M. Vern, le sculpteur annonce son installation définitive à Lyon :

> *Le lendemain du jour* (écrit-il) *où je suis arrivé, je me suis présenté à mes collègues et au directeur de cet établissement, M. Artaux. Ils ont pensé que, vu la circonstance, je devais loger au Palais des Arts, ci-devant palais de Notre-Dame de Saint-Pierre; vous pensés bien, mon ami, combien j'ai été sensible à ces douces paroles, et que de suite, sans délibérer un instant, j'ai été chercher mon petit bagage à l'hôtel du Parc, où j'avais passé la nuit avec grande inquiétude... Me voilà donc, depuis trois semaines, occupé par ce nouvel emploi, donnant des leçons de sculpture, et dans les intervalles, occupé à faire quelques petites choses pour moi, en attendant les beaux jours pour exécuter quelque chose pour le Salon*, si le temps le permet.
>
> *Je me suis mis en pension chez une bonne dame veuve, fort âgée et très dévote, dont la cuisine est douce et bonne... Je n'éprouve pas cet ennui mortel que fait éprouver un déplacement, je m'occupe beaucoup; sans cela, je tomberais dans des réflexions accablantes, au lieu que par le travail je m'oublie, et crois souvent être à Paris, et voir toutes mes affections. Une chose à laquelle j'ai peine à m'habituer, c'est ce tambour presque perpétuel...*

Dans une autre lettre datée du 4 juillet, Marin dit :

> *Ma place est assez douce, mais les appointements ne sont pas payés en totalité; depuis un an, l'on ne touche que les deux tiers de ce qui est accordé : cela se rétablira peut-être un jour.....*

Mais, en dépit de cette perspective, Marin s'ennuie à Lyon; il se rappelle au souvenir du maréchal Gouvion Saint-Cyr, et dit à son correspondant, qui s'est mis à sa disposition, que la seule chose à faire pour lui, est de travailler à le rapprocher de Paris et de ses amis, et que le jour où il lui en écrira la certitude, *ce sera mon bon réveil du matin.*

Une dernière lettre du 10 août 1815, toujours datée de Lyon, est une longue lamentation :

Combien le séjour de Lyon me devient insupportable et je cherchais journellement à invoquer la raison pour me donner la force de supporter une privation aussi grande que celle de ne pas être auprès de mes amis... Quel pays pour un sculpteur que la ville de Lyon! quel pays où l'on ne peut pas compter un ami, et dans les instants où l'on en pourroit avoir plus de besoin! Quelle consolation n'éprouve-t-on pas après avoir causé avec un ami! Combien vous m'avez fait éprouver de fois ce bon temps! Ces instants se retracent sans cesse à ma mémoire... que de tableaux doux et aimables!... Avec quelle complaisance la mémoire les retrace au cœur! Aimables rêveries et tendres ressouvenirs, quand pourrai-je en retrouver les souvenirs enchanteurs... J'ai péniblement travaillé de mon art sans travaux commandés. Rien ne fatigue le génie comme de se voir dans un pays... où les habitants ne daignent pas regarder : c'est l'argent seul, c'est ce qui en rapporte qui a prise dans cette ville. Oui certes, il y a de grandes fortunes... mais ce n'est pas le pays des arts, ni des artistes, grand Dieu! Quel maudit espoir m'a porté à si bon marché dans cette ville... J'éprouve encore, mon ami, une contrariété qui n'est pas petite, c'est de ne pas être payé de la totalité de mes appointements, au lieu de cent louis par an, je ne touche que 1400 francs.....

Masquelier. « Notice nécrologique sur N.-F. Masquelier, dit le Jeune, graveur lillois. Lue à la Société d'Amateurs des sciences et arts de Lille, dans sa séance du 11 août 1809, par Bottin, membre résident. »

Moreau. Notice sur M. Moreau (extrait du *Moniteur*, n° 355, an 1814). Notice qui, jointe aux notes biographiques par Lemonnier, écrites à la sollicitation de la Société philotechnique, dont Moreau faisait partie, et à la nécrologie, perdue dans le volume de Ponce sur les Beaux-arts, résume ce que les contemporains ont imprimé sur le merveilleux dessinateur.

Mique. « Dénonciation de Richard Mique, architecte de la Reine, ses cruautés, ses barbaries envers son frère qu'il a renié et fait mourir à Bicêtre, et présentée à l'Assemblée nationale par Catherine Mique, fille de l'infortuné Mique. »

Catherine Mique dénonce son oncle, comme ayant accusé son père de désertion, de supposition de personne, de bigamie, de profanation des sacrements. Cette dénonciation devait, à quelques années de là, faire périr l'architecte de la Reine, dans la fournée des 58 personnes du 19 messidor an II.

Natoire. « Mémoire pour le sieur Natoire, peintre du Roi, chevalier de l'Ordre de Saint-Michel, Directeur de l'Académie royale de France à Rome défendeur, contre le sieur Adrien Mouton, ci-devant l'un des élèves de ladite académie. C'est le mémoire à propos du billet de confession de Mouton qui fit tant de bruit. »

Nini. « Jean-Baptiste Nini, ses terres cuites par A. Villers, Blois 1862. » Petite brochure devenue rare, contenant un essai de catalogue des médaillons de l'original ciseleur en terre.

PARIS. « Notice sur M. Paris (Pierre-Adrien, architecte du Roi et dessinateur de son cabinet (sans lieu ni date).

PORTAIL. « Notice sur le peintre Pierre Portail par Dugast-Matifeux » (sans lieu ni date).

QUENEDEY. De l'inventeur du physionotrace, une lettre autographe, adressée au maire du IIe arrondissement, le 1er février 1816 :

Edme Quenedey, né dans la paroisse de Riceys-le-Haut (Aube) le 17 décembre 1756; un peu moins d'un an de l'âge requis pour l'exemption naturelle; mais ayant des douleurs rhumatismales alternativement qui souvent me privent de l'usage du bras gauche, et ayant tous les hivers un rhume cathareux qui me fait cracher le sang. En voilà beaucoup plus, monsieur, pour me faire préférer de coucher en prison, pourvu qu'elle soit à l'abri des injures du temps, à faire faction, au milieu de la rue, de nuit, soit en hiver, soit en été...

ROSALBA. « Diario degli anni MDCCXX et MDCCXXI, scritto di propria mano in Parigi da Rosalba Carriera, dipintrice famosa, publicato D. Giovanni Vianolli. Venezia, nella Stamperia Coletti, 1793. » C'est le journal du séjour en France de la *Pintresse* au pastel, et qu'a traduit M. Sensier.

SAINT-AUBIN. Une série de placets et lettres d'Augustin de Saint-Aubin, dont j'ai donné la plus grande partie en le fascicule des Saint-Aubin, dans « l'Art du XVIIIe siècle ».

SAINT-NON. « Notice de Jean-Claude Richard de

Saint-Non, abbé commendataire de l'abbaye de Poultières, diocèse de Langres, amateur honoraire de l'Académie de peinture par Gabriel Brizard. De l'imprimerie de Clousier, 1792. » Notice rare de l'abbé aquafortiste.

SAUVAGE. D'une correspondance de ce peintre, imitateur en grisaille de la sculpture, avec M. de Fontanel, garde des dessins de l'Académie de Montpellier, j'extrais une lettre :

Monsieur et ami,

Si je n'ai pas répondu tout de suite à celle que vous m'avez adressée, c'est que je suis presque toujours absent de chez moi, aiant une besogne considérable à Saint-Cloud où je fais le plafond de la chapelle de la Reine. Je suis là pour tout l'hiver : quant à ce que vous me demandéz, j'ai fait toutes les informations possibles sans savoir. Messieurs les entrepreneurs de papier ont bien soin de cacher leurs peintres : ce n'est pas la première fois que je fais ces recherches. L'été dernier, pour obliger une dame de la campagne, j'ai fait différents dessins, comptant sur ces mêmes peintres pour les faire exécuter en papier : je n'ai jamais pu les trouver. Je donnois mes dessins à Robert, marchand de papier sur le boulevard Montmartre, qui me les fit faire et en même tems les fit doubles pour lui. Je suis fâché de n'être pas plus heureux dans mes recherches. Je compte toujours emploier le premier moment que j'aurai pour vous remercier de l'excellent vin de Frontignan, que vous avez eu la bonté d'envoier à madame Sauvage. J'espère que vous trouverez ce genre de boête assez drôle; l'on m'en demande beaucoup, mais je n'en fais guère, je suis cette année dans le plafond. Je suis à finir celui du cabinet de M. le duc de Praslin; toutes ces grandes choses m'empêchent de m'appliquer au petit, et je n'en suis pas fâché. Je m'en trouve bien de toute façon... Je ne sais si M. de Joubert reviendra bientôt, je n'ai plus de ses nouvelles, et, à son dernier voyage à Paris, je n'ai pas été chez lui. Je ne le vois plus qu'aux assemblées de l'Académie, sans cependant être brouillé, mais je n'ai pas à me louer de son fils, quoiqu'il ait fait tout au monde, pendant le dernier Salon, pour me dissuader de ce que l'on m'avoit dit. Il m'avoit accusé d'avoir engagé son père à se présenter à l'Académie comme amateur, pour le mieux engager à acheter des tableaux. Comme je ne me suis jamais mêlé à faire acheter des tableaux à M. de Joubert qu'il ne m'est arrivé qu'une fois de lui conseiller d'en faire faire un, par Taunay, étant à Rome, ce qu'il a fait. Le tableau a été payé 600 livres, prix que j'ai fait moi-même; j'ai dit après ce propos tenu que je reprendrai le tableau pour 40 louis, car il les vaut. Mais tout cela vient d'un nommé Gaudefrois, raccommodeur de tableaux qui les a empaumés, et cet homme n'aime pas les artistes dans les maisons où il va. Voilà le mot. Je vous dis tout cela entre nous; je vous prie que cela ne passe pas. M. de Joubert m'a toujours comblé d'amitiés, je lui ai dit tout bonnement pourquoi je n'allais plus chez lui : apparemment qu'il en a parlé a son fils, qui m'a accosté et à qui j'ai dit vertement ce que je pensois. Voilà les hommes, Monsieur : il faut les prendre comme ils sont.

Je suis bien mortifié de ne pas faire votre affaire; si je puis découvrir quelque chose à cet égard, vous le saurez tout de suite. Pour vos papiers ordinaires, et même du joli, il y a une manufacture nouvelle, rue de Seine, à côté du Jardin du Roi. C'est un Hollandais de ma connaissance, et ami de M. Spandonck, nommé Wemex, si vous vouliez en essayer, vous me le manderez, pour la promptitude je l'ai toujours fait employer avec plaisir.

Je suis pour la vie, Monsieur, votre ami

SAUVAGE.

Surtout motus sur les messieurs Joubert.

Paris, ce 13 décembre 1787.

SURUGUE. Une lettre du graveur Louis Surugue, datée du 30 octobre et adressée à M. Lemoine, receveur général des salines du Roi, à Moyenvic en Lorraine, nous donne de son vivant le prix de ses gravures. Le portrait de la Sylvia coûte 2 livres, celui de la Desmares 2 livres 2 sols, le portrait de la marquise *** (Mme de Mouchy) en habit de bal, 2 livres. La Camargo et la Sallé, grandes estampes dans des paysages, sont au prix de 3 livres, chacune.

SWEBACH. De ce peintre, devenu directeur de la manufacture impériale de Russie, une volumineuse correspondance pendant les années 1819-1820, adressée à Louis Larcher de Saint-Vincent, nous le montre pendant ces années, brocantant là-bas, selon son expression, « *comme un diable* ».

Saint-Pétersbourg, le 13 mars 1809.

Mon cher Louis,

. . . .

Pour les terres et la maison de Château-Thierry (1), *fais pour le mieux et comme pour toy, voulant me débarrasser de ces deux drogues, et ayant l'intention de réunir le plus possible en argent comptant, en ce moment ayant en plus de ce que tu as en main, une trentaine de mille francs, dont partie est déjà à Paris, et espérant encore, d'ici à mon départ, augmenter mon lopin, quitte à voir ce que j'en ferai quand je serai à Paris.*

Tu seras vraiment étonné quant tu reverras Édouard, qui est devenu un grand et beau garçon, ayant très bonne tour-

(1) Je rétablis l'orthographe.

nure et un talent auquel tu ne t'attends pas. Je te promets que le premier tableau qu'il fera à Paris, sera pour toy.

Quant à mes espérances ici, elles sont bien faibles. On promet ici beaucoup et on ne tient rien. J'ai affaire aux plus vilaines gens qu'on puisse connaître. Les Russes ne sont pas beaux à voir chez eux, et, je le répète, il faut mériter d'être pendu chez nous pour venir ici.

Le climat et tout ce que l'on m'a fait souffrir ici, ont détruit ma santé, et de plus je désespère d'être récompensé, et ce n'est qu'à force de privations que j'ai amassé quelque chose, pour qu'il ne soit pas dit, que j'avais fait huit cents lieues, en pure perte.

. . . .

Écris-moi quand tu pourras, je n'ai plus que toi, les autres m'abandonnent. Ma sœur ne me donne plus de nouvelles, parce que j'ai refusé de lui prêter 45,000 francs; Maillard parce que je ne veux pas qu'il vende mes tableaux et en employe l'argent, enfin qu'en bon ami, je ne veux pas faire bourse commune.

. . . .

J'espère après le jour heureux, où je pourrai vous embrasser tous, et boire, à votre bonheur, ce bon vin de France, dont je ne bois pas tout mon saoul dans ce maudit pays.

J'espère à mon retour vivre tranquille au milieu de mes enfants et du peu d'amis que j'ai. Je serai peu riche, mais je suis sans ambition, je travaillerai jusqu'à la fin de mes jours, mais pour m'amuser, et je n'espère qu'après le repos. Ma tâche en ce monde approche de sa fin. . . . . . .

SWEBACH.

Saint-Pétersbourg, ce 26 juillet 1819.

Mon cher Louis,

Je viens d'expédier pour France deux caisses que je t'adresse.

Je prépare tout pour mon retour, malgré que je ne puisse pas encore indiquer l'époque juste, n'étant pas dans un pays où l'on puisse faire toujours ce que l'on veut, et dont il me tarde fort de sortir.

. . . .

Je m'ennuie beaucoup, mais je me porte un peu mieux et je crois que je pourrai reconduire ma pauvre carcasse en France, et que nous pourrons rire encore quelquefois aux dépens des ultra des deux côtés, étant tout naturel qu'à mon âge on soit tout ventre. En rentrant, je pourrai dire avoir vu de près toute espèce de forme de gouvernement, et pourrai t'en donner des nouvelles.

. . . .

Chose assez drôle, c'est que dans ce pays, dans le moment, nous sommes entourés de trois forêts qui brûlent, dont la plus éloignée est à deux heures. Ces forêts se sont enflammées par la force et continuité de la chaleur excessive, que nous avons éprouvée ici, depuis plus de six semaines. Elle a été de 35° à l'ombre. Voilà un avantage de ce pays. Les hivers sont longs à la vérité, mais ordinairement secs et vraiment superbes, et l'été court, mais aussi beau qu'en Italie. Ce qui rend le climat pernicieux est la transition subite de la chaleur au froid, ce que j'ai vu arriver quelquefois plusieurs fois dans un jour. La végétation est superbe et d'une rapidité étonnante, et c'est dans ce pays qu'existent les plus beaux jardins à l'anglaise du monde, les nôtres ne sont que des miniatures à côté, en raison de la cherté du terrain, qui ici ne coûte rien.....

Saint-Pétersbourg, 20 janvier 1820.

Mon cher Louis,

Du reste, mes affaires vont assez bien. Outre les 1,200 fr. de rente que tu as entre les mains, il y en a encore 1,400 entre celles de M. Baguenault, banquier, plus 11,008 francs en caisse chez lui, et 12 à 15 à recevoir ici. Mon engagement est fini, on m'a fait des propositions extravagantes pour me retenir, que j'ai refusées. On s'est rebatiu sur mon fils; j'ai refusé de même, Édouard ayant besoin de Paris pour son talent. Je suis en attendant les papiers qui me sont nécessaires, pour partir à Moscou. J'ai vendu tous mes effets, voitures, chevaux et autres, et je bous d'impatience, attendu qu'il m'est promis par le ministre l'ordre de Sainte-Anne pour récompense de mes services, et que de jour en jour je l'attends.....

Ce 2 mars 1820, Moscou.

Mon cher Louis,

J'ai fait de bonnes affaires ici. Je rapporte une énorme quantité de curiosités, telles que pierres gravées et bijoux. J'ai reçu beaucoup de cadeaux. Enfin je suis fêté d'une manière extraordinaire, et s'il ne m'arrive pas d'être malade en route, tu me verras à Paris fort content. En cas de malheur, tu sauras qu'il me reste encore 16 à 17,000 francs sur M. Baguenault, banquier. J'en rapporte encore 10,000 et un peu plus de 25,000 livres de boîtes dorées, de bagues en brillants et autres pièces précieuses, turquoises superbes, talismans turcs et arabes, antiques, pierres gravées de toute espèce. Tu vois que mon voyage a mieux fini qu'il n'avait commencé. Mes tableaux ici font fureur. J'ai constamment cinq à six seigneurs qui se les disputent, à mesure que je les fais, et j'en profite pour leur vendre plus cher...

Moscou, ce 15 mars 1820.

Mon cher Louis,

Je me porte bien et j'ai vendu ici pour près de 8,000 fr. de tableaux, et comme il m'en restait encore pour près de 30,000 francs, et que je n'ai pas le temps de les vendre comme je le désirerais, j'ai pris le parti de les troquer contre de belles pierres gravées et beaux camées antiques et autres bijoux et curiosités de facile transport, ayant l'intention, à mon passage en Allemagne, de tâcher de m'en défaire avec avantage. Nous sommes ici continuellement en bombance, les seigneurs nous envoient leurs voitures, et nous allons de fêtes en fêtes..... Voilà enfin notre voyage qui tire à sa fin, assez heureusement; nous passons par Vienne et Munich après avoir traversé la Pologne et la Russie dans sa plus grande longueur, et le résultat sûr dudit voyage est 60,000 fr., 25,000 à 30,000 fr. d'objets précieux, et la croix de Sainte-Anne : toutes ces choses ne sont pas trop bêtes, et il me semble que cela valait la peine de les venir chercher. J'ai bien souffert à la vérité, mais je crois cependant que je rapporterai mes os dans ma patrie.

. . . .

Si tu vois Maillard, préviens-le de mon arrivée; je rapporte en France du lapis, du superbe outremer venant des Indes et de la Chine par les Boukares, de plus la collection complète des jades, agates, marbres, porphyres de Sibérie et d'Asie, en outre plus de cinquante bagues antiques, camées, pierres gravées et autres; en plus, j'ai reçu des cadeaux de plusieurs seigneurs et j'en ai d'un prince Baratinski et de Yousof et d'un comte Golowine (1). *J'ai aussi une collection de belles améthystes, topazes, aigues-marines, rubis, émeraudes, opales et cornalines... J'ai brocanté dans cette*

(1) Dans une dernière lettre, datée de Kiew, 23 mai 1820, où il est en route pour revenir en France, Swebach annonce qu'il emporte la commande de quinze tableaux.

ville comme un diable. L'outremer se vend ici à la livre. Je n'exporte pas de fourrures, elles sont ici plus chères qu'à Paris...

VANLOO. « Vie de Jean-Baptiste Vanloo, professeur de l'Académie royale de peinture et de sculpture, par M. Dandré-Bardon, recteur. Paris, Louis Cellot, 1779. »

VANLOO. « Description d'un tableau représentant le sacrifice d'Iphigénie par Carle Vanloo (par Caylus). Paris, Duchesne, 1757. »

WAILLY. « Notice historique sur Charles de Wailly, architecte... Lue à la séance publique de la Société philotechnique, le 20 brumaire an VII, par Joseph Lavallée. De l'imprimerie de la Société des amis des arts, an VII. »

WILLE fils. Une supplique à la duchesse d'Angoulême, en date du 9 janvier 1825, du malheureux peintre, âgé de 73 ans, ayant perdu, aux mauvais jours de la Révolution, la fortune amassée par son père, et incapable de payer la pension à Charenton de sa femme, devenue folle.

Nous terminerons cette étude des livres d'art, par une énumération des livres concernant la curiosité et une revue des catalogues de vente du XVIIIe siècle.

Et d'abord un petit livre rarissime, qui mérite d'ouvrir le chapitre de la curiosité : RELATION EN FORME DE LETTRE, *sur les dépenses suggérées par un goût outré pour des curiosités passagères, ou par une passion désordonnée pour différents genres de compilations. Terminée par un expédient de bienfaisance* (1). C'est une facétie passant en revue les goûts et les manies du temps. On y rencontre le collectionneur de médailles, le collectionneur de coquilles dont les cabinets étaient si nombreux à cette époque: le collectionneur d'estampes « qui a enfoui 40,000 écus dans l'obscurité de 60 portefeuilles »; le collectionneur de partitions de musique, qui possède tous les divertissements, cantates, cantatilles, recueils de chansons, sonates, concertos, duos, solos, enfin tout ce qui a été imprimé ou gravé en fait de musique, depuis quarante ans; le collectionneur de biscuits et de terres cuites représentant tous les amours et les savoyards, les nymphes et les vielleuses, et qui échangerait l'Andromède du Puget, pour les statuettes de Manelli, de la Tonnelli, ou de quelque virtuose du boulevard; le collectionneur d'argenterie et de boîtes baroques, demandant, tous les jours, un renouvellement de la forme, et dont l'opulence *inquiète* ne veut pas se contenter de l'orfèvrerie de Balin et du vieux Germain, de la bijouterie de Georges; le collectionneur de tentures de la Chine, qui se défait de ses tapisseries de Flandres, de Beauvais, des Gobelins, pour se procurer « les extravagantes beautés des peintres chinois ». Mais de tous ces amateurs le type le plus passionné est une collectionneuse de porcelaines, qui, après avoir donné dans la Chine et le Japon, dégoûtée par l'avilissement apporté à ces

(1) Cette brochure a été publiée anonymement. Elle est d'un avocat nommé Yon, et a paru en 1757.

porcelaines par les envois de la Compagnie des Indes, s'est jetée dans le Saxe, et après avoir dit que l'argenterie n'est bonne que pour des commis, des vieux militaires, s'écrie : « J'avoue que le Saxe coûte un peu cher... Mais aussi j'ai huit services de tables complets, indépendamment de ce que j'ai déboursé pour faire remonter en Saxe mes glaces, mes lustres, mes pendules, ma toilette et ma garde-robe. En vérité, j'ai une passion pour le Saxe qui va jusqu'à l'adoration. Enfin je suis Saxe des pieds jusqu'à la tête..... Il n'y a pas jusqu'à mon almanach et mes livres de piété qui ne soient reliés en Saxe. »

A cette brochure il faut joindre : « Réflexions sur la peinture et la gravure, accompagnées d'une courte dissertation sur le commerce de la curiosité et les ventes en général, par Joullain fils aîné, 1786 »; « le Répertoire des tableaux, dessins et estampes, ouvrage utile aux amateurs, 1788 »; et parmi les livres modernes, le Livre-Journal de Lazare Duvaux, marchand bijoutier ordinaire du Roi, qui contient, de 1748 à 1758, les achats des *jolités* et bibelots de tous les curieux et les curieuses du temps : livres parmi lesquels doit prendre sa place : « la Confession publique du brocanteur, Amsterdam, 1776 », brochurette où le sieur *Ferre-la-Mule*, au moment de mourir dans une tempête, confesse tous les *trucs* des marchands de tableaux du temps, trucs bien innocents, quand on les compare à ceux des marchands de tableaux contemporains.

Maintenant, faisons le dénombrement des catalogues originaux.

Sur deux planches, rangés par ordre de dates, se succèdent tous ces petits et gros catalogues de vente, montrant, en une sorte d'obituaire des amateurs et des artistes du XVIIIe siècle, le passage aux enchères, depuis le règne de Louis XV jusqu'à la Révolution, de tout le joli et exquis mobilier d'art du temps : pauvres petites brochurettes autrefois si méprisées, et dont, en face l'Institut, j'ai vu remplie toute une boîte de bouquiniste à 20 centimes, et dans laquelle j'ai acheté le catalogue de Boucher, et dans laquelle se trouvait, au même prix, celui du peintre de Troy, ce catalogue qui vient de se vendre 1,000 francs à la vente de M. Reiset.

Le catalogue sommaire des dessins de grands maîtres d'Italie, des Pays-Bas, de France... du cabinet de feu M. Crozat (1741), la plus extraordinaire collection de dessins qui fut jamais, et composée des dessins de Jabach qui n'avaient pas été cédés au Roi, des dessins de M. de la Noue, l'un des plus grands curieux de France, des dessins que mademoiselle Stella avait trouvés dans la succession de son oncle, des dessins provenant des débris de la collection Vasari, des dessins des Carrache achetés aux héritiers de Pierre Mignard, d'une partie considérable de dessins de Raphaël, découverts par le collectionneur à Urbin, des dessins de Rubens sortant du cabinet d'Antoine Triost, évêque de Gand, des dessins provenant des ventes de milord Sommers à Londres et de Van der Schilling à Amsterdam.

Le catalogue raisonné de diverses curiosités du cabinet de feu M. QUENTIN DE LORANGÈRE (1744); le catalogue de l'énorme collection de tableaux, dessins, estampes, dans lequel est insérée l'intéressante notice de Gersaint sur Watteau.

Le catalogue raisonné d'une collection considérable de diverses curiosités, en tous genres, contenues dans les cabinets de feu M. BONNIER DE LA MOSSON, Bailly et Capitaine des chasses de la Varenne des Thuileries (1744). Et c'étaient chez Bonnier de la Mosson : 1° un cabinet d'anatomie, 2° un cabinet de chimie, 3° un cabinet de pharmacie, 4° un cabinet de drogues, 5° un cabinet du tour, 6° un premier cabinet d'histoire naturelle, contenant les animaux en fiole, 7° un second cabinet d'histoire naturelle contenant les animaux desséchés, 8° un cabinet de physique, 9° un troisième cabinet d'histoire naturelle contenant l'herbier, les coquilles parmi lesquelles se trouvait la fameuse coquille nommée la *Scalata*, la seule existante à Paris, et que M. Bonnier avait achetée 1,500 livres en Hollande : ces neuf cabinets ornés « de tout ce que l'art a pu imaginer de mieux et de plus agréable » comme sculpture recherchée et délicate, glaces, dessus de portes, etc.

Le catalogue.... de feu M. le chevalier de LA ROQUE (1745). M. de la Roque était l'ancien gendarme de la garde du Roi, à la jambe emportée par la canonnade de Malplaquet, le privilégié du Mercure, l'ami de Watteau, dont il passait à sa vente les deux tableaux des « Fatigues » et des « Délassements de la guerre. »

Le catalogue des tableaux du cabinet de M. Crozat, baron de Thiers (1745), l'inestimable collection passée en Russie.

Le catalogue raisonné des bijoux, porcelaines, bronzes, laques, lustres de cristal de roche, pendules de goût.... provenant de la succession de M. Angran, vicomte de Fonspertuis (1747). C'est la collection des plus rares porcelaines de la Chine et du Japon, le cabinet où les amateurs allaient apprendre à connaître le *vrai* et le *beau*, et qui renfermait les plus parfaits morceaux d'ancien bleu, avant la substitution de l'émail à l'azur naturel, et les morceaux les plus gras et les plus crémeux d'ancien blanc.

Le catalogue de tableaux et des objets d'ébénisterie... du sieur Cressent, ébéniste du palais et de feu S. A. I. Monseigneur le duc d'Orléans (1747), dont les travaux rivalisaient avec ceux de Boule, et dont l'expert vante le contour simple et noble de ses commodes, et l'incrustation épaisse et pleine de ses boîtes à pendules.

Et des catalogues, j'en passe, comme j'en ai déjà beaucoup passé, et comme j'en passerai encore plus, faisant une course à vol d'oiseau, à travers cet immense inventaire de la curiosité.

Le catalogue d'une collection de tableaux, dessins estampes... de M. Le Lorrain (1758), lorsqu'il avait l'honneur d'être choisi par l'Impératrice de Russi pour être son peintre.

Le catalogue des tableaux... du comte de VENCE (1760), vente où s'adjugeaient pour 550 livres « l'Écureuse » et le « Garçon cabaretier » de Chardin, ces deux merveilles de la peinture laiteuse, dont nous avons vu revendre l'un 23,200 fr., à la vente de Camille Marcille.

Le catalogue de tableaux...de feu messire Germain-Louis CHAUVELIN, ministre d'État (1762) parmi lesquels figuraient les tableaux de Watteau, connus sous les titres de la « Lorgneuse » et de « l'Accord parfait ».

Le catalogue de tableaux, dessins, estampes... de feu J.-B. de TROY, directeur de l'Académie de Rome (1764), où se trouvait une collection d'esquisses de choix de l'école française.

Le catalogue de tableaux, dessins, estampes... de DESHAYS, peintre du Roy (1765), vente dans laquelle étaient livrés aux enchères une grande quantité d'études et de dessins du gendre de Boucher.

Le catalogue de tableaux, sculptures, dessins, estampes, porcelaines, bijoux, meubles précieux... du duc de TALLARD (1766). Un cabinet en général formé de tableaux de l'école italienne, et où le duc n'avait consenti à admettre des maîtres de l'école flamande « qu'autant qu'ils avaient travaillé dans le genre noble et sublime ». Dans les sculptures, bronzes, meubles précieux, était vendue une série de magnifiques lustres en bronze, à propos desquels l'expert déclarait que, « quoique les lustres de cristal aient absolument prévalu pour la décoration des appartements, un lustre de bronze doré a plus de noblesse et convient bien mieux pour un cabinet de peinture, où un lustre de cristal devient trop brillant et rompt le bel accord, que tout amateur de peinture doit rechercher dans l'assemblage des chefs-d'œuvre de l'art ».

Le catalogue... du peintre AVED (1766), auquel il faut joindre le catalogue de sa seconde vente faite en 1770. Ce peintre, qui passait pour un des plus parfaits connaisseurs d'Europe, et qui avait mis dans sa collection tout son patrimoine et le bien de sa femme, avait réuni un choix de tableaux et de dessins de ses contemporains, et toute une suite de natures mortes de son ami, et collaborateur dans la peinture de portraits, Chardin.

Le catalogue des effets curieux... du cabinet de feu M. de SELLE, trésorier de la Marine (1766), qui contenait, parmi des tableaux et des porcelaines, une suite de marbres, de bronzes, de terres cuites de François Girardon, Auguier, le Lorrain, Gaspard de Marsy, Antoine Coysevoix.

Le catalogue de tableaux originaux de différents maîtres, miniatures, dessins, estampes sous verre, de feu Mme la marquise de POMPADOUR (1766); petite plaquette de 32 pages, ne contenant que 99 numéros, et où n'apparaît rien de son somptueux mobilier, que nous retrouverons plus tard à la vente de son frère, le marquis de Ménars. Cette vente ne renferme de remarquable et de digne de la favorite, que les deux grandes compositions de Boucher « le Lever et le Coucher du soleil », qui font aujourd'hui partie de la collection de M. Richard Wallace.

Le catalogue des statues en pierre, en plâtre, en

terre et bronzes, modèles et ustensiles d'atelier qui seront vendus chez le sieur AYCARD, sculpteur, à la Petite Pologne, près la barrière du faubourg Saint-Honoré.

Le catalogue raisonné des tableaux, dessins, estampes et autres effets curieux, après le décès de M. de JULIENNE (1767), l'amateur par excellence du siècle, et dont la vente des tableaux de toutes les écoles, des laques les plus recherchés, des meubles de l'ébéniste Boule, était annoncée dans une vignette, par une Renommée apprenant à l'Europe que le cabinet de M. de Julienne était à vendre.

Le catalogue de tableaux, groupes, figures de bronze, porcelaines rares... de feu M. GAIGNAT, ancien secrétaire du cabinet du Roy (1768); une des collections, dit l'expert Remy, les plus recommandables entre toutes par l'excellence des choix. Les porcelaines de la Chine et du Japon sortaient des cabinets de S. A. R. Madame la duchesse d'Orléans, de la comtesse de Verrue, du prince de Carignan, du comte de Fontenai, le plus grand connaisseur en porcelaines.

Le catalogue du sieur AMAND, peintre du Roy en son Académie royale de peinture, devant avoir lieu le 30 juin 1769 et jours suivants, rue du Cul-de-sac de la Bouteille, et consistant en tableaux, dessins, estampes et autres ustensiles à l'usage de la peinture. Ce catalogue, avec sa courte notice biographique, qui est, ainsi que pour un certain nombre de petits peintres obscurs du XVIIIe siècle, tout ce qu'on possède à peu près de documents sur leur vie ignorée, nous montre la misère d'une vente d'artiste de ce temps, d'un artiste qui n'est pas à la mode. On y voit son grand tableau de « Mercure et Argus » se vendre 49 livres, son autre tableau de « Psyché abandonnée par l'Amour » 52 livres, enfin son tableau de « Soliman II devant lequel on déshabille des femmes esclaves », ne pas dépasser 80 livres.

Le catalogue... de feu M. CAYEUX, sculpteur (1769); une importante réunion de dessins, parmi lesquels il y en avait de Bouchardon, de Boucher, de Vanloo, de Pierre, de Natoire, de Jeaurat, de Cochin fils, de Greuze.

Le catalogue des tableaux, figures, bustes de marbre, bas-reliefs de terre cuite, morceaux d'ivoire... de M. LALIVE DE JULLY (1769) ; collection contenant les plus beaux échantillons de l'art français depuis Simon Vouet jusqu'à Vien, et où se trouvait « le Père de famille lisant la Bible » de Greuze, et le curieux portrait de Watteau par la Rosalba.

Le catalogue de tableaux, groupes de bronze, porcelaines... de M. BERINGHEN, premier écuyer du Roi (1770), qui avait toute une collection d'animaux, de vaches, de singes, en *bleu céleste et violet.*

Le catalogue raisonné des tableaux, estampes, bronzes, terres cuites, laques, porcelaines de différentes sortes... de feu M. BOUCHER, premier peintre du Roi (1771). A propos de ce catalogue, répétons que les catalogues qui n'avaient pas été employés avant nous, dans la biographie des gens, sont les naturels et les seuls introducteurs, en ce temps, dans les milieux de leur vie, et que pour l'explication du talent des artistes, ces inventaires dédaignés apportent de curieux renseignements. C'est ainsi que nous avons pu donner de la pastorale enrubannée du Maître, et la charrue et la herse et le petit bateau de pêcheur : des modèles-joujoux ; c'est ainsi que nous avons pu montrer le coloriste *vermillonné* des dernières années, peignant dans un tendre embrasement de tons de coquillages et d'éclairs de matières précieuses.

Le catalogue de tableaux à l'huile, à gouache et au pastel, peintures de la Chine, enluminures, dessins précieux, estampes... de feu HUQUIER, graveur (1771). Une nombreuse réunion de dessins et d'estampes renfermant un grand nombre d'académies de tous les maîtres. On y remarquait une suite de recueils de dessins reliés en volumes, parmi lesquels il y avait 45 dessins de monuments de Rome par Poussin, les 150 dessins originaux à la sanguine de Gillot pour les fables de Lamotte, 39 dessins faits d'après les plombs de Meissonnier, une suite de 150 charges à la plume et au bistre pour l'illustration des Songes pantagruéliques de Pantagruel, par Huquier. Les dessins et les estampes laissés par Huquier étaient en si grande quantité, qu'une seconde vente avait lieu la même année.

Le catalogue ou plutôt les deux catalogues de Mlle CLAIRON (1773), dont la vente se faisait rue du Bacq, près le Pont-Royal. La collection préférée de la tragédienne était une collection d'histoire naturelle avec les divisions en minéraux, cristallisations, stalactites, pierres calcaires, agates, cailloux, jaspes, pétrifications, pierres fines, coraux, madrépores-antroites, méandrites, tubipores, fougipores, millepores, rétépores, lithophites, éponges, alcyons, vermiculaires, lépas, oreilles de mer, nautiles, limaires nérites, buccins, tonnes, casques, rochers, pourpres, volutes, olives, porcelaines, huîtres, peignes, cœurs, tellines, moules, oursins, opercules, coquilles terrestres, fluviatiles, étoiles de mer. La seconde vente qui avait lieu un mois après, montrait aux regards des curieux, au milieu d'habillements de sauvages, de costumes turcs, de choses exotiques et d'estampes, les objets de ville usuels et familiers de la grande actrice : une navette de laque rouge à cartouche de laque noir et or, doublée de nacre et garnie en or ; une écritoire de trois pièces, en cristal de roche, garnie en or, sur un plateau en éventail de laque fond noir avec arbres et fabriques en or et bordure aventurinée ; un souvenir d'or de couleur avec des cartouches à portraits et cure-oreille d'or d'Allemagne ; une montre ovale, à huit pans, dans une boîte de cristal de roche d'un travail ancien et délicat ; un porte-crayon et un dé d'or ; un étui à aiguilles d'or ; un berloquier d'acier garni de cinq flacons, d'une paire de ciseaux damasquinés d'or, d'une lorgnette à deux verres, d'un tire-bouchon d'argent en olive à secret, d'un couteau de nacre de perle, garni de deux lames dont une d'or.

Le catalogue de dessins... de M. LEMPEREUR (1773) où se trouvait une suite de plus de quarante dessins de Bouchardon.

Le catalogue de tableaux... de feu M. JACQMIN, joaillier du Roi et de la Couronne (1773), à la vente duquel la « Naissance de Vénus » de Boucher, gravée par Levasseur, se vendait 480 livres, et bon nombre de boîtes en émail de Mailly et de Rouquet.

Le catalogue de tableaux originaux... de M. le C. de D. (1774). C'est la vente de Du Barry le Roué, après sa fuite de France, à la mort de Louis XV. Cette vente contenait des Watteau, des Boucher, des Greuze.

Le catalogue raisonné des différents objets de curiosités dans les sciences et dans les arts qui composaient le cabinet de feu M. MARIETTE, rédigé par Basan (1775) ; précieuse collection presque uniquement composée de dessins et d'estampes, et qui montait à 288,500 livres.

Le catalogue des tableaux, figures, bustes... du duc de SAINT-AIGNAN (1776) qui possédait les deux jolis tableaux de Subleyras, connus sous les titres du « Faucon » et des « Oyes du frère Philippe ».

Le catalogue de dessins... de M. NEYMAN, orné d'un frontispice de Choffart (1776), et contenant 1,266 numéros de dessins de maîtres.

Le catalogue de tableaux précieux, miniatures, gouaches... de M. BLONDEL DE GAGNY (1776), vente où repassaient le Murillo, le Rembrandt, le Teniers, le Wouwermans de la comtesse de Verrue.

Le catalogue de tableaux, dessins précieux, vases de marbre et de bronze, porcelaines de premier choix, ouvrages du célèbre Boule... qui composent le cabinet de M. Randon de Boisset (1777). C'est le catalogue d'un financier de goût, aux achats conseillés par Boucher, Greuze, Hubert-Robert, et où les plus beaux tableaux flamands et français voisinaient avec des marbres les plus rares de l'Italie, et où posaient, sur les plus parfaits meubles de Boule, des porcelaines *de la première qualité coloriée*, comme les collectionneurs n'en avaient pas vu passer en vente depuis trente-cinq ans.

Le catalogue de tableaux italiens, français hollandais... dont la vente se fera le lundi 17 février 1777 et jours suivants, à trois heures de relevée, rue Saint-Honoré, hôtel d'Aligre. Cette vente anonyme est la vente faite par Mme Du Barry, dans les premiers embarras d'argent de sa disgrâce, et dont nous avons raconté les détails dans son histoire (1). Parmi les tableaux importants livrés aux enchères, signalons un tout petit tableau (H. 6 p., L. 10 p.) de Gabriel de Saint-Aubin, représentant un peintre dessinant un modèle de femme nue, couchée sur un canapé, sujet que le petit maître a gravé lui-même à l'eau-forte de sa pointe la plus spirituelle. Il serait intéressant de retrouver ce tableautin, qui fixerait sur le faire à l'huile de ce gribouilleur de génie à l'aquarelle, et dont on ne possède pas une peinture de genre authentique.

(1) La du Barry, par Edmond et Jules de Goncourt. Charpentier, 1878, p. 203.

Le catalogue de tableaux, dessins, terres cuites... de monseigneur le prince de CONTI (1777), immense et splendide collection dont les tableaux montaient à 897,985 ; — les peintures à gouache et miniatures, à 14,446 ; — les dessins à 39,472 ; — les terres cuites et vases de bronze, à 29,509 ; — les pierres fines et bagues, à 39,365; — les médailles antiques, à 6,681 ; — les bijoux, à 26,466 : total, 1,053,944.

Le catalogue de tableaux et dessins originaux... de feu M. NATOIRE (1778) qui consistait en quelques spirituelles peintures de Watteau, Boucher, Subleyras, Fragonard, Hubert-Robert, et une suite de compositions et d'études de l'ancien directeur de l'Académie de Rome.

Le catalogue de tableaux originaux... de Mme *** (Mme de Cossé), 1778, vente où passait le petit modèle des chevaux Pégases des Tuileries.

Le catalogue de tableaux, sculptures en marbre, bronze, plomb doré... provenant de la succession de feu M. l'abbé TERRAY, ministre d'État (1778), dont la préface dit : « L'amateur qui avoit formé ce cabinet, vouloit encourager les artistes ses contemporains, et, sans refuser son admiration aux ouvrages des anciens, contribuer, autant qu'il le pouvoit, à la splendeur des arts en France. »

Le catalogue d'une collection de dessins choisis de maîtres célèbres des écoles italienne, flamande et française... de feu M. d'ARGENVILLE (1779), collection de dessins qui passait pour la plus capitale après celle de M. Mariette.

Le catalogue d'une belle collection de tableaux originaux... composant le cabinet de M. *** (M. Trouart), contrôleur des bâtiments du Roi (1779), où se trouvait cataloguée l'esquisse terminée du sacrifice de « Callirhoë » de Fragonard et des terres cuites de Clodion, la Rue, Houdon.

Le catalogue de quelques tableaux et dessins et d'une nombreuse collection d'estampes... du sieur JOULLAIN (1779), un des marchands et experts célèbres du temps.

Le catalogue raisonné de tableaux... de M. POULLAIN, receveur général des domaines du Roi (1780), nombreuse collection formée de tableaux provenant des cabinets Montmartel, prince de Conti, Randon de Boisset, Blondel de Gagny.

Le catalogue des tableaux et dessins précieux qui composent le cabinet de M. DE SIREUL (1781), cabinet presque exclusivement composé de dessins de Boucher, et qui valait à cette collection le nom de *Portefeuille de M. Boucher*.

Le catalogue des différents objets de curiosité dans les sciences et arts qui composaient le cabinet de feu M. le marquis DE MENARS (1781). Cette vente du frère et de l'héritier de Mme de Pompadour est la vraie vente de la favorite, et où passe, mêlé à quelques beaux tableaux acquis par son frère, tout le mobilier d'art de la virtuose et de la *curieuse* (1).

Le catalogue de tableaux... après le décès de

(1) Voir, pour les détails de cette vente : MADAME DE POMPADOUR, par Edmond et Jules de Goncourt. Charpentier, 1878, p. 329.

Mme LANCRET (1781), rare petit catalogue qui contenait 21 numéros de tableaux du Maître, et dont le plus cher, « la Réception d'un cordon bleu », auquel on joignait encore un « Louis XV tenant un lit de justice », se vendait 299 livres. Avec ces tableaux s'adjugeait un millier de dessins, par lots de 40, de 60, qui allaient de 3 à 6 livres.

Le catalogue de vases, colonnes, tables de marbres rares, figures de bronze, meubles précieux... du duc d'AUMONT, catalogue orné de trente planches (1782). Là est décrit le mobilier du XVIIIe siècle, où peut-être s'unit le plus fastueusement à la richesse et à la rareté des matières le précieux du travail, où le bronze doré s'associe aux plus beaux marbres tirés des anciens monuments de Rome, un mobilier, qui n'a de rival dans le passé que celui de la duchesse de Mazarin, et qui contient à la fois d'incomparables tables de marbre et de porphyre, un choix de porcelaines d'ancien bleu et blanc de la Chine provenant du cabinet de Mgr le Dauphin, fils de Louis XIV, une réunion unique de lustres, de lanternes, de bras ciselés par le célèbre Gouthière.

Le catalogue d'une belle collection de tableaux de M.*** (Nogaret), 1782, contenant « Jupiter et Antiope » et « l'Amour se dérobant à la correction de Vénus » de Watteau, « le Bal » de Pater, « le Moulin de Charenton » de Lancret.

Ces catalogues, ils se trouvent en général dans leur brochure de papier peigne, avec le nom du destinaire écrit sur la couverture. Mais quelquefois, par hasard, on a la bonne fortune de les rencontrer reliés en maroquin, plus souvent en veau, d'un joli veau clair semblable à une planchette de citronnier, décorée de filets sur les plats, d'un dos orné, d'une tranche ornée, et tels que j'ai rencontré le Quentin de Lorangère, le Blondel de Gagny, le Randon de Boisset. Ces catalogues sont en général des exemplaires de l'expert qui a dirigé la vente, et ils contiennent les prix et les noms des adjudicataires. Quelquefois même ils sont plus précieux et peuvent passer pour de vrais documents d'art. C'est ainsi que j'ai acquis, à la vente de M. Duchesne du cabinet des Estampes, le catalogue de tableaux, sculptures de dessins... du graveur LE BAS (1783) ayant en double les eaux-fortes du portrait et du fleuron, et contenant, à la fin, un historique manuscrit de la vente de 56 pages, et où j'ai trouvé sur Chardin et Moreau des ânecdotes qui ne se trouvent que là.

Le catalogue des tableaux, dessins, marbres, bronzes, terres cuites,.. du cabinet de M.*** (Blondel d'Azincourt), 1783, cabinet où se trouvaient réunis « l'Enfant prodigue » de Teniers, « le Marché aux Herbes » de Gabriel Metzu, « le Charlatan » de Karel Dujardin, « les Champs-Élysées » de Watteau, une suite de dessins du meilleur temps de François Boucher, un amour en marbre, grandeur naturelle, de Saly.

Le catalogue d'une collection précieuse de marbres d'Alsace tels que porphyre, granit, serpentin, composée de vases de différentes formes comme coupes, cuvettes et fûts de colonnes... montés en bronze doré d'or mat, exécutés sur de beaux profils et modèles de M. Feuillet (1784), collection d'échantillons de morceaux taillés de porphyre, dont la taille était alors toute nouvelle en France, et qu'on offrait aux curieux jaloux de comparer la matière antique avec la matière moderne.

Le catalogue de tableaux... du comte DE MERLE (1784), parmi lesquels figurait le tableau de Berghem, connu par l'estampe d'Alliamet sous le titre de l'Ancien Port de Gênes.

Le catalogue raisonné d'une très belle collection de tableaux des écoles d'Italie, de Flandres et de Hollande qui composaient le cabinet du comte DE VAUDREUIL, grand fauconnier de France (1784), catalogue dans lequel on annonçait la vente de huit tableaux de Vernet, propres à la décoration d'une galerie ou à l'embellissement de deux salons : 1° un clair de lune ; 2° un site montagneux ; 3° une tempête ; 4° un soleil couchant ; 5° une vue de mer par un temps de brouillard ; 6° un coup de vent ; 7° un second soleil couchant ; 8° un feu d'artifice.

Le catalogue de tableaux, dessins, estampes, terres cuites, marbres, bronzes antiques et modernes... de M. le bailli DE BRETEUIL (1785), catalogue dont la pièce capitale était un surtout de table composé de petites architectures représentant le temple de Flore pris sur celui de la Sibylle Tiburtine, le temple de Minerve, le temple de Mercure, un cirque, deux arcs de triomphe, des obélisques, des trophées, des colonnes triomphales, des sceaux à rafraîchir, des figures d'Isis : le tout exécuté en lapis, en prime d'émeraude, en jaspe verdâtre, en rouge antique, et monté en bronze doré ; un surtout, dont faisaient partie 75 couteaux aux manches composés des matières les plus précieuses, aux lames d'or. Dans ce catalogue du bailli de Breteuil, est encartée, dans mon exemplaire, une feuille des vins à vendre, et parmi lesquels figurent les vins à la mode du temps, « les vins de Vosne, de Beaune, de Châteauneuf du Pape, de Champagne rouge, de Carcassonne, d'Ay de plusieurs âges, d'Ay œil de perdrix, de Sautterne, de M. le maréchal de Biron, de Tokaï de plusieurs âges, du Cap blanc et rouge, de Madère doux et sec, de Malvoisie, de Madère, de Pontac, de Piccolets de Venise, de Pietro de Ximenès, de Malaga rouge, de Septuval doux et sec, de Ranciaux, de Procopia, de Mantillia, de Peralte. »

Le catalogue des tableaux... de M. le marquis De Veri (1788), catalogue qui renferme la plus nombreuse collection de tableaux de Greuze, livrée aux enchères, et parmi lesquels se trouvaient « la Malédiction paternelle, la Mort du père de famille, l'Hermite visitée par une troupe de jeunes filles, l'Ivrogne, la Cruche cassée, la Fille au chien, le Tendre Désir, le Petit Bonnet rond ».

Le catalogue d'une belle collection de tableaux, esquisses à l'huile... de M. Nourri, conseiller au grand conseil (1785), où l'on vendait 36 livres 2 sols, le portrait de Molière par Antoine Coypel.

Le catalogue des dessins, estampes, ustensiles de

peintre... de LEPAON, le peintre de batailles de S. A. R. Monseigneur le prince de Condé (1786), pauvre et rare petit catalogue de huit pages.

Le catalogue des tableaux, gouaches, miniatures... de M. BERGERET (1786). C'est le Bergeret qui emmena Fragonard et sa femme en Italie, et voulut se payer de ses frais en s'appropriant les dessins du peintre faits pendant le voyage. Dans la vente du Turcaret passent des tableaux, et le mobilier de marbre et de bronze doré des financiers du temps. Parmi les sculptures, figure toute une suite de figures et de bas-reliefs de Clodion, où au milieu des Bacchanales des Lupercales, des sacrifices au dieu Pan, la *sentimentalité* de l'époque avait introduit un petit monument en terre cuite, dédié aux mânes d'un serin.

Le catalogue des tableaux... du cabinet de M. WATELET (1786), contenant une collection de tableaux choisis de l'école française, où l'on admirait des Tremolière, des Vanloo, des Chardin, des Boucher, des Doyen, des Greuze, des Vernet, des Hubert-Robert, et le fameux portrait du cardinal Richelieu peint en émail par Petitot.

La notice des objets curieux dépendants de la succession de M. le duc DE CHOISEUL (1786), renfermant les deux figures, grandeur nature, de « l'Automne » et de « l'Hiver » peintes par Watteau pour la salle à manger de Crozat.

Le catalogue de tableaux... de M. DE BOULLONGNE, conseiller d'État (1789), où se vendait la « Toilette de Vénus », de Boucher.

Le catalogue de tableaux, de dessins précieux... formant le cabinet de M. COLLET, secrétaire du cabinet de Madame Sophie de France (1787); jolie collection d'aimables choses, d'où viennent « le Mercure de France » et « le Concert agréable », les deux gouaches de Lawreince, qui font partie de ma collection de dessins.

Le catalogue de tableaux, portraits peints depuis le XIVe siècle jusqu'à nos jours, miniatures... de feu M. le duc de RICHELIEU, pair et premier maréchal de France, chevalier des ordres du Roi, connétable, premier gentilhomme de la chambre de Sa Majesté, lieutenant général de haute et basse Guyenne. noble Génois, l'un des quarante de l'Académie française (1788). Une immense collection que cette collection du duc de Richelieu, avec ses subdivisions en tableaux, miniatures, estampes encadrées, livres d'estampes, figures et bustes de marbre blanc, figures et bustes de bronze, vases de marbre, porcelaines truité fin, porcelaines d'ancien Japon, porcelaines bleu céleste, porcelaines céladon, porcelaines de la Chine coloriées, porcelaines d'ancien blanc, porcelaines bleu et blanc, pagodes et terres des Indes, vases de terre d'Angleterre, anciens laques, porcelaines de Saxe montées et de service, porcelaines de Sèvres et autres manufactures, porcelaines de Chantilly, pendules de bon genre, lustres et lanternes, feux, bras et flambeaux, tables de marbre, meubles de différents genres, boîtes précieuses en cailloux montées en or, et bijoux médailles.

Le catalogue des bustes et vases de marbre... du maréchal duc DE DURAS (1789), vente dont les objets les plus précieux étaient une commode, un secrétaire, des encoignures, un bureau *bibliopographique*, en laque du Japon et du Coromandel, d'une qualité tout exceptionnelle.

Nous analyserons encore rapidement quelques catalogues de ventes faites pendant la Révolution.

Le catalogue d'objets rares et curieux du plus beau choix... provenant du cabinet de M. LE BRUN (1791). C'est l'énorme liquidation du fameux marchand de tableaux, où l'on voit repasser et se vendre, à des prix inférieurs, toutes les acquisitions, que, depuis une trentaine d'années, il avait faites dans les ventes célèbres, et dont il n'avait pu encore se défaire.

Le catalogue de tableaux, gouaches, estampes... de DE LAUNAY, graveur du Roi (1792), chez lequel, selon l'habitude qu'avaient les graveurs du temps, d'acheter les tableaux et les dessins qu'ils burinaient, se trouvaient les tableaux de Fragonard qu'il avait gravés, sous les titres du « Petit Prédicateur » et de « L'éducation fait tout, » et les deux gouaches de Lawreince qu'il avait également gravés, sous les titres de « Qu'en dit l'abbé » et « l'Heureux Moment ».

Le catalogue des objets précieux... trouvés après le décès du citoyen DONJEUX (1793), une autre vente d'un « négociant de tableaux et de curiosités », dont on trouve le nom parmi les adjudicataires de toutes les grandes ventes de la fin du siècle.

Le catalogue des tableaux précieux, figures, bustes en marbre, groupes et figures de bronze... de feu M. CHOISEUL-PRASLIN (1793), une collection commencée par le père du duc, dès 1750, et où se trouvaient réunis : « le Fauconnier » de Rubens, « l'Embarquement de vivres » de Berghem, « la Petite Sainte-Famille » de Rembrandt, « la Boutique d'épicerie » de Gérard Dow, « le Colombier » de Wouwermans, « la Prairie » de Potter, un superbe Claude Lorrain.

Le catalogue de tableaux, dessins, estampes... du citoyen Buldet, ancien marchand d'estampes (an V de la République), où est catalogué « Notre-Seigneur guérissant les malades », la pièce de Rembrandt, dite aux cent florins.

Le catalogue de dessins et d'estampes... de BASAN, le fameux marchand d'estampes, contenant la gouache de Baudouin, gravée par Simonet, sous le titre : « Rose et Colas. »

Le catalogue de tableaux, pastels, gouaches, dessins, figures et bustes de marbre... de feu GRIMOD DE LA REYNIÈRE (1797), une collection de montres anciennes, et une réunion de tabatières précieuses, telle qu'il n'en avait jamais été offerte en vente.

Poursuivons cette étude dans le XIXe siècle, où nous rencontrons de précieux objets d'art du temps sur des catalogues, après décès, de vieux survivants du siècle ou de leurs héritiers.

Le catalogue du cabinet de feu M. AUGUSTIN DE SAINT-AUBIN (1808), catalogue où se rencontrent des dessins des deux frères, et où treize peintures de

Gabriel Saint-Aubin (sujets de scènes familières, pauvres tableautins qui n'ont pas même de cadres), se vendaient 15 francs 60 centimes.

La notice succincte de tableaux, dessins et estampes, après le décès du graveur CHOFFARD (1809), dont un seul numéro contient 440 dessins de Baudouin, Boucher, Cochin, Fragonard, Moreau.

Le catalogue raisonné d'objets d'art... de feu M. SYLVESTRE (1810), ancien maître à dessiner des Enfants de France, collection renfermant un choix de dessins excellents, et d'où sont sortis, au prix de 22 francs, les deux portraits au pastel de Chardin et de sa femme, qu'on voit aujourd'hui dans le salon des pastels du Louvre.

La collection de dessins et d'estampes... de M. PAIGNON-DIJONVAL (1810), la plus innombrable collection de dessins et d'estampes qui ait été jamais réunie par un particulier.

Le catalogue raisonné de gouaches et dessins du cabinet de M. BRUNN NEERGARD (1814), une réunion de dessins du XVIIIe siècle, au milieu desquels les dessins de Prud'hon font, pour la première fois, leur entrée dans les ventes.

Le catalogue d'une collection nombreuse de tableaux, pastels, émaux, miniatures... de feu M. RICHARD DE LEDAN (1816); catalogue dans lequel l'expert annonce huit mille portraits du XVIe, XVIIe, XVIIIe siècle, peints à l'huile au pastel, en émail, et dont huit cent quarante-cinq garnissent des tabatières.

Le catalogue de tableaux, gouaches, miniatures,

tabatières précieuses... de feu M. QUENTIN CRAUFURD (1820), catalogue dans lequel cet Anglais, amoureux de la France et de son histoire, avait réuni une immense et curieuse collection de portraits des personnages illustres du temps de Louis XIV.

Les trois catalogues de tableaux, d'estampes, de curiosités, du baron DENON (1828), ce choix d'art de tous les temps et de tous les pays.

Le catalogue de tableaux... d'HIPPOLYTE LEMOYNE, le fils de Lemoyne le sculpteur (1828). A cette vente passait le tableau de Boucher, représentant un peintre à son chevalet, qui est Boucher, ayant près de lui sa femme et son élève Deshays, qui deviendra son gendre. Et passait encore un tableau de Pierre, daté de 1748, représentant un sculpteur dans son atelier, qui est Lemoyne, aux côtés duquel se tient son élève Pajou.

Et de ventes d'héritiers de peintres et de sculpteurs, contenant quelques glorieux morceaux de l'artiste qui leur a donné son nom, nous allons comme cela jusqu'à la vente de Caroline Greuze, la fille du peintre, faite par Thoré en 1843.

C'est le tour des arts industriels, des arts gymnastiques, des arts mécaniques.

L'art de la céramique est représentée par un certain nombre de documents, parmi lesquels je ne veux citer qu'un document manuscrit inédit, donnant la composition d'un service de porcelaine de Sèvres et les prix des différentes pièces :

ÉTAT DU PRÉSENT FAIT PAR LE ROY A SA MAJESTÉ LE ROY DE DANEMARCK ET AUX SEIGNEURS DE SA SUITE, LIVRÉ PAR LA MANUFACTURE ROYALE DE PORCELAINES, LE 9 NOVEMBRE 1768.

1	tableau. Sujet de soldats	960 fr.
1	— d'après M. Pierre	840
1	— d'après M. Vanloo	720
1	vase fond vert avec le portrait du Roy. . . .	600
2	vases peints à bas-reliefs, 480	960
2	— — — 432	864
1	buste du Roy en sculpture	144

Service en bleu caillouté d'or.

48	assiettes à	36 fr.	1728 fr.
8	compotiers.	48	384
4	—	51	204
2	sucriers	132	264
2	plateaux à deux pots à confitures.	120	240
2	soucoupes à pied.	51	102
14	tasses à glaces	24	336
2	seaux à glaces	252	504
2	— à 1/2 bouteilles	156	312
2	— à topettes	120	240
2	— ovales	156	312
2	— crénelés	204	408
2	gobelets et soucoupes bleu et or .	30	60
14	— — — — .	48	672
6	gobelets et soucoupes bleu céleste.	54	324
1	pot à sucre.		48
1	—		54
2	théières	60	120
2	pots à lait	60	120
1	jatte à rincer.		54

Sculpture.

1	groupe de la *Fée Urgèle*		144 fr.
2	— du *Sabot cassé*	60	120

2 groupes de la *Loterie* à	96 fr.	192 fr.
2 — des *Gourmands*	42	84
16 enfants de Falconet, 1re.	30	480
1 groupe de l'*Amitié*		300
1 — des *Grâces*.		240
1 Amour de Pigale		48
1 — de Falconet.		96
12 enfants dudit, 2me	21	252
12 — de Boucher	36	432
4 Flore et Hébé.	36	144
4 piédestaux.	15	60

A ce service était annexé un supplément presque aussi considérable que le service, un supplément montant à 14,534 dans lequel nous trouvons des beurriers à 120 livres, des salières doubles à 33 livres, des moutardiers à 78 livres, des saladiers à 144 livres, des saucières à 78 livres, des plateaux Bouret à 45 livres, des pots à oyles et terrines à 600 livres, une jatte à punch et mortier au même prix, et dans la sculpture, les groupes de Pygmalion et de l'Amour, coûtant 480 livres, et celui de la Fête du château, 144 livres.

Les seigneurs de la suite du roi de Danemarck recevaient également des cadeaux de porcelaines : M. de Bulo était gratifié d'un grand déjeuner Dauphin, du prix de 600 livres; M. le comte de Holk, d'un déjeuner losangé à jour, de 384 livres, et d'une tabagie accompagnée de son plateau, de 168 livres; M. le baron Deschunerman, d'un déjeuner Courteille, de 408 livres; M. Schumaker, d'un déjeuner Tiroir, de 240 livres; M. de During, d'un déjeuner Hébert à anses, de 192 livres.

L'art de la tapisserie compte très peu de livres et de brochures. Pour les tapisseries des manufactures de l'État, je ne connais guère que la NOTICE SUR LA MANUFACTURE NATIONALE DES GOBELINS, par Guillaumot, an VIII, qui est comme l'embryon des travaux publiés depuis par M. Lacordaire. Sur la broderie, la broderie occupant les loisirs des femmes, il est une brochure intéressante : le « TRAITÉ DES DIFFÉRENTES ESPÈCES DE TAPISSERIES, et principalement de la tapisserie au petit point et au point long. Yverdon, 1776. » L'auteur qui dédie son livre à la présidente Chambrier, une *artiste en laine,* après nous avoir appris que la broderie est, en ce temps, le grand amusement de la campagne, et que tout château a un métier dans son salon de compagnie, à l'usage des amies faisant séjour, passe en revue le petit point, le point long abandonné, mais de mode aux siècles passés, et où les brodeuses introduisaient des perles, des grenats, et même des cheveux naturels sur la tête des personnages, puis la chenille, les ouvrages sur paille, et conseille les laines d'Angleterre pour le point long, les laines de France pour le petit point.

De l'art de la fabrication des étoffes et des tissus, le livre le mieux et le plus pittoresquement fait, est un volume dont je possède un exemplaire en maroquin rouge : c'est « LE DESSINATEUR POUR LES FABRIQUES D'ÉTOFFES, D'OR, D'ARGENT ET DE SOIE, par Joubert de l'Hiberderie, 1765 ». Le livre, outre sa partie technique, a cela d'amusant qu'il parle un peu de tout, et qu'il fait faire à son dessinateur un voyage des plus instructifs dans Paris, ne l'arrêtant pas seulement aux magasins d'étoffes de soie de MM. Barbier, Bourjol, Laurozat, Nau, Despeignes, de Courcy, David le Roux, Doré, Mercier, Buffault, Martin, Doucet, le Boucher, Grégelu, Le Sourd, mais le menant au Louvre, au Luxembourg, au Palais-Royal, dans les collections particulières, au cabinet des estampes, dans les manufactures royales, et lui faisant voir les boutiques des brodeurs et faiseuses d'agréments, des éventaillistes, des peintres d'équipages. A propos des étoffes de coton, citons une petite brochure qui s'élève contre la prohibition de l'impression et la gravure des moules propres à l'impression des toiles de coton en France : ce sont les « RÉFLEXIONS SUR DIFFÉRENTS OBJETS DE COMMERCE, et en particulier sur la libre fabrication des toiles peintes en France. Genève, 1749. »

Sur l'art du tapissier, un homme du métier a publié, en 1774, un petit volume technique du plus haut intérêt, devenu aujourd'hui très rare. Ce sont les « PRINCIPES DE L'ART DU TAPISSIER, ouvrage utile aux gens de la profession, par M. Bimont, maître et marchand tapissier». Bimont nous donne la nomenclature exacte du mobilier du temps; son livre renferme l'énumération des lits à la duchesse, à la romaine, appelés baldaquins, à la turque, à la polonaise, des lits à tombeau, à double tombeau, des lits à colonne, du lit à pavillon en serge, puis des sophas, des ottomanes, des duchesses, des fauteuils à poches, à cartouches, des fauteuils en cabriolet, des fauteuils de canne, des grandes bergères de paille, des chaises à la reine, des paravents, des écrans, etc. Il indique le prix des étoffes, depuis le damas de Gênes, de Lyon, de Tours, jusqu'à la siamoise de Rouen et de la barrière du Temple, et la façon de chaque meuble est évaluée par article détaillé, en sorte que nous apprenons que la garniture d'un lit de trois pieds et demi à la duchesse, en damas, coûtait à Paris, en 1774, la somme de 857 livres 15 sols.

Dans l'art de la joaillerie, à noter un beau livre : le « TRAITÉ DES PIERRES PRÉCIEUSES ET DE LA MANIÈRE DE LES EMPLOYER EN PARURES, par Pouget fils, à Paris, chez l'auteur marchand joaillier, quay des Orfèvres, au *Bouquet de diamants;* Paris, 1762 », in-quarto. Il est orné d'un frontispice et de 79 planches gravées par Mlle Rambeau, représentant une très intéressante suite de montures du temps. On y voit des bouquets exécutés chez Lempereur, des aigrettes, pompons, papillons à mettre dans les cheveux, des boucles à fleurs, des bracelets ou boîtes à portraits, des agrafes de corps, des colliers d'applique, des nœuds de col, des bagues de fantaisie, des becs de tabatière, des nœuds d'épaule, des ganses de chapeaux, des navettes, des bâtons d'éventail, des queues de cachet, des chaînes de montre, dont l'une représente les attributs de l'Amour, symbolisant « la Jeunesse et la Beauté par un panier de fleurs, les Sens par un trophée de musique, deux flambeaux et quelques fruits, la Discrétion par deux trompettes enchaînées, la Jouissance par deux tourterelles bec à bec, couronnées de fleurs (1) ».

L'art de la danse, le premier des arts gymnastiques, a sa petite bibliothèque. Elle débute par : « LE MAITRE A DANSER, par Rameau, *maître à danser* des pages de Sa Majesté Catholique, la reine d'Espagne », un volume où d'épouvantables tailles-douces vous démontrent, sur des personnages en bois, les grâces du menuet, vous donnent les deux attitudes pour ôter son chapeau, et toute l'interminable série des révérences en avant, de côté, en arrière. A propos de la courante, l'auteur nous apprend que « Louis XIV, d'heureuse mémoire, la dansait mieux que personne de sa cour ». Un autre volume de Rameau intitulé : ABRÉGÉ DE LA NOUVELLE MÉTHODE DANS L'ART D'ÉCRIRE TOUTES SORTES DE DANSES DE VILLE, et dédié à son Altesse Sérénissime Mlle de Beaujolais, est suivi « des douze plus belles danses de Pécour, compositeur de l'Académie royale de musique », parmi lesquelles nous relevons la Bourrée d'Achille, la Mariée de Roland, le Menuet d'Alcide, la Royale. Un autre recueil publié précédemment par « M. Feuillet, maître et compositeur de danse », sous le titre : RECUEIL DE CONTREDANSES MISES EN CHORÉGRAPHIE, contenait le Carillon d'Oxford, le Tourbillon d'amour, le Menuet de la

(1) Un complément de ce livre pour l'histoire de l'art de la joaillerie et bijouterie est le catalogue détaillé des plus belles pierreries de France qui se trouve dans l'INVENTAIRE DES DIAMANTS DE LA COURONNE. Paris, de l'Imprimerie nationale, 1791.

Reine, l'Épiphanie. LE RÉPERTOIRE DES BALS, *ou théorie pratique des contre-danses, par le S*[r] *de la Cuisse, maître de danse,* quatre volumes portant la date de 1762, et contenant les plans des figures des contre-danses, renferme quelques titres singuliers comme l'Hôtel de l'Ortie, la Fleury ou les Amusements de Nancy, les Fontaines du Loiret, les Jolis Garçons, l'Épicurienne, la Strasbourgeoise, la Clairon, les Échos de Passy, la Ruggieri, la Fée Urgèle. Cet ouvrage est illustré dans son premier volume de deux planches, l'une pour la Bionni, l'autre pour la Griel, du nom du portier du parc de Saint-Cloud, deux planches chargées d'une multitude de danseuses et de danseurs microscopiques, gravés à l'eau-forte, répétant dans de petits carrés les figures, et que j'ai reconnus pour des Gabriel de Saint-Aubin. Ces deux eaux-fortes jusqu'ici inconnues, et dont la Griel est signée *g d s,* manquent au catalogue du petit maître rédigé par M. de Baudicour. Vient, après le Répertoire des bals, la LETTRE SUR LA DANSE ET LES BALLETS, par M. Noverre, *pensionnaire du roi et maître des ballets de l'Empereur,* Londres et Paris 1783, un exemplaire d'envoi avec l'*ex dono autoris,* et relié en maroquin rouge, et précédé d'un magnifique portrait gravé en Angleterre, où le professeur de danse porte en sautoir sur la poitrine un ordre étranger.

Parmi les danses à la mode en France, au XVIIIe siècle, il en est une qui fit fureur : la danse qui eut l'honneur d'être représentée par A. de Saint-Aubin, dans son Bal paré, l'Allemande. Je possède sur cette danse deux rares petites plaquettes. L'une porte pour titre : « ALMANACH DANSANT OU POSITIONS ET ATTITUDES DE L'ALLEMANDE, dédié au beau sexe par Guillaume, maître de danse pour l'année 1770. » Elle est ornée d'un charmant frontispice dessiné par Bertault, et de douze jolies figures, donnant les passes de cette danse, figures qui ont une certaine parenté avec le dessin d'Augustin de Saint-Aubin. Un autre petit volume avec des figures gravées par Mme Annereau, mais très inférieures, s'intitule : « PRINCIPES D'ALLEMANDES, par M. Dubois, de l'Opéra. A Paris, chez l'auteur. »

Dans l'art de l'équitation, nous citerons l'ÉCOLE DE CAVALERIE de la Guérinière; les deux volumes publiés en 1769 et illustrés des spirituelles et pittoresques eaux-fortes de Charles Parrocel, montrant la Pésade, la Courbette, la Ballottade, la Croupade, la Capriole, le Piaffer dans les piliers, la Course de bague. Nous citerons encore la PRATIQUE D'ÉQUITATION par M. Dupaty de Clam, 1769, petit livre qui a pour frontispice la rare gravure de Moreau jeune, représentant : « *Posture à cheval dessinée d'après nature,* où le cavalier est vu aux trois quarts et à quatre pieds au-dessous de la ligne horizontale. » Il y a à joindre à ces deux ouvrages la brochure intitulée : MÉMOIRE INUTILE SUR UN SUJET IMPORTANT, 1788, qui est, en ce temps de fureur des courses, une défense du cheval anglais, contre Linguet qui s'était indigné de la curiosité de Paris « pour ces *squelettes* de chevaux montés par des singes anglais ».

L'art de l'escrime compte quelques volumes. Le

plus ancien en date est : « LE MAISTRE D'ARMES, ou l'abrégé de l'exercice de l'épée, démontré par le sieur Martin, maistre en fait d'armes de l'Académie de Strasbourg, 1737. » Ce livre, publié à Strasbourg avec des imageries provinciales, en est encore à la flanconade. Le véritable traité en faveur, au XVIIIe siècle, s'appelle « L'ART DES ARMES par M. Danet, Syndic-Garde des ordres de la compagnie des Maistres en fait d'Armes des Académies du Roi en la ville et faubourg de Paris, aujourd'hui Directeur de l'Ecole royale d'Armes ». C'est l'école de l'escrime moderne avec un chapitre rétrospectif curieux sur les voltes, pirouettes, estocades des anciens, et les deux volumes sont remplis de figures gravées par Taraval. Il y a encore le « NOUVEAU TRAITÉ DE L'ART DES ARMES par M. Nicolas Demeuse, garde du corps de S. A. le prince évêque de Liège », un volume orné de figures, publié à Liège en 1786.

Les arts, concourant à la toilette de l'homme et de la femme, abondent en brochurettes et petits livres curieux.

Commençons par la toilette de l'homme (1).

« ORAISON FUNÈBRE *de très habile, très élégant, très merveilleux* CHRISTOPHE SCHELING, *maître tailleur de Paris, prononcée, le* 18 *février* 1761, *dans la salle du célèbre Alexandre, limonadier au Boulevart. A Paris,* 1761. » — Un petit pamphlet, une charmante ironie, pleurant le tailleur qui, le pre-

(1) Je ne cite pas le Tailleur, tiré de l'ENCYCLOPÉDIE.

mier, mit au jour la nuance *mordorée,* qui eut le génie d'ambrer les habits, qui fut l'inventeur de ces charmants déshabillés, appelés par le peuple *chenilles* (1); l'artiste dont la vogue fut un moment telle, que son hôtel était assiégé comme un ministère, et que tout Français bien né « se croyait dans la nudité la plus affreuse, quand il n'était pas habillé par le divin Scheling ». Scheling, l'homme unique pour les habits de velours moiré, cannelé, ciselé, de velours plein, de velours à bordure, de velours à queue de paon, et encore pour les habits de taffetas ondoyant, de taffetas pommelé, de lustrine mouchetée, de lustrine serpentée avec dorures à glacis, dorures à flocons, galons à tresse, galons à clinquant, galons sur rubans, broderie relevée, broderie renversée, demi-Versailles, demi-Fontainebleau; le tailleur, enfin, qui habillait Berlin, en dépit de la guerre entre la France et la Prusse, et qui convertit la Pologne à nos modes, le jour, où ses habits furent introduits à Varsovie.

« ÉLOGE FUNÈBRE ET HISTORIQUE de très court, très épais et tout adroit citadin, monsieur maitre NICODÈME-PANTALÉON TIRE-POINT, bourgeois de Paris, maître et marchand tailleur d'habits, ancien juré de sa communauté, ancien marguillier de sa paroisse... 1776. » — Satire dont la forme est volée au précédent, et qui mentionne la polonaise à brandebourgs, et parle de basques d'habit d'une broderie

(1) Voir un chapitre sur les chenilles, dans les LETTRES CRITIQUES ET MORALES SUR LES MODES DU TEMPS, Avignon 1760.

si délicate, qu'ils ne pouvaient « être aperçus que par des yeux de taupe » (1).

« L'ALMANACH SVELTE, pour l'année 1779. A Ratapolis et se trouve à Meaux. » — Un petit almanach gros comme rien, et parfaitement inconnu, contenant des digressions sur les chaussures, sur les chemises, sur les vestes, sur les culottes, et nous donnant dans un récit plein de grâce, l'origine de la vogue de la couleur *puce*, inspirée, par la vue d'un tout chaud cadavre de puce sur une ongle rose de femme, et qui fit dire au cercle qui l'entourait : « C'est un noir qui n'est pas noir, c'est un brun trop brun... voilà une couleur délicieuse (2). »

Les culottes, à bien des années de là, amenaient la publication des « RECHERCHES ET CONSIDÉRATIONS MÉDICALES sur les vêtements des hommes et particulièrement sur les culottes par L.-J. Clairian, médecin (an XI) », une dissertation savante avec figures, prenant à partie les culottes *incroyablement* étroites. Pour la coiffure des hommes, il existe « l'ENCYCLOPÉDIE PERRUQUIÈRE, ouvrage curieux par Beaumont, coiffeur dans les Quinze-Vingts... 1757. » — Le texte est une plaisanterie de l'avocat Marchand, mais on y trouve 45 figures représentant les accommodements

(1) A ces pamphlets sur les tailleurs, il faut joindre : *Billet d'enterrement d'un maître tailleur avec son testament à Filoutrimanie*, 1760.

(2) On connaît la phrase de Besenval à un absent de Versailles depuis six mois, qui redoutait d'avoir perdu le ton de la cour : « Je vais vous mettre au courant. Ayez un habit puce, une veste puce, une culotte puce, et présentez-vous avec confiance. Voilà tout ce qu'il faut aujourd'hui pour réussir !

à la mode du temps, et parmi lesquelles je relève les coiffures à la Port-Mahon, à la Rhinocéros, à l'Oiseau royal, à l'Aile de Pigeon, à l'Aventure, à la Dragonnade, à la Comète, à la Gendarme, à la Gentilly, à la Parisienne, au Petit-Maître, à la Tronchin, à la Conquérant, à la Plus tôt fait, à Ravir. Et le livre avait un tel succès, qu'il reparaissait en 1762, avec une copie en réduction des figures de la première édition. A propos de la coiffure des hommes, il paraissait, en 1778, une espèce d'élucubration fantasque intitulée : « l'AMI DE L'HUMANITÉ, conseils d'un bon citoyen à sa nation, suivis du *Chapeau* », — brochure qui recommande aux Français de porter leurs chapeaux sur leurs têtes dans la rue. Et quelques années après que le bonnet rouge eut remplacé sur les têtes françaises le chapeau, c'est un dialogue satirique qui a pour titre : LE BONNET ROUGE DÉTRÔNÉ PAR LE BONNET VERT.

Passons à la toilette de la femme.

« SATIRE SUR LES CERCEAUX, PANIERS, CRIARDES (1) ET MANTEAUX VOLANS DES FEMMES, et sur leurs autres ajustements. A Paris, chez Thiboust, 1727. » — De méchants vers ridiculisant les troussures équivoques et ces cercles montés en gradins, qui faisaient, des cotillons, des ruches à miel, se plaignant, au nom des galants, de l'incivile disposition du *traquenard*, le premier cerceau d'en haut, et donnant à voir la femme du temps avec de tous côtés « un arpent de derrière ».

(1) Jupon de toile gommée, ainsi nommé du bruit qu'il faisait.

« LA PETITE BIBLIOTHÈQUE AMUSANTE ; London, Printed for Crowder 1781 », contient, à la page 123 de la seconde partie, un chapitre renseignant sur les paniers et qu'on ne trouve que là. Il y est question des paniers à gondoles, qui faisaient ressembler la femme à une porteuse d'eau, des paniers nommés *cadets* qui ne descendaient que de deux doigts au-dessous du genou, des paniers à bourrelets munis d'un gros bourrelet qui faisait évaser la jupe, des paniers fourrés, dont les hanches étaient garnies, des paniers à guéridon, et des paniers à coudes préférés aux paniers à guéridon, et ainsi appelés, parce qu'ils étaient plus larges en haut qu'en bas et que les coudes reposaient dessus. Un moment, on vit des paniers qui avaient trois aunes de tour. Les paniers étaient ordinairement cerclés de cinq cercles, ceux à l'anglaise en comptaient huit. En dernier lieu, la cage à volaille était remplacée par une jupe de forte toile, sur laquelle étaient cousus des cercles de baleine. Et avec les paniers les corps baleinés. Ces corps baleinés amenaient, en 1770, la publication de « l'AVIS IMPORTANT AU SEXE *ou Essai sur les corps baleinés*, pour former et conserver la taille aux jeunes personnes, par M. Reisser l'aîné, Allemand, tailleur pour femme à Lyon. Lyon, Béguillat, libraire, » avis dans lequel l'Allemand Reisser s'élevait à la fois contre les *corps à la grecque* qui n'habillaient point les flancs, creusaient au défaut de la gorge, arrondissaient le dos, et contre les *corsets à plastron* adoptés par les femmes à embonpoint et qui leur donnaient l'apparence d'une grossesse.

Le danger autrement sérieux des corps baleinés faisait paraître la même année : « DÉGRADATION DE L'ESPÈCE HUMAINE PAR L'USAGE DES CORPS A BALEINE, ouvrage dans lequel on démontre que c'est aller contre les lois de la nature, augmenter la dépopulation, et abâtardir, pour ainsi dire, l'homme, que de le mettre à la torture dès les premiers moments de son existence, sous prétexte de le former (1), par M. Bonnaud. A Paris, chez Hérissant. »

Maintenant, ce sont des brochures et des feuilles volantes, concernant les choses les plus diverses de la toilette des femmes.

« LES ÉTRENNES FOURRÉES, dédiées aux jeunes frileuses, ou pelisses sympathiques; Genève, 1770, » nous indiquent les fourrures portées par les femmes à l'Opéra, et les manchons de tourterelles remplacés par les manchons de plumes de coq, dans lesquels seuls, à l'heure présente, les femmes voulaient mettre les mains. Des DÉCLARATIONS DU ROI, du commencement du siècle, défendent aux femmes et aux filles, non mariées, de commissaires, marchands, procureurs, notaires, huissiers et artisans, de porter aucune pierrerie de quelque nature que ce puisse être, à la réserve de quelques bagues; déclarations auxquelles il est dérogé par de nouveaux arrêtés qui permettent, à certaines de ces femmes, de por-

(1) Ces conclusions étaient celles du travail de l'anatomiste Winslow dans les *Mémoires de l'Académie des Sciences*, de 1741.

ter des boucles d'oreille et pendeloques, une croix, un coulant et une boucle de ceinture de diamants ou d'autres pierreries, pourvu que le tout n'excède pas deux mille livres. Une ORDONNANCE DE POLICE de 1782 défend la fabrication ou vente et usage de rubans, chapeaux, éventails, gazes et étoffes et autres objets de parure brillantés avec du verre, se basant sur les accidents qui sont survenus par suite de l'emploi du verre blanc pilé, introduit dans ces objets. Enfin une brochure rarissime : « LA VÉRITABLE RESSOURCE QU'ON PEUT TIRER DU ROUGE, en faveur des pauvres femmes et veuves d'officiers », par le chevalier d'Elbée, nous renseigne sur l'énorme emploi du fard, nous donne ce détail curieux que Montelat, marchand de rouge, rue Saint-Honoré, en vendait six douzaines de pots par an à Mmes Dugazon et Billioni, et qu'à la Roquette, chez la faïencière Petit, il se fabriquait, chaque jour, trois mille de ces pots. Le chevalier d'Elbée estime enfin qu'il se consomme deux millions de pots de rouge, à six francs dans le royaume.

Mais il s'agit à présent de la coiffure, et voici toute l'armée des écrivains capillaires : coiffeurs ou hommes de lettres.

« LIVRE D'ESTAMPES *de l'art de la coiffure des dames françaises*, gravé sur les dessins originaux d'après mes accommodages avec le traité en abrégé d'entretenir et conserver les cheveux naturels, par le sieur Legros, coiffeur de femmes. A Paris, aux Quinze-Vingts, 1765. » Petit in-4° qui a deux suppléments de bizarres figures, rehaussées d'aquarelle. Ce Legros est un ancien cuisinier, dont le succès dans son nouvel art fut fort traversé, et qui périt écrasé sur la place Louis XV, lors des fêtes du mariage de Marie-Antoinette ; — TRAITÉ DE LA NATURE DES CHEVEUX *de* L'ART DE COIFFER, par Tissot, coiffeur. Paris, 1776 ; — TRAITÉ DES PRINCIPES DE L'ART DE LA COIFFURE DES FEMMES, par M. Lefèvre, maître coiffeur. Paris, 1778 ; — « ÉLOGE DE LA COIFFURE A LA TITUS, pour les dames, contenant quelques observations sur les coiffures modernes dites à la grecque, romaine, par J.-N. Palette, coiffeur. Paris, chez Palette, 1810. »

Puis les badinages de lettres et les recherches agréables sur la matière : « l'ENCYCLOPÉDIE CARCASSIÈRE, ou tableaux des coiffures à la mode, gravés sur les dessins des petites-maîtresses de Paris. Hochereau, 1763, » — livre fait pour les coiffures de femmes, à l'imitation de l'Encyclopédie perruquière, contenant 44 figures, et où l'introduction à la connaissance intime des allonges, pompons, papillotes blondes, marlis, est suivie de : *la Fille dégoûtée ;* — « l'ART DES COIFFEURS DE DAMES, contre le mécanisme des perruquiers, poëme. A la toilette de Cythère, 1769, » — méchants vers égratignant les coiffeuses qu'ils peignent comme des entremetteuses (1) ; LES

(1) Les coiffeuses venaient d'être tout nouvellement instituées, et parmi plusieurs arrêts du Conseil d'État du Roi, concernant les perruquiers, coiffeurs, coiffeuses, j'en trouve un, qui ordonne que toutes coiffeuses de femmes seront tenues de se faire inscrire tant au bureau de la communauté des maîtres perruquiers qu'en celui de la police.

MODES (sans nom d'auteur ni d'imprimeur), court poème, émaillé de notes instructives sur les fanfioles de la toilette, et dédié à Beaulard, le créateur des jolis bonnets de 100 à 1,000 francs et l'inventeur des bouquets de côté ; — « LE PARFAIT OUVRAGE, ou Essai sur la coiffure, traduit du persan par le sieur L'Allemand, coiffeur, neveu du sieur André, perruquier... A Césarée, 1776 » ; plate brochure ornée d'un joli frontispice ; — « LES PANACHES, *ou les Coiffures à la mode,* comédie en un acte, représentée sur le théâtre du grand monde et surtout à Paris. Paris, 1778, » — pièce facétieuse dont le héros est M. Duppefort, coiffeur ; — ÉLOGE DES COIFFURES, adressé aux dames par un chevalier de l'ordre de saint Michel, brochure dont l'auteur, d'après les calculs qu'il fait des cahiers de coiffures publiées par Rapilly et les autres, évalue, depuis quelques années, les modes de la tête à 3,744 ; — ÉLOGE DES PERRUQUES..., par le docteur Akerlio, un pot pourri sur les perruques anciennes et modernes, les perruques d'hommes et de femmes ; — « LES TÊTES TONDUES, sifflées, critiquées et traitées comme elles le méritent », — pamphlet du Directoire contre les cheveux courts, légués par les temps révolutionnaires ; — « OBSERVATIONS POLITIQUES, *morales et surtout financières,* sur l'origine de la perruque des dames de Paris (par Feydel). Paris, an VII, » — brochure qui n'a de curieux que son titre ; — « ANTI-TITUS, ou Remarques critiques sur la coiffure des femmes au dix-huitième siècle. Paris, 1813 », — petit volume comparant les têtes coiffées de cheveux d'un pouce de hauteur « à l'image d'un port-épic ». — Et mentionnons, pour compléter cette série, le petit recueil de 48 coiffures, qui va depuis la coiffure en cheveux frisés du règne de Henri IV jusqu'au chapeau tigré de la fin du XVIIIe siècle, et encore le MANUEL DES TOILETTES, qui, en regard d'un texte explicatif, déroule ses galants accommodages de têtes à la Mappemonde, à la Hérisson, à la Zodiacale, à l'Aigrette-Parasol, à la Parnassienne, à la Persane, à la Guirlande, à la Dauphine, à la Calypso, à la Dorlote, à la Triomphale.

Terminons cette longue nomenclature de la mode par quelques ouvrages généraux : L'APERÇU SUR LES MODES FRANÇAISES, par le citoyen Ponce, un pauvre aperçu ; les « ESSAIS HISTORIQUES, sur les modes et la toilette française, par le chevalier de... Paris, 1824, » deux minces volumes où sont éparpillés çà et là quelques renseignements ; le MANUEL DES ÉLÉGANTS ET DES ÉLÉGANTES, par Joachim du Bel-Air, au XIXe siècle, — un tableau de la mode et des fournisseurs de la mode au sortir de la Révolution. Quant aux journaux de modes, hélas ! ceux du temps de Louis XVI me font défaut, et je n'ai que deux journaux du Directoire ; « le MESSAGER DES DAMES ou le Portefeuille des amours » ; et le « TABLEAU GÉNÉRAL du goût des modes et costumes de Paris, an V ». Un journal, qui contient une série de costumes gravés au bistre, de ces ébouriffants costumes de femmes à la Carle Vernet, mais sans l'exagération de la caricature, et dont quelques-uns, le dirai-je, ont une grâce allongée, toute charmante.

Rattachons aux arts de la toilette l'art de la parfumerie, et citons la « TOILETTE DE FLORE », suivie du « LABORATOIRE DE FLORE, essai contenant les différentes manières de préparer les Essences, Pommades, Rouges, Fards et Eau de senteur. Ouvrage utile aux Parfumeurs, Baigneurs et aux personnes chargées de la direction des toilettes de Paris, 1773 ». — Les deux volumes sont un recueil de recettes pour l'Eau céleste, la véritable Eau de la Reine de Hongrie, l'Eau de Mélisse magistrale, l'Eau Impériale qui détruit les rides, l'Eau très utile après la petite vérole, l'Eau de Charme pour conserver le teint, l'Eau de Venise pour blanchir les visages basanés, l'Eau pour se préserver du hâle, l'Eau pour faire disparaître les lentilles et les tannes, l'Eau d'Adonis, l'Eau de Mme la Vrillière, la femme du ministre, pour les dents, la pommade de fleurs de lavande pour les cheveux, etc., et le moyen pour parfumer au jasmin les gants blancs, à la manière de Rome. On y trouve encore la recette du *Parfum pour le plaisir* et la recette du *Bain de beauté* que voici : « Prenez deux livres d'orge mondé, une livre de riz, trois livres de lupin pulvérisé, huit livres de son, dix poignées de bourrache et de violier; faites bouillir le tout dans une suffisante quantité d'eau de fontaine. Il n'y a rien qui nettoie et adoucit la peau comme ce bain. »

Nous sommes arrivés à l'art de la cuisine, à cet art placé tout en bas des arts mécaniques, à cet art si exclusivement français, et qui, pendant plus de cent ans, a fourni aux estomacs, *délicatement voluptueux,* des plats d'une chimie sublimée, où, selon l'expression d'un spirituel pamphlet du temps, « il n'entrait plus que des quintessences raisonnées, dégagées de toute *terrestréité* ».

Nous ne sommes plus au temps de Louis XIV, où des viandes choisies, quelques ragoûts simples, des vins excellents, faisaient tout le mérite d'un souper. Aujourd'hui, dit LA LETTRE DU PATISSIER ANGLOIS, les choses sont sur un autre pied. On n'oserait plus prier des gens de bonne compagnie, si l'on ne débutait par deux services de hors-d'œuvre alambiqués, relevés de six entrées quintessenciées, suivies du rôti et de deux services d'entremets, le tout terminé par un fruit monté et historié.

Et le traité complet des potages, des hors-d'œuvre, des entrées, des rôts, des entremets nous est donné dans le « DICTIONNAIRE PORTATIF DE CUISINE, D'OFFICE ET DE DISTILLATION publié en 1772, chez Lottin le jeune », et dont j'ai sous la main un exemplaire en maroquin rouge, aux armes d'un homme d'église, qui porte dans son manteau ducal une croix d'archevêque.

Un autre livre de la composition du sieur Gilliers, chef d'office et distillateur du roi Stanislas (1), publié en ce pays lorrain, la patrie de la fine et exquise gourmandise, complète le DICTIONNAIRE PORTATIF

(1) LE CANNAMÉLISTE FRANÇAIS, ou Nouvelle Instruction pour apprendre l'office. A Nancy, de l'imprimerie d'Abel-Denis Cusson, 1761.

DE CUISINE. C'est un gros volume, qui traite de l'art de confire les fruits secs et liquides et de faire tous les ouvrages de sucre, pastillages, neiges, mousses et liqueurs rafraîchissantes; un volume où, au milieu de planches représentant des desserts, comme brodés en chenille, et peuplés de petits chinois, modelés en sucre, on rencontre des recettes de compotes de grenades, de sirops de jasmin, de « candy » de violettes, de roses, de jonquilles : des entremets d'odeur et de parfum qui semblent les sucreries d'une fin de repas des Mille et une Nuits.

Parmi ces manuels du manger délicat, il ne faut pas oublier un petit livre paru en 1778, l'ALMANACH DU COMESTIBLE, volume difficile à rencontrer avec sa jolie vignette à la Eisen, groupant une galante et aimable réunion de convives autour d'une table servie.

Mais, entre tous ces livres imprimés, il est un curieux manuscrit, qui porte en tête : VOYAGES DU ROY AU CHATEAU DE CHOISY AVEC LES LOGEMENTS DE LA COUR, ET LES MENUS DE LA TABLE DE SA MAJESTÉ MDCCLVII (1).

Ce titre se détache d'un fond frotté de sanguine, entourant un médaillon, au bas duquel on lit : *Brain de Ste-Marie delin. et scrips.*

(1) Voici les logements d'un de ces voyages, le voyage du 3 mai 1757 :

LOGEMENTS.	*Château neuf.*
Rez-de-chaussée	Appartement du Roy. Appartement de madame la marquise de Pompadour.

Ce sont les 194e, 195e, 196e, 197e, 198e, 199e, 200e, 201e, 202e voyages au château de Choisy de Louis XV en compagnie de Mme de Pompadour, du 1er mars au 15 décembre 1757. Les dîners et les soupers se composent en général de 2 oilles, 2 potages, 8 hors-d'œuvre, 4 grandes entrées, 4 moyennes, 8 plats de rôts, 4 salades, 8 entremets chauds et 4 froids. De temps en temps, on rencontre des désignations de provenances comme rosbif de mouton de la ménagerie de Choisy, faisandeaux et perdreaux rouges du Roy, lapereaux de M. de Croismard, cailles de

Entresols par le grand escalier		B Mme la maréchale de Mirepoix.
		C M. le maréchal de Mirepoix.
		D Mme la marquise de Châteaurenault.
Corridor des bains. — Rez-de-chaussée		G Mme la comtesse de Coigny.
Corridor de la Tribune. . . .		H M. le Gouverneur.
		I M. le maréchal de Luxembourg.
		K M. le comte de Clermont.
Mansardes.	Corridor à droite.	L M. le duc de Fronsac.
		M M. le marquis de Gontaut.
		N M. le Premier.
		O M. le duc de la Vallière.
		P M. le comte de Baschy.
		Q M. le marquis d'Estainville.
		R M.
	Corridor à gauche.	S M.
		T M.
		V M.

Grand château.

Ailes des Seigneurs sur le jardin	No 16 M. le comte de Cambis.
	No 15 M. le prince de Dessenstein.
	No 16 M. le marquis de Ségur.
	No 17 M. le marquis de Croissy.

M. de la Vallière, ortolans du rôtisseur, et grives et bartavelles de Mme la Marquise.

Pour la composition d'un repas maigre avec ses trente-quatre plats d'habitude, il y a, de la part du cuisinier, des efforts et des trouvailles d'imagination inimaginables. Qu'on en juge par ce dîner du mardi 22 mars 1757 :

2 OILLES.

Une au ris aux écrevisses.	Une de santé.

2 POTAGES.

. . . .

2 FLANS.

Une hure de Saumon.	De Perches au Watrefiche.

8 HORS-D'ŒUVRE.

Une Omelette aux croûtons.	D'Œufs au beurre noir.
De Moulles en matelotte.	D'Harengs de Boulogne.
D'Œufs à l'oseille.	De petits Pâtés.
De Merluche à la Provençale.	De Saumon fumé.

8 ENTRÉES.

De Raye au persil.	De Morue à la crème.
De Filets de carrelets à l'italienne.	Une Blanquette de Thon.
	Un Pain de Saumon.
De Filets de merlans en hâtereaux.	D'Anguille grillée à cru.
	Un Hachis.

2 GRANDS ENTREMETS FROIDS.

D'Écrevisses.	De petits Gâteaux au fromage.

6 GRANDS PLATS DE RÔTI.

Un Turbot.
De Truites.
De Lottes.
De Carrelets au blanc.
De Merlans.
De Soles.

8 PETITS ENTREMETS CHAUDS.

Une Bouillie.
Un Pain aux champignons.
D'Épinards à la crème.
De Salsifix au beurre.
D'Asperges au beurre de Vanvre.
De Fondues.
De Chiroux frits.
De petits Gâteaux à la Reine.

A ce dîner maigre opposons un souper gras, le souper du lundi 5 septembre 1757 :

2 OILLES.

Une aux oignons d'Espagne.
Une à la Crécy.

2 POTAGES.

Un aux laitues.
Une Julienne.

16 ENTRÉES.

Une marmelade de Perdreaux.
De petits Pâtés de filets de Lapereaux.
De Filets de Faisans sautés aux Truffes.
Un émincé de Poularde aux Concombres.
De Cailles en compote.
Un Dindon dépecé au Singara.
D'aislerons de Poulardes à la Villeroy?
De Tendons de veau à la Sainte-Menehould à l'aspic.
De Filets de mouton glacés aux abricots.
De Membres de Faisandeau à la d'Uzelles.
De Cannetons de Rouen au consommé.
De Poulets à la Reine aux Pavis.
De Cervelles de veau en matelotte.
De Tourtereaux sautés.

De Filets d'aloyau dans leur jus.

De filets de Lovraux glacés à l'oignon cru.

2 RELEVÉS.

De Cabillot à la bonne eau.

Une Carpe au bleu.

4 RELEVÉS.

De Chapons de Bruges.

Un Jambon.

Un Aloyau.

Un quartier de Veau.

4 GRANDS ENTREMETS.

Un Pâté.

De Galantines.

De Langues à l'Écarlatte.

Une Croquante.

ROTS.

De Perdreaux rouges
De Faisandeaux
De Cailleteaux
De Campines
De Rales
} du Roy.

De Rouges-gorges de M. de la Vallière.

De Dindons.

De Pigeons de volière.

De Guignards (1).

De Petits Poulets.

16 PETITS ENTREMETS.

Une Crème à la Genest.

Des Pattes de dindon à l'Espagnole.

Des Truffes au beurre.

D'Épinards.

D'Œufs au jus.

De Singara.

D'Artichauts à l'Italienne.

De Choux-fleurs.

D'Haricots verts.

De Crêtes.

De Pains à la Duchesse.

D'Animelles.

D'Écrevisses à la Sainte-Menehould.

Un Ragout meslé.

De Tartelettes à la Religieuse.

De Blanc manger en Pots (2).

(1) Guignard, oiseau de passage, de la grosseur du pluvier, dont on faisait des pâtés à Chartres, que Collin d'Harleville a chantés.

(2) Une autre série de ces menus, provenant de la collection Leber, est aujourd'hui conservée à la Bibliothèque de Rouen.

Revenons à la cuisine des particuliers. Le dicti naire portatif de cuisine est l'école de toute la s ciété qui mange bien, mais pour les gourmets, po les fines gueules du temps, il existe un traité l'accommodement des victuailles plus recherch plus raffiné, moins bourgeois. C'est le CUISINIER GA CON (1) dont la préface, un peu ironique, est u sorte de dédicace au prince de Dombes, ce gra seigneur cuisinier, que nous avons montré dans «Duchesse de Châteauroux» retournant avec Louis des ragoûts dans des casseroles d'argent.

Dans ce livre on parle de sauce au singe vert, sauce à l'allure nouvelle, de sauce bachique, sauce au bleu céleste, de truite à la houssarde, côtes de bœuf à la Monville, de gigot de mouton à de Nesle, de gigot de mouton à la galérienne, (veau en crotte d'âne roulé à la Neuteau, de poule à la Pardaillan, de poulets en chauves-souris, poulets à la caracatacat, de pigeons à Périgord, caisses de canards en crépines, de perdreaux à l'ea de-vie, de bécassines à la grecque, de beignets nèfles, de tourtes de muscat, etc. Et toutes c choses au baptême si affriandeur, les gosiers d temps les arrosent avec du Bourgogne préconisé p le médecin Fagon, avec du Champagne qu'on n veut plus mousseux depuis le commencement d siècle, avec les vins d'Espagne qui ont fait aban donner les vins d'Italie, depuis que la mode a dé

(1) LE CUISINIER GASCON, nouvelle édition à laquelle on a join la lettre du pâtissier anglais. Amsterdam, 1767.

serté les vins doux pour les vins secs, avec du vin de Setuval, un vignoble de Portugal très en faveur pendant ces années, avec du malvoisie de Madère, avec les vins blancs et rouges du Cap, provenant des plants de Bourgogne et de Champagne transplantés en Afrique par les Hollandais (1).

Cela dure, cette délicate bombance, tout le siècle et même pendant les premières années de la Révolution, où les chefs des grandes maisons ruinées, les Méot, les Robert, les Rozo, les Very, les Leda, les Brigault, les Legacque, les Beauvilliers, les Naudet, les Edon, deviennent des restaurateurs, des marchands de bonne chère pour tout le monde, — cela dure jusqu'en l'an III, année qui voit paraître ce sinistre petit volume :

LA CUISINIERE RÉPUBLICAINE

Qui enseigne la manière simple d'accomoder (sic) *les pommes de terre avec quelques avis sur les soins nécessaires pour les conserver* (2).

Ces livres tiennent du haut en bas tout le fond de la pièce. Ici le mur retourne, et c'est un panneau

(1) Précis d'une histoire générale de la vie privée des Français. Paris, Moutard, 1779.

(2) Une petite brochure imprimée chez la veuve Mérigot, quai des Augustins, 38. Il ne reparaît pas, je crois, de livre sur la cuisine avant l'an VI, où Derouault publie « Étrennes aux vivants, ou Cuisinier pour tous les mois de l'année ». Du reste, certains produits alimentaires avaient disparu pendant la Révolution ; le gibier n'était plus commun, et Grimod de la Reynière

qu'emplit une bibliothèque de Boule de la *première manière* du grand ébéniste, et dans laquelle le cuivre seul a un emploi dans l'incrustation de la marqueterie. L'enchevêtrement géométrique des lignes et la complication de l'arabesque sont du goût le plus sévère, et le dessin de métal avec son luisant d'or pâle, en le noir de l'ébène, fait le plus harmonieux effet et le plus sourdement riche. L'histoire de ce meuble est curieuse, comme un symptôme du mépris qu'au temps de la Restauration et du règne des commodes d'acajou, nos grands-parents avaient pour l'ancien mobilier de la France : il était l'armoire que ma mère avait à sa pension, dans sa chambre, quand elle commença à être grande fille. Plus tard il fut restauré par Monbro, malheureusement en ces années, où l'on n'avait pas le sentiment de la réparation historique, et où une baguette de cuivre estampé semblait devoir tenir avec succès la place d'une baguette en bronze doré, mais un jour où la vente d'un livre m'apportera un peu d'argent, je ferai arracher la restauration de Monbro, et remettre le petit meuble en son état ancien.

La bibliothèque de Boule est la boîte par excellence des beaux livres, des belles reliures, faisant ressortir les riantes et lisses couleurs des peaux avec le foncé de ses panneaux, où se répète et revit un rien de la dorure du dos des volumes. Aussi

dit dans son ALMANACH DES GOURMANDS que les faisans, « les premières victimes du système démocratique adopté en France », étaient presque une rareté en 1803, année où il écrit.

est-ce en cette bibliothèque qu'est la fleur de mes livres. Ce sont les livres illustrés par Boucher, par Gravelot, par Eisen, et parmi lesquels figure un exemplaire en maroquin vert des CONTES DE LA FONTAINE, de l'édition des fermiers généraux, un exemplaire au texte réglé, aux toutes premières épreuves, aux gardes doublées de tabis, aux plats de la reliure chargés d'une riche dentelle; ce sont de petites raretés comme le voyage en Italie de Mme Lecomte avec les spirituels encadrements à l'eau-forte, par lesquels les galants pensionnaires de l'Académie ont fêté la venue à Rome de la maîtresse de Watelet (1); ce sont les six volumes in-quarto de l'édition de Molière de 1734, le plus beau et le plus monumental ouvrage, illustré par le XVIIIe siècle; ce sont de curieux petits manuscrits comme l'ADMINISTRATION DE L'ARGENTERIE, *Menus Plaisirs et Affaires du Roi*, dont j'ai tiré de si précieux détails pour le mariage de Marie-Antoinette. Il y a là renfermés, un certain nombre de beaux vieux maroquins sanguins, où la patine du temps a mis comme une pourpre sombre, — des bouquins solides et magnifiques qui sont à la fois des outils de travail et des joyaux de musées. Et encore des maroquins, aux armes de personnages célèbres du XVIIIe siècle, des maroquins aux armes de Trudaine de Montigny, de Hue de Miromesnil, du lieutenant

(1) *Nella venuta in Roma di* MADAMA LEÇOMTE *e dei signori* WATELET e COPETTE. *Componimenti poetici di Luigi Subleyras e colle figure in rame di Stefano della Vallée Poussin, pensionario di S. M. Christianissima,* 1764.

de police Sartines, de l'archevêque de Beaumont, de M. de Marigny, du prince de Ligne, du diplomate Cobentzel. Mon ambition avait été surtout de faire une collection spéciale de livres aux armes des Françaises, qui ont été, un tant soit peu, bibliophiles, au siècle dernier, mais je m'y suis pris un peu tard, et au moment où ces livres commençaient à devenir des *desiderata* de banquiers. Cependant, en ma petite bibliothèque, la duchesse de Gramont retrouverait son exemplaire en maroquin vert de l'HISTOIRE DU THÉATRE DE L'ACADÉMIE ROYALE DE MUSIQUE, 1757, et son exemplaire en maroquin rouge de la BIBLIOTHÈQUE DU THÉATRE-FRANÇAIS, par le duc de la Vallière; la comtesse de Provence retrouverait ses deux exemplaires en maroquin rouge, du DICTIONNAIRE PORTATIF DES BEAUX-ARTS, 1759, et des ANECDOTES DRAMATIQUES, par l'abbé Clément, 1775; Madame Victoire de France retrouverait son exemplaire en maroquin vert du COURS DE BELLES-LETTRES de l'abbé Batteux (1); enfin Marie-Antoinette retrouverait son exemplaire des LETTRES JUIVES du marquis d'Argens, de sa bibliothèque du Petit-Trianon, — un exemplaire malheureusement relié en veau. Madame du Deffand, elle! y est rappelée par un exemplaire des CONSIDÉRATIONS SUR LES MOEURS de Duclos, un volume où, selon son habitude, elle a fait imprimer en or, sur le dos, ses chats aimés, ses chats, dont Cochin a gravé, pour elle et ses amis, une rare petite estampe en 1746. Madame

(1) On sait que les quatre filles de Louis XV avaient chacune adopté une couleur de maroquin différente pour leurs livres.

de Pompadour n'est pas oubliée en le petit meuble. Un numéro de sa bibliothèque repose sur les planchettes, le numéro de la VIE DES PREMIERS PEINTRES DU ROI, par Lépicié, un livre qui est une confession des goûts de la favorite, et d'où se détachent ses trois tours d'or d'un superbe maroquin rouge. Mais un ouvrage pour moi plus précieux, et où l'on a tous les rôles joués et chantés par la comédienne et la virtuose, c'est le RECUEIL DES COMÉDIES ET BALLETS *représentés sur le théâtre des Petits Appartements,* quatre volumes splendidement reliés en maroquin, disparaissant sous la dorure, un exemplaire qui devait être donné par la favorite à ses familiers; et après ces deux livres d'art et de théâtre de la marquise, vient un curieux et significatif livre, ayant appartenu à la Du Barry : son Grécourt, où sur le veau du dos, dans les entrelacs de myrte qui courait sur l'argenterie de Lucienne, se lit la fameuse légende : *Boutez en avant.*

Pêle-mêle avec ces livres, sont nos livres à nous, les exemplaires choisis de nos romans, de nos études d'histoire, tirés sur peau de vélin, sur chine, sur papier de Hollande, et habillés comme des enfants qu'on aime, et signés d'un *I* et d'un *E* entrelacés, ciselés sur la tranche.

Que je plains les lettrés qui ne sont pas sensibles à la séduction d'une reliure, dont l'œil n'est pas amusé par la bijouterie d'une dorure sur un maroquin, et qui n'éprouvent pas, en les repos paresseux de l'esprit, une certaine délectation physique à toucher de leurs doigts, à palper, à manier une de ces peaux du Levant si moelleusement assouplies! La reliure française a été, de tout temps, un art, dont les adeptes ont fait preuve d'une adresse charmante, et c'est aujourd'hui peut-être le seul art industriel, où se soit conservée la main d'œuvre des choses exquises façonnées par les artisans-artistes du XVIe siècle. Mais, il faut le dire de suite, cet art ne supporte pas la médiocrité : rien ne ressemble moins à une reliure supérieure qu'une reliure à bon marché, et l'assemblage de cahiers de papier imprimé entre deux cartons, enfermés dans une peau, en un tout homogène et parfait, un emboîtement qui semble fusionné dans un moule, n'est obtenu, n'est réalisé que par les relieurs qu'on paye très cher. Les grands charmeurs que les Trautz-Bauzonnet, les Capé, les Lortic, les Duru, les Marius! Je sais qu'il existe des fanatiques du nom de Bauzonnet qui ne veulent que des Bauzonnet, qui vont jusqu'à faire casser, sur les livres qu'ils achètent, les reliures de ses plus illustres confrères; moi, je l'avoue, je trouve que, malgré la conscience de son travail et la solidité des dorures, ses reliures ont toujours un aspect un peu vieillot, un peu *restauration*, et mes reliures d'affection sont des reliures de Capé et de Lortic. Le vieux Capé était inimitable pour la résurrection des reliures riches du XVIIIe siècle et de leurs arabesques fleuries. Je possède une reliure des MAITRESSES DE LOUIS XV, exécutée par lui dans la dernière année de sa vie, qui est un vrai chef-d'œuvre de goût et d'imitation intelligente. Mais pour moi, — quand il est dans ses bons jours, — Lortic, sans conteste, est le premier des relieurs. C'est le roi de la reliure janséniste, de cette reliure toute nue, où nulle dorure ne distrait l'œil d'une imperfection, d'une bavochure, d'un filet maladroitement poussé, d'une arête mousse, d'un nerf balourd, — de cette reliure où se reconnait l'habileté d'un relieur ainsi que l'habileté d'un potier dans une porcelaine blanche non décorée. Nul relieur n'a, comme lui, l'art d'écraser une peau, et de faire de sa surface polie la glace fauve qu'il obtient dans le brun d'un maroquin La Vallière; nul, comme lui, n'a le secret de ces petits nerfs aigus, qu'il détache sur le dos minuscule des mignonnes et suprêmement élégantes plaquettes que lui seul a faites. Lortic est encore sans pair et sans égal pour jeter des fleurs de lis sur le plat d'une reliure, et la reliure de mon HISTOIRE DE MARIE-ANTOINETTE, où sur le semis d'or ressaute, dans le maroquin rouge, le profil d'argent d'une médaille de la Dauphine, est une reliure qui peut tenir à côté des plus parfaits ouvrages des relieurs anciens.

Mais, pour ces livres sortis de nous, j'ai voulu mieux encore que des papiers extraordinaires, que des reliures splendides; j'ai cherché à les rendre dignes des enchères des ventes futures, par l'adjonction de dessins originaux, de gravures rares, d'autographes, d'émaux, faisant, de ces affectionnés exemplaires d'auteur, des espèces de bibelots. Ainsi LA LORETTE étale pour frontispice une académie de femme à l'écriteau de location : un des plus jolis et des plus spirituels petits dessins de Gavarni. HENRIETTE MARÉCHAL renferme : 1° une aquarelle de Gavarni pour le costume de Mlle Ponsin en muse de carnaval ; 2° une lettre du dessinateur avec un croqueton apportant un changement à la coiffure ; 3° les vers autographes de Théophile Gautier écrits de cette petite écriture fine, menue et comme gravée. LA FILLE ÉLISA est illustrée d'une eau-forte de François Flameng, tirée à deux ou trois exemplaires. MANETTE SALOMON a, encastrés dans les plats de sa reliure, deux merveilleux émaux de Popelin, représentant Manette, vue de face et de dos sur la table à modèle, et délicatement modelée dans l'or du métal, en sa serpentine nudité.

Parmi ces livres, il est un manuscrit qui m'est surtout cher : un cahier de notes prises en Italie, où les croquis s'entremêlent avec l'écriture, où une poupée antique du Vatican succède à la lampe qui a fait dire à Galilée : « *E pur si muove* », et où une aquarelle de la place de Bologne, donne une idée du tempérament de peintre de mon frère et de son talent d'aquarelliste.

Sur l'attique de la bibliothèque de Boule, entre les reflets profonds de bronzes sombres, un Amour charnu, aux yeux bandés, aux petites ailes frémissantes et recroquevillées, enferme dans un filet le globe du monde, et l'aimable statuette de Mayence détache ses chairs, pâlement rosées, du bleu pâle d'un long et fluet vase bleu turquoise, mettant sur ce haut de meuble, frappé toute la journée de lumière, l'opposition et l'accord glaceux des deux plus tendres colorations de la porcelaine de l'Occident et de l'Orient.

Au dessus, un peu incliné, se penche dans une harmonie de poudre, de jaunes dentelles, de blanche fourrure de cygne, un portrait de femme inconnue, pastellé par La Tour, une femme aux minces paupières, voilées d'une méditation ironique.

Après le panneau de la bibliothèque vient la cheminée.

Au milieu de la cheminée, sur un socle de bois sculpté, se dresse la Baigneuse de Falconet, un biscuit à la longueur fluette, aux mains, aux pieds, aux petits seins amoureusement modelés et dont la nudité blanche se reflète de dos dans la glace. Aux côtés de la Baigneuse sont posés deux pots-pourris de Saxe, d'une forme carrée, aux angles adoucis par un contour rocaille, surplombant de son décor ondulant les quatre faces semées de fleurettes, de papillons, d'insectes, joliment coloriés. Et à chaque extrémité de la cheminée se contourne un chandelier japonais : une grue, dont le cou, au-dessus de ses longues pattes d'échassier, se tord dans l'enroulement d'une branche d'arbrisseau en boutons, où s'entr'ouvre une fleur pour la bobèche d'une bougie.

La glace qui ne monte qu'à une certaine hauteur, ainsi que dans les anciens dessus de cheminée, et sur laquelle, brisant la ligne droite de l'architecture, pend la gouache de l'ÉPOUSE INDISCRÈTE, en un cadre à l'élégant écusson, est surmontée d'un trumeau. C'est une trouvaille du temps où, chez les marchands de bric-à-brac, vos pieds cognaient, dans les recoins noirs, les plus délicates sculptures : un panneau, où d'un vase Louis XVI, une grêle imagination de Salembier, déborde un bouquet de pavots dont l'épanouissement floche et les grandes feuilles molles sont rendus par un ciseau travaillant dans du bois, et en ce bois découpant une flore rustique, qui paraît chiffonnée par des doigts de femmes dans une feuille de papier humide.

De chaque côté de la cheminée, au-dessous de deux appliques de jade vert, feuillagées d'un bouquet de plumes de paon, sont suspendus à droite et à gauche des portraits de famille, des miniatures dans des cadres de cuivre doré.

Celle-ci, c'est ma grand'mère maternelle : Madame Le Bas de Courmont Pomponne, mariée au fermier général guillotiné en 1793. Isabey l'a représentée sous un toquet de velours liséré d'un ruban feu, jeté sur sa chevelure poudrée, la poitrine couverte d'une chemisette transparente, dans l'ouverture carrée d'une robe de velours bordée de fourrure. Et dans le pittoresque de ce costume de polonaise du Directoire, apparaît la séduisante femme, avec ses immenses yeux noirs, son nez à la Roxelane, sa bouche rouge. Ma grand'mère avait été une des beautés de cette époque de plaisir, une de ces veuves qui oubliaient la Terreur au bal, et le poëtereau des Modes *ou la Soirée d'été* (1797) a même décoché quelques vers contre sa coquetterie et ses toilettes excentriques :

> Mais, est-il vrai, dis, superbe C.....ont,
> Qu'un casque un jour ait ombragé ton front ?

De cette grand'mère, j'ai le souvenir d'une vieille femme, se tenant du matin au soir, — sauf une petite promenade à quatre heures, au bras d'un abbé, dans le passage de l'Opéra, — se tenant dans le demi-jour d'un appartement très élevé, au mobilier comme emballé sous de vieilles housses, et où partout traînaient des livres de cabinet de lecture : les mémoires des temps qu'elle avait vécus. Son grand corps frileux était toujours empaqueté dans de jaunes cachemires de l'Inde, attachés sur elle par un nœud à l'enfant, et sa pâle et encore belle figure s'amusait de mon bruit, de mes interrogations, mais sans parler, sans répondre, sans sourire ; enveloppée du silence un peu intimidant des vieilles gens qui ont traversé des révolutions.

Celle-là, c'est ma mère, peinte en 1822, l'année de son mariage. Coiffée de petits frisons dans lesquels est posé de côté un floquet de rubans bleus, un rang de perles au cou, elle porte une robe de mousseline blanche à rayures satinées qu'attache une ceinture bleue, et que resserrent, à la saignée des bras, deux bracelets de la soie et de la couleur de la ceinture et du floquet des cheveux. Cette toilette de jeune fille va le mieux possible à ses yeux limpides, à son teint pur et frais, à cette petite bouche dont hériterа mon frère, à cet air d'ingénuité et de timidité qu'elle a gardé toute sa vie.

Sous le portrait de ma mère, le portrait de mon frère : une photographie d'après un daguerréotype exécuté en 1855, le seul portrait qui donne l'enjouement moqueur de sa figure, et l'expression de cette spirituelle gaieté, qui faisait se dire entre eux aux domestiques de la famille : « Monsieur Jules dîne ce soir, on va rire. »

De l'autre côté de la cheminée, c'est le portrait en habit galonné d'or, de Laurent l'ingénieur, le créateur du canal de Picardie, le glorieux anobli fait marquis de Villedeuil, et avec les descendants duquel ma famille a eu des alliances et d'intimes amitiés. Des traits carrés, une figure de volonté que ce Laurent de Villedeuil.

Sous le portrait de Laurent de Villedeuil, le portrait d'un parent dont j'ignore absolument le nom, mais le portrait d'un terrible bon vivant de l'ancien régime, montrant, au-dessous des frimas d'une tête poudrée à blanc et d'épais sourcils noirs, un teint, où l'allumement sensuel de la vie met comme du fard parmi les bleuissements d'une barbe vivace.

Auprès de ce portrait, la médaille en bronze doré de mon grand-père à l'Assemblée nationale portant la légende : *Louis XVI, restaurateur de la liberté française.* Et à côté de la médaille, la gravure de la collection des portraits de chez Desjabin, qui le montre, ce grand-père, avec son petit œil despotique, son immense nez aquilin, l'avance énergique du bas de son profil :

M. HUOT DE GONCOURT.

Né à Bourmont, le 15 avril 1753.

Député du Bassigni en Barrois à l'Assemblée nationale de 1789.

Au coin de cette cheminée, dans les intermèdes du travail, une cigarette aux lèvres, les yeux errants sur tout le bric-à-brac qui m'entoure, souvent je me suis interrogé sur cette passion du bibelot qui m'a fait misérable et heureux toute ma vie. Et me rappelant les mois de privations, que mon frère et moi avons passés, plusieurs années de suite, dans des auberges de peintre à trois francs par jour, pour payer une trop grosse acquisition; et retrouvant dans ma mémoire ces journées maladives d'achats déraisonnables, et dont on sort inassouvi, avec l'émotion d'une nuit de jeu, et une bouche amère, que seule peut rafraîchir l'eau de mer d'une douzaine d'huîtres, je me demandais si cette maladie était un accident, un mal attrapé par hasard, ou si ce n'était pas plutôt une maladie héréditaire, un cas semblable à la transmission de la folie ou de la goutte. Alors je me mettais à remonter ma famille, et j'y trouvais un des grands et des passionnés collectionneurs du XVIIIe siècle, M. Le Bas de Courmont, de la collection duquel viennent quelques-uns des beaux tableaux hollandais du Louvre, mais c'est le premier mari de ma grand'mère maternelle, et par le sang il ne m'est rien. Chez mon grand-père paternel, en sa belle maison de pierre sculptée de Neufchateau, il y avait quelques bronzes, quelques meubles, quelques dessins, achetés par lui à Paris, pendant qu'il siégeait à la Constituante, mais c'était tout simplement du mobilier de la grande ville, apporté par mode, dans la maison d'un provincial, et sans qu'on y rencontrât ni la trace ni le symptôme d'un goût particulier. Mon père, lui, était un militaire, et toute sa vie, depuis l'âge de seize ans passée sur les champs de bataille, ne l'avait pas disposé à donner son regard, à prêter son attention à ces « bêtises », et cependant, — c'est singulier, — quand il achetait un objet mobilier, et devant servir aux usages les plus vulgaires, une brosse par exemple, il la voulait de choix et jouant presque l'objet d'art; et il eut pour boire son bordeaux, un des premiers verres mousseline que le commerce ait fabriqués. En mon père était, en quelque sorte, une nature d'amateur pour les choses de la vie courante.

Mais je crois au fond que le collectionneur chez moi ne doit rien aux ascendances, et qu'il a été créé uniquement par l'influence d'une femme de ma famille. En ces temps, qui remontent à l'année 1836, un de mes oncles possédait une propriété à Ménilmontant, une grande habitation en forme de temple, avec un théâtre en ruine, au milieu d'un petit bois : l'ancienne petite maison donnée par un duc d'Orléans à Mademoiselle Marquise. L'été, ma mère, ma tante et une autre de ses belles-sœurs, dont le fils, l'un de mes bons et vieux amis, est aujourd'hui ministre plénipotentiaire de France en Bavière, habitaient, toute la belle saison, cette propriété : les trois ménages vivant dans une espèce de communauté de tout le jour. Moi j'étais à la pension Goubaux, et tous les dimanches où je sortais, voici à peu près quel était l'emploi de la journée : Vers les deux heures, après un goûter qui était, je me rappelle, toujours un goûter de framboises, les trois femmes, habillées de jolies robes de mousseline claire, et chaussées de ces petits souliers de prunelle, dont on voit les rubans se croiser autour des chevilles, dans les dessins de Gavarni de « la Mode », descendaient la montée, se dirigeant vers Paris. Un charmant trio que la réunion de ces trois femmes : ma tante, avec sa figure brune pleine d'une beauté intelligente et spirituelle, sa belle-sœur, une créole blonde, avec ses yeux d'azur, sa peau blanchement rosée et la paresse molle de sa taille ; ma mère, avec sa douce figure et son petit pied. Et l'on gagnait le boulevard Beaumarchais et le faubourg Saint-Antoine. Ma tante se trouvait être, à cette époque, une des quatre ou cinq personnes de Paris, enamourées de vieilleries, du *beau* des siècles passés, des verres de Venise, des ivoires sculptés, des meubles de marqueterie, des velours de Gênes, des points d'Alençon, des porcelaines de Saxe. Nous arrivions chez les marchands de curiosités à l'heure où, se disposant à partir pour aller dîner en quelque « tourne-bride » près Vincennes, les volets étaient déjà fermés, et où la porte seule, encore entre-bâillée, mettait une filtrée de jour parmi les ténèbres des amoncellements de choses précieuses. Alors c'était, dans la demi-nuit de ce chaos vague et poussiéreux, un farfouillement des trois femmes lumineuses, un farfouillement hâtif et inquiet, faisant le bruit de souris trotte-menu dans un tas de décombres, et des allongements, en des recoins d'ombre, de mains gantées de frais, un peu peureuses de salir leurs gants, et de coquets ramènements du bout des pieds chaussés de prunelle, puis des poussées, à petits coups, en pleine lumière, de morceaux de bronze doré ou de bois sculpté, entassés à terre contre les murs...

Et toujours au bout de la battue, quelque heureuse trouvaille, qu'on me mettait dans les bras, et que je portais comme j'aurais porté le Saint-Sacrement, les yeux sur le bout de mes pieds et sur tout ce qui pouvait me faire tomber. Et le retour avait lieu dans le premier et expansif bonheur de l'acquisition, faisant tout heureux le dos de trois femmes, avec, de temps en temps, le retournement de la tête de ma tante, qui me jetait dans un sourire : « Edmond, fais bien attention de ne pas le casser ! »

Ce sont certainement ces vieux dimanches qui ont fait de moi le bibeloteur que j'ai été, que je suis, que je serai toute ma vie.

FIN DU PREMIER VOLUME.

TABLE

Paris. — Typ. G. Chamerot, 19, rue des Saints-Pères. — 10010.

www.ingramcontent.com/pod-product-compliance
Lightning Source LLC
LaVergne TN
LVHW010536100826
845148LV00001B/206

* 9 7 8 2 0 1 2 5 6 2 2 1 9 *